アジアにおける民主主義と経済発展

山本博史 編著

文眞堂

まえがき

　神奈川大学にアジア研究センターが開設された 2013 年から 5 年にわたり，「東南アジアから西アジアにおける民主化と経済発展（2013 年〜 2017 年度）」の研究題目で共同研究を行った。本書は 5 年にわたる共同研究の成果である。委員の構成はタイや韓国など東アジアの研究者が多く参加したが，イランやトルコ研究のイスラム研究者を委員に迎えられたことは，ささやかではあるが学際的な研究としての視野を広げることができ有意義であった。

　本研究の問題意識はアジアにおける民主化と経済発展が，従来考えられたように，並行して進まないことに対する疑問であった。また，中国が経済発展を成し遂げたにもかかわらず，中国国内では，権威主義体制が強化されていることに対する懸念も共有していた。中国国内で ICT 技術や AI 技術を使用した統治管理を進めている現実はジョージ・オーウェルの『1984 年』の世界が現実のものになりつつあるようで，脅威である。さらに問題なのは，中国の国家資本主義による権威主義体制モデルは自国国民統制にとどまらず，発展途上国諸国に自らの経済成長モデルである北京コンセンサス型発展モデルを，1960 年代の「造反外交」と同様に，輸出し始めており，世界における自由な言論空間を縮小させ，反民主主義を拡大していることである。我々は，この中国の現実をどう考えるかというアジアの未来に大きな影響を与える課題への危機感をも共有して研究を進めてきた。

　年数回開いた本研究会の研究発表において，印象深かった話を一つ紹介したい。タイ社会の過半数の民意を踏みにじる法的枠組みや制度設計を研究会で述べた時に，中東研究者から DEEP・STATE 論というトルコの歴史的統治制度における分析枠組みを教えていただいた。専門を異にする研究分野の交流の大切さを実感した，本研究会の印象深い出来事であった。本研究会で論議した 2 年後，タイ国内の政治研究の論壇において，2016 年 E. Mérieau の論考がきっかけとなり，現在タイ政治社会分析では民主主義を封じるための制度として

DEEP・STATE 論は広範にわたる論議を巻き起こす大きな論点となっている。

民主主義と経済発展の関係は時代状況とともに変化してきた。18世紀の政治理論家たちは裕福な国は君主制になりがちで，貧しい国は共和国か民主主義になると主張したが，19世紀には工業化で富と民主主義に積極的な相関が生じ，大多数の裕福な国民は民主主義的であり，たいていの民主主義国は裕福である，と述べている（ハンチントン 1995, 59-60）。

戦後においては，世界レベルの民主化は第2の波，第3の波という2つの大きな波をもっており，2つの波の間（1950年代末から1970年代半ば）には，反民主化への「逆流」が起きている。現在世界における民主主義の全体的な流れをみれば，反民主化への「逆流」となっているようにみえる。今後，第4の波が来て民主主義体制を遵守する国が増大するのか，それとも権威主義体制や独裁を信奉する国が数を増すのか，それぞれの国で暮らす人々の生活の質を左右すると考えられる。この問題は，当該国の地域研究者のみでなく，世界の政治経済システムにつながる課題であり，この分野のさらなる研究深化が望まれる。

世界レベルでの民主化はなかなか進展しない状況ではあるが，ジャスミン革命や東南アジア各国の民主化闘争にみられるように，経済発展が進んだアジアの一部地域では草の根の人々が政治的な権利を要求する運動が21世紀に入り一層顕著になっている側面もある。アラブの春や香港の雨傘革命は成功しなかったが，インドネシアなどでは着実な民主化への歩みがみられる国もある。

軍，政治エリート，富裕層，宗教団体が握ってきた既得権益への挑戦が広範囲にみられるようにも感じられる一方，その逆方向の民主化潰しも進行している。この民主化闘争や権威主義諸国への「逆流」の背景には，経済的発展で獲得した富が公平に分配されない新自由主義の結果である格差の拡大，教育の進展による「草の根」レベルの人々の政治的覚醒，宗教団体も含む権威主義体制による自由抑圧への反発，中国の内政不干渉を建前とした国際政治における勢力圏拡大のための途上国の権威主義政権支援，中国の強大化による欧米覇権の揺らぎなど，様々な要因が複雑に絡み合っている。

有史からの統治の歴史は，対外戦争や内部抗争などで権力を握ったものが社会秩序を打ち立て，外部からの暴力などから住民を保護する対価として，支

配・被支配関係が確立される社会関係が一般であった。ギリシャやローマの市民社会や民主制も奴隷制を社会経済構造の基礎としており，人間の根源的な自由が確立されるには西欧の市民革命を待たなければならなかった。しかも，西欧での革命後も人種差別や男女格差など，我彼の差別はなかなか解消せず，基本的な人権が平等に認められるべきとの価値観が普遍性をもつのは第二次世界大戦後，民族自決運動を経て植民地諸国が独立した，つい最近の出来事である。そこで成立した価値体系は，普通選挙による構成員の意志を反映した指導者が，国政を司り国の運命を決定する。貧富も社会的地位も関係なく，それぞれが一票をもち国政に参加する。選挙結果をすべての構成員が受け入れ，もし不満があれば次の選挙を通じ指導者の交代を行う。選挙代議員制による国民主権の制度である。民主主義が踏みにじられた国々の人々と接すると，言論の自由が保障された現在の日本がいかに幸せな国であるかと，強く実感する。研究を行うことで，理不尽な現状を伝え，少しでも反民主的な状況を改善できればと願っている。

　本書の構成と各論文の要旨は以下のとおりである。

　第1章「民主主義と経済発展——世界経済の政治的トリレンマとタイ——」では，ダニ・ロドリックの世界経済の政治的トリレンマの枠組みから，タイにおける民主化を考察した。行き過ぎたグローバリゼーションが世界レベルでの格差を拡大し，先進国中間層の経済的没落が偏狭なナショナリズムと排外主義を助長している。遠い未来への世界連邦の可能性を残しつつも，現実的な対応としてブレトンウッズの妥協である「埋め込まれた自由主義」の大戦後から1980年までの国際経済秩序が次善の策であるというロドリックの主張は，傾聴に値するというのが本章の主張である。

　第2章「タイの出稼ぎと民主化——東北タイの事例を中心にして——」では，タイ東北部の出稼ぎを取り扱う。東北タイはタイ最大の人口をもつ地方であるが，最も貧しい農業地帯である。資本主義経済への包摂が進む過程で，自給自足的経済が崩壊し，現金収入を得るため「出稼ぎ」への依存が高まっていった。本章はライス・プレミアムに見られる意図的な農工間格差を利用した

近代化政策に対抗する，出稼ぎを含む副業による現金収入と粗放的稲作による自給的自作農経営の維持に，農民の側からの「近代化」を検証した論文である（筆者は，本論文をさらに発展させ，タイ農村社会がもつ民主的要素である母系的な制度から，タイ社会のもつ慣行や規範にみられる民主的要素からとらえた民主化論を執筆する予定であったが，2017年2月にご病気で亡くなられた）。

　第3章「韓国における経済発展と民主化──光州事件後の民主化政策に伴う新自由主義経済の浸透とその韓国的特異性──」では，光州事件後の韓国において，民主化は市場主義の進行に連動して達成せざるを得なくなり，光州事件が韓国型経済発展に大きな影響を及ぼしたとする。民主化と市場主義の連動は金泳三政権下の反米進歩派主導の市場主義に起因するものであった。市場主義を強調するあまり，1997年のアジア通貨危機時において韓国経済を破綻へと追い込むという負の影響をもたらしたのみならず，同現象は金大中政権下のIMF主導の市場主義にも引き継がれ，やがて今日の新自由主義型の経済政策へと連なるに至った，と論じている。

　第4章「イランにおける企業発展の歴史と現状──「国家資本主義」と「権威主義」の狭間で──」では，イランにおける大企業の生成と発展，所有形態，国家との関係，その担い手（投資家・資本家＝ブルジョワジー）と政治の関係について述べている。「国家資本主義」と開発独裁体制が結合した王制体制下では，手厚い保護と支援を受けた国営企業も民間企業も繁栄したが，政府の路線に従わざるを得なかった。1979年の革命の後に誕生したイスラム共和国ではこの構造が深化した。膨張した公共部門に対して弱体化した民間企業は国家への依存度を一段と強め，資本家たちも公権力に対して，以前にもまして，発言力を失った。また公共部門は二分化し，一部が「最高指導者」の監督下に置かれ，さまざまな特権をもつ集団（企業）に変貌したと論じている。

　第5章「フィリピンにおける経済発展と民主化」では，経済開発と民主主義との相互作用に焦点を当てている。フィリピンの経験は，経済成長が民主主義の安定を促すとした近代化論の想定とは異なった様相を呈している。国民経済

の枠組みを相対化するグローバリゼーションのもとでのフィリピン経済の成長は，所得格差の改善をもたらすことなく，また民主主義の担い手としての中間層の成長も阻害される傾向にある。本章では，そのような状況下にあっても民主主義に対する人々の信頼が高い水準で維持されている要因を考察している。

　第6章「太平洋郵船外輪船図・考──アジアにおける経済発展と民主化との関連で──」では，中国人移民の輸送を取り扱う。在外中国人移民は東南アジアなどの受入国の経済発展や民主化などの政治過程に大きな影響を与えたが，移動が大規模化したのは欧米海運会社による汽船航路の開設からである。たとえば，北ドイツ・ロイド社のバンコクと汕頭間の航路，フランス郵船の仏領インドシナとの航路を挙げることができるが，その詳細は必ずしもはっきりしていなかった。本論文はアメリカ太平洋郵船の外輪船図を検討するなかで，香港・横浜・サンフランシスコ間の外輪船による中国人移民運搬を取り上げ，運航ダイヤの実態を詳細に検討している。

　第7章「現代タイにおける政治的対立の歴史的背景──2014年のクーデターにいたるまで──」では，タイにおける国家分断の歴史的背景を検討する。現代タイは2006年クーデター以降，国家を分断するような政治社会的な対立の根をかかえている。そこでは，タクシン元首相を軸とするタクシン派と反タクシン派の政治・社会運動を大きな焦点とする対立の構図が生み出され，その時々の政権に対する大規模な反政府デモが引き起こされてきた。本論では，2014年クーデターまでの対立と混乱にいたる歴史的背景を，1970年代までさかのぼり，政治・社会運動という側面に焦点を当てることを通して，中央首都のバンコクと地方農村部との関係にも着目しながら整理している。

　第8章「グローバリゼーションと後退する民主化──アジア新興国に注目して──」においては，世界経済の視点に立って，特に東アジア新興諸国の民主化の停滞あるいは後退を経済成長とその在り方に関連付けて論じている。今世紀に入って新興国として，社会主義を標榜する中国が経済成長を実現する一方，先進資本主義国は世界金融危機に陥った。そもそもアジアの成長は先進国

が主張した新自由主義的政策の結果ではなく，加えてその政策は先進国，新興国を問わず各国の社会問題，特に格差問題に有効に対処できるものではなかった。こうした事実は先進国の民主主義への信認を大きく傷つけ，新興国の指導者に民主主義を相対化する余地を与えたと著者は捉える。

　最後に，本研究の期間中に共同研究者である菅原昭先生が亡くなられた。菅原先生は山形県の鶴岡の出身で，実家は農家だった。編者の山本とは共にタイ研究を志した大学院の同窓である。菅原先生というとよそよそしい感じがするので，菅原さんと呼ばせていただく。神奈川での出会いは，故丸岡洋司（元神奈川大学経営学部教員）さんという共通の友人との縁による。丸岡さんの紹介で，タイでの9年にわたる語学研修と留学を終え，大学で研究者を目指すため神奈川大学の経済学研究科博士後期課程に入れていただいたことで，私は菅原さんと出会った。菅原さんと丸岡さんは，丸岡さんが神奈川大学経済学部を卒業後就職した会社を退職し，アルバイト先の同僚として菅原さんと知り合った，と伝え聞いている。丸岡さんのご両親は戦前からタイへ渡りバンコクで生活しており，タイと縁の深い家庭であった。敗戦で帰国を余儀なくされたが，日本人のタイへの渡航が許されると，彼の父上は単身バンコクに再渡航し，日系の海運会社に勤めてタイで亡くなっている。丸岡さんは退職後のアルバイト生活から一念発起し，研究者を目指して神奈川大学経済の大学院に進学した。菅原さんも学問に目覚め，働きながら学べる神奈川大学の夜間部に進学し，さらに研究を進めるため大学院へ進学された。神奈川大学の大学院博士課程に，タイ地域研究という極めて特殊な分野を専攻する，丸岡さん，菅原さんそして私，山本という，かなりの変わり者が3人も集まることになり，互いに切磋琢磨しつつ院生生活を送った。

　菅原さんの経済学研究科での指導教官は朝鮮研究で著名な梶村秀樹先生であった。梶村先生が亡くなられ，同じ部門（各国経済）に属する中東研究者の後藤晃先生が後を引き受けられた。梶村先生が提唱された朝鮮経済の「内在的発展論」を，菅原さんは東北タイの農村に準用しようとしたのではと，私は考えている。本著に収められた彼の論考に次のような一節があり，農民の側から分析する視点を強く感じる。「モノカルチャー経済といわれる従属的発展のも

とで，ライス・プレミアム制（米輸出税），投資奨励法など農工間格差を助長する上からの近代化政策の犠牲に供されたのが，タイ農民であった。それに対抗する農民の側からの近代化が東北タイでは，東北タイ農民の近代化＝出稼ぎを含む副業＋一般にいわれる粗放的農業，だったのである。換言すれば，東北タイ農民は，在来綿布と同様"見栄えよりも，強靭さ"を選択したのである」。戦後タイの経済発展の原資は農村を犠牲にして，成し遂げられたものである。無知な農民は我々と同じ権利はもっていない，選挙における一票の価値は同じではない，と主張するバンコクの中間層は，ライス・プレミアム制度にみられるように，農業部門がタイ工業化にもった歴史的意味を考えるべきであると主張したかった，と私は考えている。

　菅原さんは，自らの東北山形の農村とタイのイサーンと呼ばれるタイ東北地方を重ね合わせていた。彼の研究の基層には都市バンコクから常に文明に遅れた粗野な住民として侮蔑される対象である東北タイの農民への暖かなまなざしがあった。

　この場を借りて，菅原さんのご冥福をお祈りいたします。

編　者

参考文献

ハンチントン，サミュエル（1995）（原書1991）坪郷實・中道寿一・藪野祐三訳『第三の波　二十世紀後半の民主化』三嶺書房。

目　次

まえがき …………………………………………………………………… i

第1章　民主主義と経済発展
——世界経済の政治的トリレンマとタイ——　………（山本 博史）　1

はじめに ……………………………………………………………………　1
Ⅰ．民主化と経済発展 ……………………………………………………　3
Ⅱ．欧米民主主義価値観への挑戦 ………………………………………　8
Ⅲ．世界経済の政治的トリレンマ ………………………………………　13
Ⅳ．国際経済の政治的トリレンマとタイ ………………………………　17
おわりに ……………………………………………………………………　28

第2章　タイの出稼ぎと民主化
——東北タイの事例を中心にして——　………………（菅原　昭）　35

はじめに ……………………………………………………………………　35
Ⅰ．タイの出稼ぎ …………………………………………………………　36
Ⅱ．出稼ぎの性格 …………………………………………………………　42
おわりに ……………………………………………………………………　48

第3章　韓国における経済発展と民主化
——光州事件後の民主化政策に伴う新自由主義経済の浸透とその韓国的特異性——　………………………………（内橋 賢悟）　52

はじめに ……………………………………………………………………　52
Ⅰ．光州事件を機に，民主化はなぜ市場主義を伴うようになったのか …　53

Ⅱ．光州事件・1980年代民主化に向けた歴史的分水嶺とその後の挫折… 58
　　Ⅲ．アジア通貨危機および危機後における民主化政策の動向 ……… 63
　　Ⅳ．「DJノミクス」（金大中政権下の経済政策）による民主化政策と
　　　　その矛盾 ……………………………………………………………… 67
　　おわりに …………………………………………………………………… 74

第4章　イランにおける企業発展の歴史と現状
　　　　――「国家資本主義」と「権威主義」の狭間で――
　　　　　　　　　　　　　　　　　　　　　　　（ケイワン・アブドリ） 79

　　はじめに …………………………………………………………………… 79
　　Ⅰ．イラン近代政治・経済史の概要 …………………………………… 81
　　Ⅱ．資本主義の到来から1979年の革命まで ……………………………… 85
　　Ⅲ．イスラーム共和国支配下の大企業の再編成 ……………………… 95
　　おわりに …………………………………………………………………… 108

第5章　フィリピンにおける経済発展と民主化 ……（森元　晶文）112

　　はじめに …………………………………………………………………… 112
　　Ⅰ．フィリピン政治の基層 ……………………………………………… 113
　　Ⅱ．マルコス独裁政権と民主化の意義 ………………………………… 117
　　Ⅲ．グローバリゼーション下の経済開発 ……………………………… 120
　　おわりに …………………………………………………………………… 129

第6章　太平洋郵船外輪船図・考
　　　　――アジアにおける経済発展と民主化との関連で――
　　　　　　　　　　　　　　　　　　　　　　　　　　（藤村　是清）135

　　はじめに …………………………………………………………………… 135
　　Ⅰ．太平洋郵船の外輪船運航（1870〜1871年）………………………… 140
　　Ⅱ．グレート・リパブリック号の運航 ………………………………… 142
　　Ⅲ．アメリカ号の運航 …………………………………………………… 148
　　Ⅳ．外輪船3図 …………………………………………………………… 152

おわりに ……………………………………………………………………… 155

第7章　現代タイにおける政治的対立の歴史的背景
　　　　──2014年のクーデターにいたるまで── ……（高城　玲）159

　はじめに ……………………………………………………………………… 159
　Ⅰ．タクシン政権誕生前まで──1970年代から2001年 …………………… 161
　Ⅱ．タクシン政権期──2001年から2006年 ……………………………… 166
　Ⅲ．タクシン政権崩壊後の対立と混乱──2006年から2014年 ………… 169
　おわりに ……………………………………………………………………… 184

第8章　グローバリゼーションと後退する民主化
　　　　──アジア新興国に注目して── ………………（平川　均）190

　はじめに ……………………………………………………………………… 190
　Ⅰ．アジア新興経済と1980年代以降の民主化の波 ……………………… 191
　Ⅱ．新たな権威主義体制と民主主義の停滞・後退 ……………………… 195
　Ⅲ．タイとフィリピンにおける民主主義の後退 ………………………… 198
　Ⅳ．経済のグローバル化と国際社会の変容 ……………………………… 202
　Ⅴ．新興国と揺れる政治体制 ……………………………………………… 208
　おわりに ……………………………………………………………………… 212

事項索引 ………………………………………………………………………… 217
人名索引 ………………………………………………………………………… 221

第1章
民主主義と経済発展
―― 世界経済の政治的トリレンマとタイ ――

はじめに

　経済発展と民主化をめぐる論議においては，経済発展が民主主義的な政治体制をもたらすという仮説に対し，果たして経済発展が民主化をもたらす，あるいは深化させる要因であるかについて疑問が投げかけられるようになっている。東アジア[1]の民主化の歴史をみると，第二次世界大戦後多くの国が植民地の頸木を離れ独立した。この地域の発展途上国においては，共産主義陣営の国々は共産党の一党独裁体制であった。資本主義陣営の国々では民主主義体制で出発した国が多かったが，冷戦構造や開発独裁の影響を受け，権威主義体制に移行した国が多かった。例えば，民主主義体制で出発した韓国，ビルマ（ミャンマー），パキスタンでは軍がクーデターを起こし民主体制を葬った。軍ではなく権力の座についた政党が選挙制度を歪め権威主義体制をとったシンガポールなどの例もあり，多くの国で民主主義国家からの「逆流」が起こり民主主義の定着はみられなかった。

　しかし，権威主義体制への不満から民主化への模索がみられるようになる。例えばタイ[2]では1973年学生革命で長く続いた軍事独裁政権への不満が爆発した。軍事政権は崩壊し民主的な政権が発足したが長くは続かなかった。3年後には保守派の反革命が起こり多くの学生が虐殺された後，再び軍部が実権を握る体制に移行し，タイの民主化は短期間で終焉を迎えた。民主化移行後その社会が政治体制の変化に対応できる社会的変化を伴っていなければ，民主主義の定着が困難をともなうという社会の構造変化を伴わない民主化の問題を提起したともいえる。民主主義体制への移行の後で，安定した民主的な政治制度が

定着するタイプの民主化がみられ始めるのは，東アジアのなかで戦後先駆的に経済的成功を収めたアジア NIES の国々における 1980 年代後半以降の政治体制変革であった。1986 年台湾，1987 年韓国の民主化進展により，経済発展が民主化を促すという仮説は妥当なものと考えられた。

　1980 年代末世界規模で大きな民主化の流れが起きた。ベルリンの壁崩壊とソ連の解体による国際環境の変容はドミノ倒しに東欧諸国の民主化を促し，共産圏の民主化が広範囲で実現した。しかし大きな論点の一つは東アジアにおいてはこの民主化の流れは，カンボジアとモンゴルの民主化にとどまり，ベトナム，中国という国際政治経済で大きな地歩をもつこの両国にはこの流れは波及しなかった。両国はある意味自己矛盾である，共産主義と資本主義を接合した社会主義市場経済を進めることで，経済的には大きな成功を収めている。

　21 世紀における東アジアの経済成長をふりかえれば，東アジア諸国は概して経済は継続的に発展し，他の地域と比べて相対的には順調な経済パフォーマンスであった。しかし，経済成長が民主化をもたらすとの仮説に反して，21 世紀に入り東アジアにおける民主化は停滞し民主化の進展がなかったばかりか，一部の民主国家が後退しクーデターなどで権威主義体制への「逆流」がみられた国もあった。特に注目される事例として，シンガポールは経済発展により世界的な高所得国となったにもかかわらず，普通選挙は行われるが独特な権威主義体制が維持され，先進国化は民主化をもたらさなかった。

　経済発展が進んだ東アジア地域で民主化の動きが停滞することで，経済発展が民主化を進展させるという命題に疑問が投げかけられるようになっている。

　本章では 21 世紀に入り，比較的順調な経済発展にもかかわらず，東アジアの発展途上国における民主化が進まない現状分析の一助とするため，筆者が長年関わってきたタイ地域研究の視点から民主化進展と非民主化の問題を考察した。

Ⅰ．民主化と経済発展

1．近代化論と新制度論

　経済発展が民主主義を誘発するという理論は冷戦時代のアメリカで構築された近代化論で展開された。この近代化論は反共対策戦略の側面をもっており，もっとも有名な論客は経済成長段階説としてテイクオフ理論を唱えたW.W.ロストウであった。

　1950年代経済発展と民主主義に関する論議においては，経済発展と民主国家の相関が理論化された。この考えの背景には，経済発展がもたらした国内社会の構造変化が，民主主義を強固にするという論理がある。経済発展とは，単純化すれば，産業革命の成果を取り入れる国の近代化であり，工業化である。工業化は農村部門の縮小，都市化や中間層の増大を引き起こし，都市化と中間層の拡大は民主主義を安定化する重要な要因と捉えられた。この経済発展と民主主義の関係を包括的に分析し理論的支柱となった研究者がシモア・マーティン・リプセットであった。リプセットが1959年に刊行した『政治のなかの人間』（*Political Man*）で展開した論理，経済発展が民主主義を促進し，その安定をもたらすという仮説はリプセット仮説として広く知られる主張となった。リプセットは経済発展を4つの指標，富，工業化，都市化，教育で計測した（リプセット1963, 54）。リプセットの富とは一人あたりの国民所得のみではなく，一人あたりの医師，自動車，電話，ラジオ，新聞の数としている（前出1963, 54）。単純に一人当たりの所得水準で経済発展を定義していないことには注意が必要である。このリプセット仮説は経済成長という一国における構造的変容が民主主義を促進し，その安定化をもたらすという意味で，古典的なマルクス主義理論と同様に社会の構造変化に注目した理論であった。富，工業化，都市化，教育という4つの指標で計られる経済発展は，国家の近代化を意味している。リプセットの理論は近代化論の中心となった理論であった。この近代化論はサミュエル・ハンチントンが「第三の波」で民主化の第2の短い波，と述べた1943年からの1962年までの世界規模での民主化の流れを反映し

たものであった（ハンチントン 1995, 15-18）。

　しかし，1960 年代にはこの仮説に対し，ハンチントンは近代化を成し遂げた国家が民主主義を支えることはあっても，社会変化の過程としての近代化は必ずしも民主主義を支えないとし，近代化へ向かう社会変化は伝統的な社会グループの土台を危うくし，政治参加の道をもたない新たなグループを生み出し政治を不安定化するとした。秩序を保つには強力な政治制度が必要だが，そのような政治制度が民主的なものであることは困難を伴うと主張している（カザ 1998, 31）。ハンチントンは近代化が十分達成されていない途上国では民主化が実現しても，定着できないと主張した。この主張はハンチントン自らが「第二の逆転の波」と呼んだ 1958 年から 1975 年までの民主主義制度の国々が権威主義体制に移行した流れを理論化した側面がある（ハンチントン 1995, 18-20）。ハンチントンは「第二の逆転の波」を理論化した当時の状況を次のように述べている。「社会科学者は起こったことがなぜ起こらなければならなかったのかを説明する理論を精巧に作り上げながら，永遠に歴史に追いつくことを試みる。彼らは，貧しい国において民主主義が不適切であること，政治秩序と経済成長のために権威主義が有利であること，そして経済発展それ自体が官僚主義的＝権威主義の新しいより永続的な形態を生み出す傾向にある理由を指摘することによって，1960 年代と 1970 年代における民主主義からの揺れ戻しを説明しようとした。各国の民主主義への移行は，まさにこれらの理論が練り上げられる時に始まった」（同前, 25）。民主化をめぐる問題での理論構築の困難さを物語っている。このように，民主化あるいは逆方向である権威主義体制への移行がなぜ起きるのかということには，意見の一致は得られていない。おそらく，変数が多すぎることと時の経過による外部環境の変質が変数の重要性に大きな変化をもたらし，分析を困難にしている。

　ハンチントンは 1990 年代に入り，民主主義諸国のグローバルな拡大を取り上げた『第三の波　二十世紀後半の民主化』を出版した。ソビエト連邦の解体を受け，多くの国が民主主義体制へと移行するなかで，広範な議論を巻き起こした。ハンチントンは日本語版の序章に「一九七四年に始まった民主主義のグローバルな展開は，二十世紀後半における，多分唯一最も重要な政治現象であろう」と民主主義拡大の意義を述べている。1974 年とはポルトガルの独裁政

権の終焉を指している。1994年までの20年間で40以上の国々が権威主義体制から民主的体制へ体制移動したと述べ，世界レベルの民主化を第三の波と表現した。

　ハンチントンはこの著作で，「富と民主主義との相関関係は，主として経済発展の中位レベルの国において民主主義への体制移行が生じるであろうことを暗示している」（前出 1995, 60）と述べ，ある程度経済発展を遂げた中進国という限定ではあるが，リプセット仮説に歩み寄るように変化した。ハンチントンはリプセットと同様に経済発展を民主化への主要な変革要因と結論づけ，「民主主義のこれからの安定と拡大に影響を与える二つの主要な要素は，経済発展と政治的リーダーシップであろう」とも述べている（前出 1995, 303）。ハンチントンは，一国の構造的変容（国際環境の変容も含まれる）のみでなく，民主化を引き起こす要因を様々なアクター特に政治的に権力をもった政治リーダーの重要性を指摘した。この指摘は後で説明する新制度論の議論を反映させているようにもみえる。

　リプセットもハンチントンも，経済発展が民主化をもたらすとはっきりとは述べてはいない。リプセットは民主主義を促進し安定させる要因として経済発展を捉えた。農業社会から工業社会へと経済が発展した社会では社会構造が変化することが，民主主義に好ましい影響を与えることを例証した。経済発展という社会変化が民主主義を誘発することには，リプセットは慎重であったが，多くの論者は社会経済の構造変化が民主化をもたらすという立論をおこない，リプセット仮説として広く認識され一定の支持を得てきた。このリプセット仮説の近代化論に対し，1960年代から新マルクス主義の立場から従属論が唱えられ，発展途上国が経済を発展させることができるかという問題をめぐって，激しく対立した。従属論は，資本主義世界における発展途上国は「周辺」であり，先進国に従属し搾取されるため，発展することはできないとしたが，アジア NIES の登場により次第に立場を弱くしていった。またアジア NIES の韓国，台湾の民主化は近代化論を例証すると捉えられた。

　一方，所得の向上，都市の進展，教育の普及，中間層の拡大，これらの社会構造の変化が民主主義という政治体制に好ましい影響を与え，民主化をもたらすという近代化論に対し，比較政治学の分野で1980年代以降もう一つの大き

な理論展開があった。アメリカを中心に登場した新制度論と呼ばれる理論で，現在民主化を分析する理論としては比較政治学では支配的な理論となっている（岩崎 2009，40）。新制度論は様々な公式あるいは非公式な制度が政治アクターの行動を規定するとする[3]。公式な制度とは，憲法や様々な法律，議会，選挙などの制度であり，非公式な制度とは，伝統的な社会慣行，住民の意識やモラル規範など，社会を形づくる構成員が何らかの行動を決定するとき，制約や誘因となる意識形成にかかわる無形の存在である（前出 2009，40）。アクターと様々な制度の相互関係から民主化を説明することに特徴がある。

例えば，タイで軍事クーデターを軍が起こす場合を想定すると，クーデターの成功に重要な制度は，王政である。タイは立憲君主制であるので，王権は憲法の下に位置しているはずである。しかし実際は国王の裁可がクーデターの成功を左右する大きなファクターである。そのため，非公式な制度である，王室ネットワーク，クーデター首謀者と王室の関係などが政権を奪取するには重要になる。また，タイの民主化には，クーデターの裁可と同様に，1973 年の学生革命の時にみられたように国王の支持が民主化へ歩を進める上で大きな役割を担った歴史もある。タイの学生革命による民主化当時の状況は，サリットが開発独裁を始めて 15 年が経過し，中間層は育ってきてはいたが，中間層に属する人々は多くはなかった。都市化や教育の普及も進んでおらず，膨大な農村経済を抱え，所得レベルも低かった。当時のタイの状況では，経済発展が民主化を引き起こすとするにはかなり無理がある。近代化論より新制度論の方が1973 年の学生革命を説明するには有効であるかもしれない。

すでに多数の国を対象に，統計学の手法を用いた経済水準や経済成長力と政治体制の関係を検討した研究が存在する。それらの研究が示すものは，近代化論の経済発展が民主化をもたらすという仮説の有効性に関して，リプセットが唱えたように，経済開発が進んだ国において民主主義が確立されると，民主主義的制度の定着には寄与することが認められている（中村 2012，30）。しかし，経済発展が民主的体制への体制転換をもたらすかについては，意見が分かれている（前出 2012，30 頁）。一方，新制度論の個人や人間集団による政策や制度の合理的選択論で民主化の移行は説明できても民主主義の定着は説明できないとする批判もある（恒川 2006，v）。

2．民主主義の定義

　経済発展と異なり民主主義にはいろいろな見方がある。まず民主主義の分析において民主主義がどのように定義されているかをみてみよう。第二次世界大戦後，政治学では民主主義とはどのようなものであるか，民主主義をどう定義するかについて論争があった。論戦では「政府の権力の源泉」や「政府の果たす目的」によって民主主義を定義しようとする古典的な論者と，「政府を構成するための手続き」という手続き的な民主主義概念による定義を支持する論客との間で民主主義に関する定義が争われたが，1970年代までにこの論争は「政府を構成する手続き」が勝利し，終結した（ハンチントン 1995, 6）。この民主主義を「政府を構成する手続き」として定義することを主張したのは元来シュムペーターの考えであった。シュムペーターは『資本主義・社会主義・民主主義』で民主主義を「民主主義的方法とは，政治決定に到達するために，個々人が人民の投票を獲得するための競争的闘争を行うことにより決定力を得るような制度的装置である」と定義している（シュムペーター 1962, 503）。ハンチントンも『第三の波』で，「本研究は，シュンペーター学派の伝統に従って，候補者が自由に票を競い合い，しかも実際にすべての成人が投票する資格を有している公平で公正な定例の選挙によって，その最も有力な決定作成者集団が選出される二〇世紀の政治システムを，民主主義的なものと定義する」（ハンチントン 1995, 7）とシュムペーターの定義を準用している。手続き的な民主主義概念は民主主義が実現しているかどうかを形式的には測定でき，曖昧さが残らないという利点がある。ただこの定義による問題も指摘される。選挙はあるが，独裁的な政権が途上国では多く存在している現実がある。選挙のある独裁的な体制は，競争的権威主義，選挙権威主義，準権威主義などと呼ばれ，民主主義体制，権威主義体制の二分法ではなく，別のカテゴリーとして研究されるようになっている（大西 2017, 16）。同様の政治体制でも違った内実をもつ政治体制を分析するには，地域研究としての一国分析が重要であることがわかる。

II. 欧米民主主義価値観への挑戦

1. アジア的価値論

　アメリカの学会においては，手続き民主主義として民主主義を定義したが，アジアにおける民主主義をめぐる論議では欧米の民主主義理念から乖離した独特の主張をもつ国家が現れている。民主主義は世界的な価値観であり，たとえ強固な独裁体制をもつ権威主義体制であっても国家の基本概念として何らかの対抗概念を表明したいという事情がみえる。権威主義体制の為政者にとって，国際的な非難，とくに西欧の民主主義先進国からの非難に反駁し，アジアの独自性を主張した民主主義概念が自らの正当化のために必要であったと考えられる。開発独裁の時期にはそれぞれの国の文化に基づくとする独特な民主主義論が展開された。タイの「タイ式民主主義」，インドネシアの「指導される民主主義」，パキスタンの「基礎民主主義」，マレーシアやシンガポールの「開発型民主主義」などである（岩崎 2009，182）。その延長線上にリー・クワンユーのアジア的価値論がある。しかし，開発独裁期においては，欧米の盟主であるアメリカが東西冷戦を考慮して，民主主義の理念を強く主張することは多くなかった。欧米はソ連の崩壊以後，民主主義理念は人権の普遍的価値観であるとして，世界の政治の舞台で主張されることが多くなった。

　リー・クワンユーは世界規模での民主化の「第三の波」が押し寄せ，西欧からの批判が高まる中で，アジア的価値論を表明し，シンガポール政治体制の正当性について理論再構築を行った。その時期はアジアの開発独裁が曲がり角を迎えた時期でもあった。アジア NIES は経済発展を遂げた結果，独裁体制が経済発展に必要であると，豊かになり教育を受けた国民に納得させることは困難になった。また，ソ連の崩壊による冷戦構造の解体で，独裁体制は国家を共産主義から守るための国家危機管理の体制であるとの説明もその根拠を失った。NIES のなかで台湾，韓国は民主化に向かったが，人民行動党はゴー・チョクトンが首相を禅譲された直後は政治の自由化を表明するが，1991 年の総選挙で与党への得票率が 59.3% にまで低下すると，一党支配を強化し独裁政体を維

持した (岩崎 2002, 171)。

　このような状況下，リー・クワンユーによってアジア的価値論が唱えられた。国内の教育問題がアジア的価値論の登場の背景であったが，そこには開発独裁という理念が時代の変化で正当性が揺らいだという事情があった。リー・クワンユーは西欧との社会の違いを強調する形でアジアの独自性に立脚する民主主義概念を展開し，概念規定を行った。

　シンガポールの開発独裁体制を簡単に振り返りながら，アジア的価値論の成立した背景をみてみよう。

　アジアにおいて開発独裁は多くの国々で展開されたが，開発独裁の制度化が最も精緻に成し遂げられたのが，シンガポールのリー・クワンユー体制であった[4]。リー・クワンユーはアメリカを軸とする西欧の自由貿易体制を利用して経済成長を遂げたが，国民の所得レベルが上昇した後でも西欧の民主主義理念を受け入れず，文化の違いで一党独裁を正当化した。シンガポールでは選挙はほぼ4年ごとに行われ，問題は多いが手続き的民主主義は満たされており，国民は経済的な地位の向上と引き換えにリーの統治を容認してきた。マレーの大海に浮かぶ後背地をもたない都市国家という国民国家の存立基盤が脆弱なこの国を存続させるには，民主主義的な手続きによるゆっくりとした意思決定では国を維持できないという思いが，リーにはあるのかもしれない。

　リー・クワンユーの施政をふりかえると，独裁体制を築く確固たる意志がみえる。岩崎はシンガポールの政治体制を「一九六〇年代前半には社会主義戦線の他にも，労働組合，学生運動，保守政党，種族基盤型政党，南洋大学，華語新聞，中華総商会など，様々な政治・社会団体が活発な活動をしていたが，人民行動党は順次これらを抑圧して，排除したり管理下において一党支配を成し遂げたのである」と記述している (前出 2002, 158-159)。リー・クワンユーの指導の下，シンガポール政府は民主主義を形式的に取り繕うために選挙は実施するが，人民行動党の一党支配を継続するため反対する勢力には容赦ない攻撃を加えた。野党候補に法廷闘争を仕掛け経済的に破産させるなど，司法の中立性に疑義がある悪名高い施策もとられた。また，選挙制度も与党に有利なように「改善」されてきた。1980年代以降，経済発展がもたらした社会構造の変化から政治体制批判が高まって野党の勢力が拡大し始めた時，選挙局が与党

に有利な区割りを行うゲリマンダーで人民行動党の議席を守った。従来選挙区は一貫して小選挙区であったが，1984年選挙からグループ代表選挙区（3名一組で政党が立候補し勝てば3名全員が当選する制度）の併用を導入した（前出 2002, 171）。

このような権威主義体制から生まれたリー・クワンユーのアジア的価値論は1980年代末から1990年代初めに大きな論議を引き起こした。アジア的価値論の内容は儒教的価値論の側面が強いが，シンガポールは多民族国家であることから，リー・クワンユーは儒教を前面に出さずに曖昧な「アジア的」という言葉を使用した。

リー・クワンユーはアジア的価値論を主張した時にシンガポールを韓国，中国，日本，ベトナムの儒教圏の一翼とし，中国文化だけでなくインド文化の影響も強い東南アジアとは違うと規定した（リー 1995, 133）。しかし，イングルハートが作成している世界価値観マップではシンガポールは東南アジア諸国と一つの集団（南アジア）を作っている。確かにシンガポールは中国系が80％弱の人口構成をもった国家であるが，価値観はタイ，マレーシア，インドネシアと近いものをもっていると分析されている。儒教圏とシンガポールの相違を引き起こしている原因は縦軸の合理的－世俗的価値観と伝統的価値観のどちらの属性が強いかにある。儒教圏は合理的－世俗的価値観が強い集団であるのに対し，シンガポールは儒教圏より伝統的価値観が強くでている。伝統的価値観が強い国では，宗教への帰依，家族関係重視，権威容認，離婚や中絶の忌諱，ナショナリズムが強いなどの価値体系をもっているとされる。少なくともイングルハート－ヴェルツェル図でみる限り，シンガポールの価値観は合理的・世俗的価値観型の儒教国とは異なっている。リー・クワンユーが儒教圏としたベトナムも南アジアグループと同様な価値観をもつとされている。シンガポールを儒教圏とするには少し無理があるように思われる。その意味ではリー・クワンユーのアジア的価値論はシンガポール国民の価値観を反映していないということもできよう。

アジア的価値論が生まれた直接のきっかけは教育問題で，教育政策の文化回帰をうけリー・クワンユーと側近のトミー・コーが編み出したイデオロギーであった（藤原 2002, 343-344）。アジア的価値論は国内政治の必要から出てきた

が，シンガポールの政治体制を批判する西欧諸国に対して自らの政体を正当化する役目があった。

アジア的価値論にはアジアには西欧的な民主主義政体が合わないという文化論があった。その理由は儒教圏のアジア人の価値観には，個人の利益よりも公の利益を優先し，年長者や権力者に従順である価値観をもっているという主張があった。しかし2000年前後になると，アジア通貨危機とこの地域の民主化の進展で，アジア的価値論の議論は衰退していった。しかし，アジア的価値論は，西欧民主主義に対する対抗理念として従来の開発独裁の主張と大きく異なった側面をもっていた。アジア的価値観が注目されていた1993年，ウィーンの国連世界人権会議でシンガポール，マレーシアや中国の代表の「人権規範の普遍的適用は，各国の主権との間に緊張を生みだす」（前出2002, 350）という主張は，各国の政治空間で人権尊重と内政不干渉のどちらを重視するかという問題を投げかける。アジア的価値論は内政不干渉の優先を主張する理念である。このようにアジア的価値観は，それまで人権の普遍性は当然であるという西欧の論理を超えて，その地域の伝統的価値と西欧的価値とを相対化したことで，アジア的価値論は，西欧の価値観に直接挑戦した嚆矢であったということができる。

2．北京コンセンサス

アジア通貨危機でアジアの経済成長は疑問を投げかけられたが，アジアの高度経済成長は一時的な減速はあったものの，趨勢として中国を軸に継続した。中国の力強い経済成長を背景に，アジア的価値論の主張は違った形，儒教という文化的要素を薄め，純粋に途上国における経済発展には権威主義体制の政治的独裁が有効であるという，経済発展に純化した北京コンセンサスという理念が登場した。北京コンセンサスという理念は中国側からは明確に表明されることはないが，最近では中国方案（中国モデル）という言説で対外的に表明されることがあり，本論では同意義に捉えている。北京コンセンサスもリー・クワンユーのアジア的価値論と同様に西欧の自由な民主主義的理念に対するアジアからの反駁であった。論戦の舞台は価値観から経済成長へ移り，欧米の民主主義モデルと中国的な国家資本主義による権威主義体制モデルのいずれが経済的

な成功への道であるかという争いとなった。

　北京コンセンサスはジョシュア・C・ラモが中国の市場志向型権威主義モデルを途上国経済成長の成功モデルとして提示した概念である（小林 2016, 224-225）。新自由主義による民営化や規制緩和を重視する世界銀行やIMFのワシントン・コンセンサスに対比される。ワシントン・コンセンサスは元来ラテン・アメリカの債務危機の処方箋として1980年代にIMFや世界銀行が緊急融資を行う際の付帯条件として課された政策パッケージであった。一方北京コンセンサスは途上国支援における援助理念であるより，より広い意味で途上国の経済発展モデルとして言及されることが多い。また，北京コンセンサスと開発独裁との差異は西欧の新自由主義理念に対抗する理念となっている点である。中国の権威主義体制を西欧システムの新自由主義に代わる経済発展モデルとした北京コンセンサスは，アジア的価値論と同様西欧のそれまでの発展モデルへの「東洋」からの挑戦であった。

　21世紀世界各国の経済成長率が低下するなか，中国経済は急速な経済成長を持続した。多くのアジア諸国も中国経済との連関を深化させ，中国の経済成長を取り込む形で成長を続けた。国家資本主義が大きな役割を演じる中国経済は注目され，その存在感を高めている。特に2008年リーマン危機で世界経済が大きく落ち込んだなか，中国が4兆元（約60兆円）の大規模な景気刺激策をとって景気を支えたことは，実力をつけた中国の世界経済への影響力を多くの国々に知らしめた出来事であった。中国の経済的成長と権威主義体制を容認する理念を内包した北京コンセンサスは，政治的独裁を望む一部の発展途上国が，国際政治における中国支持勢力を形成することを促している。

　たとえば，カンボジアの最近の状況をみると，北京コンセンサスが現実の政治に影響を強めていることがよくわかる。カンボジアは国連の支援下で民主化した後，選挙による手続き的民主主義が定着するかにみえた。実際選挙は5年ごとに実施されてきた。しかしフンセンの人民党政権は2013年の総選挙[5]で野党が大きく議席を増やすと，反対勢力への弾圧を強化した。その結果，民主主義の問題から西欧からの支援が減少するが，中国が巨額の援助を与えることで国際政治における親中国国家としての駒としてカンボジアを取り込むことに成功した。カンボジアはアセアンでの会議で南シナ海における領有権問題

に関し，一貫して中国寄りの立場をとっている。国内政治における反民主主義的対応も過激なものとなっている。2018年の選挙で過半数をとる可能性があった野党カンボジア救国党を2017年11月解党に追い込み，対抗政治勢力を抹殺し，2018年7月全議席を与党が獲得するという暴挙に出た。中国という選択肢がなければカンボジア政府は露骨な反対勢力への弾圧は回避したと思われる。スティーブン・レヴィツキーらの競争的権威主義論では，西欧とのリンケージが高い国は競争的権威主義体制であっても民主化する可能性が高いとされる（Levitsky and Way 2010, 50-54）。北京コンセンサスが西欧からのリンケージを遮断するように働くことは明らかである。中国政府の権威主義的発展モデルである北京コンセンサスの理念が発展途上国に拡大すると，個人の自由や民主主義を基礎におく西欧的価値体系の地盤が切り崩される可能性が高くなる。権威主義体制の為政者にとっては，西側陣営からの民主化要請に対しても経済大国となった中国という新たな後ろ盾に頼ることができ，中国も地域の覇権国家としての地位を確保することができるため，双方にとって互恵的な強固な協力関係が確立することで，ますます抑圧的な国家の存続が可能になっている。

Ⅲ．世界経済の政治的トリレンマ

1．ブレトンウッズ体制と新自由主義

　北京コンセンサスが人口に膾炙する理由の一つには，世界経済が1997年のアジア通貨危機，2008年のリーマン危機などの経済危機に陥り，新自由主義，ワシントン・コンセンサスの市場メカニズム至上主義が安定した経済成長をもたらしていない状況がある。問題の把握のために，新自由主義の出自とその経緯を簡潔にみてみよう。

　新自由主義が台頭した背景には，ブレトンウッズ体制を支えたケインズ主義的政策が1970年代に訪れた不況に対して有効な処方箋をとれなかったことがあった。世界恐慌が訪れた時，ケインズは古典派経済学が神のみえざる手による市場の需給メカニズムにより完全雇用が実現するという主張では，不況時には人々は自己防衛のため，貯蓄に励み投資を抑えるため投資が生まれず，雇用

は増大しない。そのため，不況時における経済混乱や過激な思想を回避するには政府が積極的に財政投融資を行うことが必要であるとした。不況時には政府が財政出動し，好景気の局面ではインフレを回避するため財政支出を小さくすることで，市場の暴走を防ぎ，健全な状態に保つことができると主張した。このケインズ主義は戦後主要国の経済政策に取り入れられた。しかし1970年代の2回の石油危機がもたらしたスタグフレーションにケインズの処方は対応できなかった。ヨーロッパではイギリスにみられたように，高福祉政策がもたらした勤労意識低下や労働者の権利意識高揚が招いた労使紛争の増加による経済的停滞が起こり，ケインズ主義的政策と並行して行われた社会民主主義や国営部門の比重を高めた社会主義的色彩の強い混合経済の限界も示していた。1970年代のスタグフレーションはインフレと経済不況による失業の増大を同時に引き起こしたが，ケインズの理論では想定外の事態であった。失業には政府の財政拡大，インフレには歳出削減というケインズの需要側からの政策はこの状況に対応できなかった。

　ミルトン・フリードマンのマネタリズムは景気対策としての財政政策の有効性を否定し金融政策に特化するべきと主張し，市場の「健全性」を回復するためケインズ政策を強く非難していた。フリードマンの学派はケインズ主義の欠点として，人々のインフレ期待を考慮しなかったことを指摘した。インフレ期待により，当初は効果があった財政出動は次第に経済成長をもたらさなくなり，歳出がインフレを誘引する悪循環に陥るとした[6]。スタグフレーションという時代背景を受け，マネタリズムの学説が力をもつようになった。また，マネタリズムに影響を受けたサプライサイドの経済学[7]がレーガン政権でとられ，政策減税，規制緩和，社会保障の削減など市場を重視した政策運営がなされた[8]。同時期イギリスでサッチャーが登場し，イギリス病に陥ったイギリス経済を再生するため手厚い福祉の見直しが行われ，レーガンとサッチャーの経済運営は新自由主義と呼ばれた。新自由主義は，世界銀行やIMFの運営に強い影響力を発揮し，1980年代にラテン・アメリカ諸国が債務危機に陥った際，これらの機関が緊急融資を行う付帯条件として，政府による産業保護や育成政策放棄，市場メカニズムによる経済の民営化，自由化，規制緩和，増税による財政健全化などを強制した。これらの処方箋はワシントン・コンセンサスと呼

ばれ，1997年のアジア通貨危機でもIMFは同様の政策を遂行した。しかし結果は，IMF支援により危機は深刻化し，IMF主導の処方箋は有効的に機能しなかった。新自由主義の信奉者は早急な金融の自由化の問題を認めつつも，危機の原因を縁故資本主義や公平な競争を阻害する政府の介入に原因があるとした。

　新自由主義が登場した1980年代から格差の拡大やグローバルレベルでの金融自由化を懸念し反対する意見はあったものの大きな潮流とはならなかった。しかし，2008年のリーマン危機以降，状況は変わりつつあり，新自由主義への信頼性が揺らいでいる。リーマン危機が転機となり増大した新自由主義への懐疑は，グローバリゼーションによる自由化に対する批判に結びつくものであり，欧米の民主主義経済発展モデルへの批判となることで，北京コンセンサスによる中国モデルの優位性という中国の主張を強化するものであった。

2．世界経済の政治的トリレンマ

　ダニ・ロドリックは新自由主義や過度なグローバリゼーションを一貫して批判してきた。グローバリゼーションを進めると世界経済は政治的トリレンマに直面すると主張する。ロドリックは2000年に書いた論文（Rodrik 2000）でこのトリレンマを明らかにし，国際金融のトリレンマの類似モデルとして，以後彼のいくつかの著作でこのトリレンマによってグローバリゼーションの問題点を指摘してきた。

　ロドリックによれば，国際経済では，民主主義（原文ではmass politics＝民衆政治（同前）），国民国家，高度なグローバリゼーション（原文ではcomplete international economic integration（同前）あるいはhyperglobalization（Rodrik 2011））の3つのうち2つしか満たすことができない。それぞれのケースを要約すると次のようになる。

　1のケースとして，高度なグローバリゼーションと民主主義をとれば，国民国家は自らがもつマクロ経済政策，租税政策，規制制定権を放棄し世界連邦主義（global federalism）を政治システムとすることになる。ロドリックは国民国家がどのような形になるのか明確に述べていないが，国家のもつほとんどの権限は世界連邦に移譲されるとされる。世界連邦が成立すると，国境を超えた

財やサービスの取引に国家の干渉はなくなるため，各国の税制も統一され，世界規模で一物一価が実現する。また，賃金や利子率なども平準化される。ある意味人類はコスモポリタン的市民となり，自由も享受できる民主的な制度であるが，ロドリックはこの体制の成立には100年かかると述べている（Rodrik 2000, 184）。

2のケースとして民主主義と国民国家の選択では，高度なグローバリゼーションは不可能になる。つまり，国民国家が国民大多数の意見を代表する民主主義的な制度を保持しながら，マクロ経済政策や財政政策に対する主権を維持する場合，高度なグローバリゼーションは実現できないというのがロドリックの見解である。高度なグローバリゼーションの実現には各国の主権を超えた共通の市場のルールを世界的に強制する国際市場統治が必要であり，国民国家の独自の政策施行と両立しないということである。ロドリックの主張では，グローバリゼーションは経済成長を高めるが，国内政治経済への副作用もあるので過度のグローバリゼーションは好ましくないというものである。グローバリゼーションの利点と各国の民主主義と国家主権の一種の均衡が戦後の経済発展の大きな要因であったとする。その枠組みが，戦後の「ブレトンウッズの妥協」あるいは「埋め込まれた自由主義」と呼ばれる，ゆるやかなグローバリゼーションを進める一方で，グローバリゼーションによる国内への影響を緩和するため国家が社会で不利益を受ける人々を守る政策をとりうる余地を残す体制であった（鳴瀬 2001, 105-118；矢野 2016, 207-209）。しかし，新自由主義の隆盛により1980年代以降はこの妥協は破棄された。ロドリックは節度あるグローバリゼーションであるこの国際経済秩序が最も現実的に世界経済を安定的に発展させる道だと考えている。

3のケース，高度なグローバリゼーションと国民国家を選ぶと，国家は民主主義を維持できない。高度なグローバリゼーションの環境下で，各国は国際取引を可能な限り妨げないよう，国際市場に魅力的になるように行動するしかなくなる（Rodrik 2000, 182）。各国の国内規制や税制は国際基準に一致させる必要がある（同前, 182）。統一された市場における国民国家は市場に友好的な政策しかとることができなくなる。その結果，中央銀行，財政当局などにおける国内政治における独自な政策策定余地は限定的になり，国民の政治参加や政治

討論は国内政治において意味をもたなくなる（同前，183）。国民国家は主権を保持しているが，国民の声は政策に反映されなくなり，社会の安定のための社会保障は削減され国際経済への統合の結果生じた不利益を国内で解消することができなくなる。ロドリックはこのような主権国家の対応をトーマス・フリードマンの「グローバリゼーションの束縛（golden straitjacket）」の論議を借用して，国民国家が国際経済への統合のため，高金利政策，小さな政府，低い税率，柔軟な労働規制，規制緩和，民営化，開放的経済などの政策を進めざるを得ない束縛的状況を説明している（同前，182）。結果として，民主主義の根本である国民の多数派意見が反映されなくなり，民主主義が機能しなくなるとしている。

3のケースは一見すると，民主主義国家では手続き的民主主義で，国民の代表者が選ばれるため国民大多数の利益を無視した政治は成立しないよう思われるが，現実をみるとグローバリゼーションの進展によりエリート層に経済的利益偏在が進行し，国民大多数の利益は反映されない政治経済構造になっている。ロドリックの論議は新自由主義が主流となった世界の政治経済状況をかなりの程度まで説明している。

発展途上国に眼を転じると，経済成長を重視する発展途上国はより剥き出しの世界経済への統合を進める政策をとっているようにみえる。自由な民主主義の先進諸国に比べ，発展途上国は社会的弱者の立場が脆弱でエリート層による支配が確立しやすい。途上国経済でも先進国と同様にグローバリゼーションの進行は支配者層の利益に貢献するため，民主的な手続きがグローバリゼーションの障害となるときには，エリート層がもつ権限や各種の権力を行使して，民主主義がないがしろにされる可能性が高い。

IV．国際経済の政治的トリレンマとタイ

1．タイ・エリート層の特質とタイ国家の二重性

アンソニー・リードは15世紀半ばから17世紀にかけての東南アジアを交易の時代という概念で捉えたが，交易の時代の東南アジアで有力な港市国家で

あったタイは，石井米雄のアユタヤ商人国家論が提示したように，交易に国家基盤の大きな部分をおく，ある意味グローバル化した国家であった。この巨大港市はインド洋交易と東シナ海交易の結節点として繁栄してきた。アユタヤ時代には外交や財政をつかさどった港湾局（グロマター）は中国とベトナムを扱う左，アラブ，ペルシャの右，その他の民族は中央と3分割されており，多くの外国人を政権中枢に登用した国際的な国家であった。国家にとって交易はトンブリー朝のタークシン王（在位1768-1782）期やラーマ一世（在位1782-1809）期には王国を維持するまさしく生命線であった（山本1995, 212-213）。現王朝のラタナコーシン朝にとっても海外との交易は重要であり，市場の変化に合わせて輸出用の商品開発も行われ，砂糖，胡椒，タバコ，スズなどが，移入してきた華人層と協業して開発された。西欧との開国前の輸出統計をみると，1850年の輸出品目の一位は輸出用に開発された砂糖であり，全輸出の12.7%を占めている（Malloch 1852, 34-51）。この中国技術を使っての白糖輸出開発は，タイのエリート層が対外交易の利益に柔軟に適応する例証である。

　タイは他民族を巧妙に取り込む形で成立してきたが，トンブリー朝（1768-1782）以降になると在タイ外国人に中国人が占める比率が高まり，首都バンコクは人口の過半を中国系が占める不思議な都市空間が形作られた。一方，広範な後背地である農村地帯はタイ系の民族が優位な居住空間であり続けた。王族と官僚を中心とするタイ人のエリート層に中国系など多民族の中から経済的に成功をおさめた者が官僚として取り込まれる制度設計がなされていた[9]。チャクリー改革を経て，近代官僚制（軍も含む）をもったことにより首都の持つ権力は圧倒的なものとなり，常に後背地である農村部に優位性を維持してきた。国際的なコスモポリタン的都市と農村部である田舎の分断は大きく，タイという国家を規定する大きな要因となった。

　1855年のバウリング条約で西欧諸国に対して開国をした後，世界市場に向けてチーク，スズ，ゴム，米などの一次産品が主要輸出品となる経済ができあがった。特に米産業はタイ経済の屋台骨となり，タイ経済はライス・エコノミー（米経済）とも呼ばれた。開国後農民も次第に商品経済の波にさらされるようになっていった。農民は商品経済の浸透に合わせて販売を目的として米を増産するため，原野を開拓して耕作地にすることでタイの耕地面積は急速に拡

大した[10]。また，バンコクの北に広がるランシット運河の開拓にみられるように，タイのエリート層が米増産のために灌漑運河を掘削し荒蕪地の新田開発を行っている。開発計画の中心になったのはラーマ5世が王子の位を授けたサーイ・サニットウォンやペルシャ系名門貴族家系のチューン・ブンナーク，イタリア人の建築家ヨーキム・グレーシーなどであった。タイのエリート層の新たな輸出産業となった米経済への積極的関与がよくわかる事例である。農民はコメ経済の進展に呼応し荒蕪地を開拓し，耕地面積は開港した1850年代から1980年代までに約15倍に増大した（パースック・ベーカー 2006, 15）。ランシット運河周辺も急速な耕地化が進んだ地域で，水利インフラが整ったことで多くの農民が移住し稲作地を拡大した。

このように，タイは世界市場の需要に合わせて，海外市場に自らが優位性をもつ商品を開発し輸出することによって発展してきた。その利益の大きな部分は首都であるバンコクの住民で政治を支配する，王族，官僚や商業活動に従事する中国系が獲得し，地方には農業，主に稲作を生業とする農民が世界経済とのリンクによる恩恵をあまり受けることなく併存する，ある種の都市と農村という二重性をもつ国家であった。農村は輸出米にライス・プレミアムと呼ばれる輸出税を課せられ，ただですら低い国内コメ価格をさらに低下させる政策も採られた。ランサンの研究では，1969年のバンコクのFOB米価の農民の受け取り分は，44.3％に過ぎず，ライス・プレミアムの輸出税が42％にも及んでいる（Rangsan 1987, 114）。農業部門からの収奪の激しさを物語る数字であろう。この制度は1986年まで続き，プラザ合意以降の高度経済成長に突入するまで，農村部を搾取し続けた。

主権在民の民主主義が政治原則となる時代になると，タイのもつこの二重性を成り立たせる保守的統治原理が民主主義と衝突し多くの軋轢を生みだすこととなった。

2．タイにおける民主化の展開

ラタナコーシン朝成立（1782年）以降，1932年の立憲革命から1947年のクーデターの期間を除き，王党派を中心に一定程度の社会的流動性はあるものの，官僚，交易などによる経済的成功者がタイのエリート層として連続性を

もって政治権力を保持してきた。1932年の立憲革命はタイ旧来のエリートの権力基盤が一時崩壊の危機に瀕した，まさしく革命であったが，第二次世界大戦後，立憲革命の母体である人民党内部の権力闘争による内紛から旧勢力である保守派は権力の回復に成功した。1960年代末の世界的な民主化運動の波はタイにも伝播し，1970年代エリート層は学生を中心とする民主化要求と共産主義による政体転覆という2つの危機に直面した。学生の民主化要求には妥協し，タイの政治体制は軍政から民政へと転換した。この民主化では国王の学生への支持が民主化への移行に大きな力を発揮した。この出来事によりラーマ9世は国民の支持を高め，民主主義を擁護するという国王像が出来上がった。一方，共産主義の脅威は，ベトナム戦争終結がベトナムによるインドシナ半島全域の共産化への危惧を引き起こし，アメリカのこの地域における関与の低下も相まって，エリート層は反革命による鎮圧を決断した。1976年10月タイ国内の民主勢力を弾圧し，タマサート大学の構内で多くの学生を殺害し，民主主義体制の政権を葬った。再び軍が政治の表舞台へ登場した。1980年代に入り共産主義の脅威が低下すると，エリート層はプレーム陸軍司令官を担いで，タイ式民主主義である「半葉の民主主義（半分の民主主義とも訳される）」を1988年まで行った。選挙はあるが軍の支持基盤があるプレームが，選挙の洗礼を受けずに，政権を主導する体制であった。プレームによる「半葉の民主主義」は8年半の安定した政治をもたらしたが，長期政権の批判もありプレームは自ら首相の座を降り，1988年8月民選の首相誕生に道を開いた。

議会政治は長く続かなかった。民選の政治家による汚職を口実として，チャートチャーイ首相による軍人事への介入と軍のタイ社会での地位低下を阻止するため，1991年2月軍はクーデターを起こし政権を掌握した。1992年4月クーデターの張本人であるスチンダー陸軍司令官の首相就任は，広範な退陣要求運動を引き起こし，鎮圧による流血で国王が乗り出し，「天の声」で首相を退陣させた。以後，軍は政治の表舞台から去り，民主化が定着していく。1992年から次のクーデターまでの14年間はタイにおける手続き的な民主主義が機能し，タイの民主主義にとっては「幸福」な時期であった。

タイにおける政治権力は官僚政体論で1980年代までは分析されていた。タイは農業国であるが人口に比して土地資源が豊富であったこともあり，地主制

があまり発達しなかった。また工業の規模は小さく立憲革命以降は官営工業化がすすめられ，サリット政権までは民間部門への支援も小さかった。商業の担い手は中国系でタイに帰化していない場合しばしば差別を受けた。このようにタイの当時の社会構造では官に対抗する勢力が皆無で，政治権力としては軍と行政官僚が政治を支配し重要な役割を担っていたというのが官僚政体論であった。民主化は官僚政体への挑戦となるが，非合法化された共産主義運動以外では，1973年10月の学生革命の担い手である学生が登場するまでは民主化を求める勢力は現れなかった。

　1980年代の半葉の民主主義の時代になると工業化の進展により実業家が育ち官民合同委員会や各種経済団体を通じて，官僚に対峙し政策決定に関与するようになるというリベラル・コーポラティズム論が脚光をあびるようになった（Anek 1992）。1980年代の半葉の民主主義時代は軍が強い政治的権力をもっており，対抗する政党政治家や資本家である実業家が軍に対抗し民主主義を切り開く民主主義勢力とみなされていた（玉田 2003, 321-323）。

　1992年の暗黒（＝残虐）の5月事件はタイの民主化にとって大きな意味をもった事件であった。一般的な解説ではこの事件で中心的な役割を担ったとされるのは経済発展の結果育ってきた中間層であるが，玉田はこの中間層の役割を重視する仮説に対し詳細な検証を行い，疑問を投げかけている（同前，i-v）。軍の政治からの「撤退」により1992年以降政党政治が定着したが，政党政治は批判されるようになった。大きな批判勢力は3つあった（同前，328-329）。まず，官僚である。政党政治家は官僚人事に介入し，公共事業などの利権にも分配を求めた。官僚の伝統的な利害は政党政治によって大きく削られた。次にバンコクの中間層である。官僚政体では首都が地方を支配していた。タイにおける地方分権を包括的に分析した永井らのグループは，タイにおける地方自治が地方分権改革において，中央支配の構造を容易に変革できない地方自治体の業務権限の問題を述べている（平山・永井・木全 2016, 33）。しかし，政党政治では農村部から選出される議員に国政が支配されるようになり，都市部の中間層は不満を高めた。第3は社会的弱者を支援していたNGO関係者で，政党政治が十分に恩恵をもたらしていないと不満をもっていた。この玉田の政党政治批判の分析は2006年クーデター以降のタイ社会の分断を作り出し

たタイの社会構造を明らかにしている。タイでは中間層と官僚が政党政治の進展と対立する利害関係をもっていたわけである。

　1997年憲法は「人民の憲法」とされるが中間層と官僚の意見が多く反映されている。例えば，政党政治を監視する独立機関である，憲法裁判所，選挙管理委員会，行政裁判所などは，裁判官などの官僚経験者が多く登用されることは当然予想された。また，議員の被選挙権を大卒以上に制限する条項は，民主主義への冒涜であり，官僚や都市中間層の農村部に対する蔑視と選民思想の反映であろう。一方，この1997年憲法は大政党をつくりやすくし，党首の権限を高める制度ももっていた。タクシンが独裁的権力基盤をつくることを可能にした側面もあり，タイ愛国党というタイ憲政史上最も強力な政党を誕生させた。

　民主化が進展するなかで，タクシンというカリスマ政治家の登場は大きな転換点であった。すでに多くの論者が多角的な視点からタクシン元首相の政権について分析しているので，簡潔にタイにおける民主主義の視点からのみタクシン政権を述べよう。タクシンは成功した客家系移民の末裔であり，北タイで経済的社会的に成功した有力家系の出身であった。武官官僚のエリートコースである軍予科学校に進学し警察官僚の道を歩むが，途中で退職し，携帯事業で財を成し，政治に進出した。したがって，成功した華人系家系の官僚という典型的なタイにおけるエリート階層に属する政治家であった。彼の慧眼は，それまでタイの政治エリートから打ち捨てられていた地方農民や都市下層民が民主主義では一票の価値を対等に有することを発見したことであった。貧困層の政治的組織化に成功することで，強固な票田を作り上げた。タクシンは選挙公約をそれまでの政治家と異なり誠実に実行する。貧困層は30バーツ（約100円）で最低限の医療を受ける権利など生活の質を改善できる数々の福祉や恩典を得た。タクシンの登場により，地方の農民層は民主主義においては多数派である自分たちが国の運営に対し，影響力をもつことを実感し，政治的に覚醒していった。エリート層や軍，官僚層の中核を形成していた中間層（その多くはタイに根付いた中国系タイ人であった）は，政治の民主化とタクシンの政策で多くの既得権を失った。例えば，軍事費の歳出に占める割合は，1991年のクーデターの年には16.0％であったが，タクシンが政権をとった翌年の2002年には前年より0.9％削減され7.5％，クーデターで政権を追われた2006年は6.3％

であった (Suehiro 2014, 329)。軍事費の削減は冷戦後の国際環境の変化もあるが，軍としては既得権益を侵食されたと感じていたことは想像に難くない。既得権益喪失の危機に直面した王党派を中心とする旧来のエリート層と都市中間層の共闘が成立し軍がクーデターで 2006 年に政権からタクシンを追放した。

タクシンの登場は経済発展による社会構造の変化も関連している。地方の農民層にとって選挙はパトロン・クライアント関係の延長であり，パトロンである有力者からなにがしかの金銭や品物を受け取るお祭りにすぎなかった。パトロンの多くは選挙時に投下した資金を国会議員となった後で様々な方法で回収した。政治的地位は汚職や賄賂へのチャンネルであった。

タイにおける近代化と工業化では，中間層の増加，都市化，農業人口の低下，教育の普及を伴わざるを得ず，急速な社会構造の変化を引き起こした。例えば，農林水産業に従事する人口は表 1-1 が示すように，1960 年には 80％を超えていたが，2016 年には 33.6％にまで低下している。

タクシンが政権をとった 2001 年には一次産業の従事者は 5 割を切っている。以前は農村部にいて偽装失業となっていた多くの人々が，教育を受けて近代セクターの従業員として首都近郊や臨海部の工場地帯で働くようになった。彼らは貧富の格差に気付いており，民主主義の原則も理解している。休暇で故郷に帰ると両親や親戚，幼い兄弟たちに，都市のきらびやかな繁栄を話しながら，自分たちの不利な地位の向上をもたらす政治の可能性に触れることもあるだろう。この社会経済構造変化は，農民層においても自分の権利に対する政治的な覚醒を引き起こさざるを得なかった。

半葉の民主主義が終わり，総選挙で政権がつくられるようになると田舎の農民が政権を決定する力をもつことになる。タイの政党政治における票の買収により当選した金権政治家が国政を担当し汚職が横行することが問題となった。1991 年の軍のクーデターにバンコクの都市住民や彼らが購買層であるマ

表 1-1　タイ国における全従業者に占める農林水産業従事者比率

年	1960 年	1970 年	1980 年	1990 年	2000 年	2010 年	2016 年
農林水産業（％）	82.4%	79.3%	72.2%	64.0%	48.8%	41.3%	33.6%

(出所) 末廣 (1998), 93 頁 (NATIONAL STATISTICAL OFFICE, 2018 年 9 月 20 日閲覧) より作成。

スコミは大きな反対を唱えなかった。タイの政治学者アネークは『2都の民主主義』で1990年から1993年のタイの政治状況を分析し,「政府を選ぶのは田舎(の人)であり,政府を倒すのは都市(の人)」という理論を立てた(Anek 2009)。アネークはタクシンの登場により,当初都市と農村の両陣営から支持を受けたことで対立は解消すると一時期考えたが,結局対立は解消しなかった,と述べている(同前,序文)。この2都物語はすでに述べたタイの社会構造に由来している。バンコクに居住する保守的なエリート層はタクシン政権が誕生するまで田舎の農村部を支配してきた。たとえ田舎の農民票が政権基盤であっても,政治の実態は都市住民の利害を優先し,田舎の利害が優先される政策がとられることはなかった。政府の命運は都市の支持にあったから常に政府は首都バンコクを向いて政治を行っていた(同前,11)。しかし,タクシン政権の政治姿勢は農村部の課題に配慮する政治も行うようになったことで,従来の政治とは一線を画するものであった。高橋は,タクシン政権の登場により,農民層が投票を通じ政府に政策を期待し国家の指導者を選ぶように変化したことを「政治の国民化」と呼び,タイにおける政治的既得権への農民層の挑戦が始まった,と説明している(高橋2016,49)。

近代化論が想定する中間層は民主化を促進し民主主義を定着させるとされるが,中間層は民主化への態度において上下いずれの階層とも同盟する可能性があるともされる。タイの中間層は一見革新的にみえるが,実際は他のアジア諸国の中間層と同様に保守的であり,上層部である伝統的な保守エリート層との同盟を選んだとされる(玉田2003,333-335)。

2005年末からの反タクシン運動では,伝統的保守的エリート層に中間層が連携し,デモ集会による街頭政治が展開された。シンガポールのソブリン・ファンドであるテマセクへのタクシン所有の携帯会社売却に対する人々の反発が決定打となり,反タクシン運動は勢いを増し,軍がクーデターでタクシンを葬った。反タクシン運動の主体はラーマ9世の色とされる黄色の服を着て,ロイヤリストであることを示したことから黄シャツと呼ばれた。タクシンが軍に追放されると,親タクシン・グループは赤シャツを結成し対抗し,タイ国内を2つに割る政争となった。地方の農民や都市下層が政治的に結集して保守的エリート層に大規模かつ長期にわたり対抗することは,かつてなかったことで

あった。対立の背景には民主主義を軸とする対立があり，容易に収束しそうにない。保守的なエリート層が社会構造の変化という大きな潮流が生み出した田舎の農民層を中心とする下からの民主化要求にこれほど強硬に抵抗するのはどうしてであろう。グローバリゼーションと民主化が両立しないという，すでに説明した「グローバリゼーションの束縛（golden straitjacket）」の論議が妥当性をもつようにも感じられる。エリート層は自らのグローバリゼーションの利益確保のために，対外的な評判の喪失や国内的な軋轢を高めても民主主義を通じた田舎の農村部の要求を拒否し，非合法なクーデターや憲法裁判所など司法制度による民主化潰しに走っているようにみえる。『2都の民主主義』の「政府を選ぶのは田舎，政府を倒すのは都市」という状況が今日まで続いている。アネークが1990年代に分析した『2都の民主主義』の農村部は自ら選んだ政府を都市に倒されても大きな抵抗を示さなかったが，タクシン政権以後は都市による自分たちが選んだ政府の崩壊に対抗し，大きな抵抗運動を展開した。2007年12月の選挙では，解党させられたタクシンのタイ愛国党の後継政党である国民の力党のサマック政権，ソムチャーイ政権が軍部や保守層による与党切り崩しと憲法裁判所によって相次いで葬られた。軍の支持で2008年12月アピシット民主党政権が成立すると，赤シャツによる大規模な抗議活動が2009年3月から4月，2010年3月から5月にわたって行われた。この運動は最終的には政府による武力投入で多数の死者を出す結果に終わった。2011年7月の総選挙でもタイ貢献党がタクシンの実妹インラックを首相候補として勝利したが，2014年5月のクーデターで政権の座を追われた。その後は厳しい民主化勢力弾圧によって沈黙を余儀なくされている。この一連の農民と都市下層の連帯による「持たざる者」の反政府活動をみるとタイ社会が大きく変わったことが感じられる。

3．タイ国における政治的トリレンマ

　1927年の関税自主権回復後，タイにおいても工業振興策の萌芽がみられるようになる。立憲革命により成立した人民党政権が国営企業を起こし工業化にも乗り出した。戦時中ではあるが，1943年商務省の工業局が工業省へ昇格し，産業振興政策が立案された（末廣1991，59）。事業を起こす民間人もあったが，

第二次世界大戦の影響が色濃くなる中,製造業の大きな発展はみられなかった（同前,58-59）。

1958年にクーデターで成立したサリット政権は,世界銀行の提案を受け入れて,それまでの米やゴムなどが主要輸出品である農業国から新興工業国への挑戦が始まった。1855年のバウリング条約による開国以降約100年のタイ経済の状況は,イングラムが述べたように,一人当たりの所得の伸びはなく,人口規模の拡大により経済が大きくなったというマルサスの罠が描く産業革命以前の状況であった（Ingram 1971, 216-219）。サリット政権の成長戦略は国民1人当たりの所得の上昇を伴う経済成長をもたらしたが,成長は先進諸国から技術と資本を受け入れる工業化の賜物でもあった。

戦後の工業化において実業界へ進出した者の多くは,中国系タイ人であった。中国本土が共産化することで新たな中国系移民の流入は途絶え,タイに流入した中国人は中国系タイ人としてタイで根を張り生きていく,「落地生根」とならざるを得なかった。タイ政府が国籍を取得しタイに忠誠をつくす中国系を差別しなかったことも,中国系の人々のタイへの同化を促した。2世,3世となるとその多くは中国語を話せなくなり,都市住民の過半を占める彼らがタイの中枢を構成する官僚,実業家,教師,医師,事務職などの都市機能を担う専門職となり,タイ経済の新興工業国化の担い手となっていった。先進国の多国籍企業が進出しグローバルなネットワークにタイを組み入れただけでなく,多くの地場財閥が,タイ経済の新興工業国化と共に誕生した。先進国資本から生産技術を学習し輸入代替工業化を担った地場財閥の中には技術力を高め輸出産業へと転化するものも現れた[11]。

戦後から1980年代までのブレトンウッズ体制下の「埋め込まれた自由主義」の時代,タイはマクロ経済の観点から,投資奨励策を採ることができたことも,タイの新興工業国化に貢献した。タイの産業政策は,ローカルコンテンツ比率,外資資本比率,輸出比率規定,地方に投資する案件の恩典を厚くし地方への工業化の波及を狙ったゾーン制など,自国の産業基盤を高める様々な政策を採ってきた。しかし,これらの規制は新自由主義の影響を受け,次第に縮小や廃止されてきた[12]。途上国政府が採れる政策の選択肢は確実に狭められており,グローバリゼーションに対応する形でマクロ経済政策をたてる状況に

なっている。ロドリックの政治的トリレンマが途上国政府のマクロ経済政策を強く規定していることがわかる。

　新自由主義に忠実な模範国として，金融自由化を受け入れグローバリゼーションに積極的に対応してきたタイは，1997年7月にアジア通貨危機に見舞われる。タイ経済にとって未曽有の危機的状況であった。資金需要が高いタイでは，米ドルとバーツの金利差は2倍近くに達し，金融自由化を受けて外資系も含めて短期のドル資金を長期の投資に活用した。危機以前，通貨バーツは通貨バスケット制を採っており，為替レートの変動幅はわずかで実質的にはドルにペッグしていた。危機前には1ドル26バーツ弱であった為替レートは1998年1月には53バーツを超え，バーツの価値はほぼ半減した。金利負担を軽減するため，外貨によって借り入れを行っていた多くの企業が倒産し，失業者が巷にあふれる状態となった。

　アジア通貨危機で経済が危機的状況に陥ったにもかかわらず，タイは新自由主義の教義を放棄することはなかった。通貨危機のさなかの1997年10月11日に制定された1997年憲法は87条に「国家安全保障や公共利益に反しない限り，国家は市場メカニズムに基づく自由経済体制の支持，独占の防止，経済活動を規制する法律の廃止，国家による民間と競合する事業の禁止」を定めている。すでに述べたように1997年憲法は，「人民の憲法」と呼ばれ，1992年5月事件以降発言力を高めたバンコクの住民である中間層と官僚が主導した憲法であった。この憲法の87条は，新自由主義によるグローバリゼーションの進展が彼らの利害と一致するものであることを示している。

　タイの軍事政権は西側諸国の圧力もあり，選挙を完全に否定できないため，選挙の意味を大幅に低減させる新憲法を制定した。2017年憲法は，民選政治家の権力抑制を目指し，新憲法公布後もクーデターを敢行した軍部の権限が温存され，上院が全員任命制になり，裁判所と独立機関の権限がさらに強化された憲法である（加藤 2017, iv）。加藤は「選挙という手続きを経て選出された政治家による政治を「民主主義」とすれば，2017年憲法が定める制度は，「半分」の民主主義といえる」と述べている（同前, v）。2014年のクーデターによりタイの民主主義は，選挙のある独裁的な体制と呼ぶことができる制度設計が2017年憲法によって行われた。1980年代のタイの政治体制への先祖返りとい

える半葉の民主主義体制への後退が起きた。

ロドリックのトリレンマではグローバリゼーション，民主主義，国民国家は同時に成立しない。タイの2006年クーデターは旧勢力であるエリート層とバンコクの中間層がグローバリゼーションと国民国家を自らの利益のために選択したと考えることができる。その背景には，都市と田舎の2重社会の対立があり，都市が機能し始めた民主主義による政党政治を認めないというタイの国内権力構造がある。

リーマン危機を引き起こした新自由主義による金融部門の自由化を伴った高度なグローバリゼーションが持続可能である保証はない。ミラノヴィッチの「像カーブ」が示すように，先進国中間層における所得の相対的貧困化はアメリカやヨーロッパにおける民族主義的で排他的政治を引き起こしている（ミラノヴィチ 2017）。グローバリゼーションと国民国家という組み合わせは，エリート層には多大の利益をもたらすかもしれないが，国民の大多数の民主的な権利を制限することにつながるため，国内政治に破壊的な騒乱の芽をはぐくんでいる。高度なグローバリゼーションは1932年の立憲革命のような激動を招き，タイ社会の構造変化につながる可能性がある。

おわりに

タイにおいては，なぜ経済発展が民主主義の定着に結びつかず，21世紀になって大きく後退しているのであろうか。この疑問に対する答えを，グローバリゼーションが民主主義に悪影響を与え存立基盤を突き崩すという国際経済学者ロドリックの世界経済の政治的トリレンマという枠組みで，私なりに考えたのが本論である。すっきり説明することができず，グローバリゼーションがタイの社会に何をもたらしているのかを，タイという現実を丸ごと理解する地域研究の視点でより深くみなければならないと痛感している。

研究を進めるうちに，民主化に関連するこの問題への関心は，グローバリゼーションにとどまらず，世界覇権という視点に関連する中国による北京コンセンサスへの懸念へと拡大した。世界最大の人口を擁する中国では，1978年

の改革開放以後高度経済成長がほぼ一貫して継続した。2010年に日本をGDPで追い越し，2017年時点で日本の名目GDPの2.4倍以上の規模の経済大国となっている。中国も共産党一党独裁から経済発展に伴い，緩やかに民主化していくことが，欧米や日本では期待された。中国を世界資本主義に取り込むことで世界規模での経済拡大が可能であり，先進国は大きな利益を上げうると考えたのである。しかし，中国では経済の急速な底上げにもかかわらず権威主義体制が揺るがず，先進国では，中間層が没落して経済の利益が一部の経済エリートに遍在する構造をつくりあげた結果，先進国における国家の分断の兆しがみえる事態となっている。

　ICTやAI技術を使用した高度な管理社会体制を確立しつつある中国共産党の一党独裁は盤石であるようにみえる。中国の経済発展モデルが有している権威主義体制の「効率的」な政策実行能力に独自な価値観を認める思想，北京コンセンサスが現れ，一部の発展途上国で民主主義を弱体化している。一方，リーマン危機などで，アメリカが主導する新自由主義の経済発展モデルであるワシントン・コンセンサスの有効性が次第に失われるなかで，権威主義体制経済発展モデルである北京コンセンサスが，中国の経済的成功とともに発展途上国の政治エリートにとって新たな道を与えている。権威主義体制下の政権にとって，中国モデルは自らの権力基盤を温存するため，彼らにとって都合の良い体制を維持できる口実（錦の御旗）を与えることとなるからである。権威主義体制的な政権を維持するには，為政者は自らの正当性をもたねばならないが，国民の生活を豊かにする経済発展は政権維持の正当性の大きな根拠になる。途上国の為政者にとって，北京コンセンサスが実効性をもてば，自国の経済成長が可能となり，経済水準の改善が目にみえる形で実現し近代化の恩恵を体現している間は，国民の大多数が政治的抑圧に甘んじているようにもみえる中国モデルを準用するインセンティブは大きい。

　タイにおいても，中国要因はタイにおける民主主義を後退させる要因となっている。従来タイでクーデターにより民主的な政権が崩壊すると，欧米は反民主主義的な政治体制に圧力をかけ，民主主義体制に復帰させる力となってきた。公益のためのクーデターであるという形をとるため，クーデターを起こした本人（陸軍司令官であることが多い）は首相にならないことが多かった。

しかし，2014年5月のクーデターでは，自身が暫定首相になり4年以上の長期にわたるクーデター政権が継続している。2014年のクーデターは2006年のクーデター以降の2度の選挙によるタクシン派勝利に対応するため，強力な反タクシン政権の樹立という背景もあるが，この地域の国際政治における中国の影響力は顕著である。タイにおいても欧米からの軍事政権への圧力は以前より影響力が弱まっている。

　民主主義を弾圧することで，国家のエリート層にグローバリゼーションの利益がもたらされるとするなら，阻止する方法はないのであろうか。ロドリックはこの問題に対する見解を述べている。彼はグローバリゼーションの利益を得る国は，各国の制度の多様性を相互に認めたうえで，各国の政治経済の制度が民主主義的な幅広い国民の支持があるものである必要があると，述べている（ロドリック 2011, 276-279）。非民主的国家では制度や仕組みが，市民一般の選択を反映していると前提にすることができないことから，非民主主義国家貿易財の世界市場へのアクセスは民主主義国家とは異なった，もっと許容度の少ないルールによって扱われるべきである，と主張する（同前, 281）。この考えの根底には，民主主義は結局のところ，グローバルな規範であり，民主主義は国際貿易体制の要となる原理の一つでなければならず，必要とあれば，貿易の無差別原理に勝るという思想がある（同前, 282）。この原則が普遍化されれば，インドは特恵関税の恩典を受けるが，中国には認められずより高い輸入関税が適用されるような措置を，グローバルにとることが可能になる。

　非民主的国家は，民主国家による国際経済秩序において同じ権利や特権を享受できなくなれば，グローバリゼーションによる利益を民主主義弾圧により達成することは不可能になる。

　ロドリックの主張の実現性はどうであろうか。中国の台頭により北京コンセンサスが発展途上国の経済発展モデルとなり，非民主化を促進する事態が進行すれば，西側の先進諸国がロドリックの主張を受け入れる余地はあるように思われる。希望的であるが，民主主義が促進されるような国際経済の枠組みができれば素晴らしいと思う。

（山本 博史）

謝辞

本研究は JSPS 科研費 JP18K11821 の助成を受けたものです。また，法政大学の浅見靖仁氏と武蔵野大学の高橋正樹氏には，草稿を読んでいただき丁寧なコメントをいただきました。

注

1 東アジアといった場合，狭義には東南アジアを含めないが，1993 年に刊行された世銀の『東アジアの奇跡』が東南アジアも含めた地理的概念として使用している事例もある。本章も便宜的に東南アジアを含めて東アジアとみなす。
2 本章では国号がタイとなった 1939 年以前でもシャム，ラタナコーシン朝，アユタヤ朝という言葉に代えて便宜的にタイを使用することがある。
3 新制度論には合理的選択新制度論，社会学的新制度論，構造的新制度論，歴史的新制度論などがあり，「旧制度論」との区別として総称して新制度論と呼んでいるが，それぞれの論には大きな違いが存在し，内容はかなり違う（高橋正樹氏から示唆を受けた）。
4 シンガポールでアジア屈指の経済成長を実現したリー・クワンユーの政治手法は，権威主義体制をとるアジア諸国に大きな影響を与えた。例えば，ベトナムではドイモイを宣言し社会主義市場経済化を進め始めた 1990 年代の初め，首相を退いたリー・クワンユーにベトナム開発顧問への就任を要請した事実がある（岩崎 2009，79 頁）。リー・クワンユー体制が政治体制の壁を越えてアジアの権威主義体制のモデルとなった例証であろう。
5 野党カンボジア救国党は 123 議席のうち 55 議席を得たが，選挙で大規模な不正があったと主張した。
6 ロバート・ルーカスらの合理的期待形成仮説派は，マネタリズムが認めていた財政政策の短期的な有効性も否定した。ケインズ主義を「葬った」とも言われるが，現実にはあり得ない全知全能の経済人を前提とした仮説との批判もあり，現実の経済政策ではケインズ主義的な財政出動もいまだに行われている。
7 マネタリズムとサプライサイドの経済学は前者が有効需要を重視し，後者が供給側面を重視するため異なる理論だが，両者とも財政規模の縮小，民営化，自由化による市場機能の重視など，実際の政策面では共通の基盤をもっている。
8 レーガン政権の政策を軍事的ケインズ主義ととらえる見方もあり，軍事関係の予算は大きくなり財政赤字は拡大したため，大きな政府とみることも可能である。
9 ラーマ 5 世の治世まで有力中国人が国王の側室として娘を出すこともあった（末廣 1991，40）膨大な数の側室は王族を数多く誕生させ，チャクリー王家の権力を高めることに貢献したが，王族の中には中国系もいたことになる。
10 当時のタイには未開発の土地が多く存在したため，租税を払えば開拓した土地の所有が認められるチャップ・チョーン（土地占有登記制）制があった。
11 例えば，タイ国内のブロイラー産業，飼料産業，エビ養殖などで有力企業となった CP グループやタイ砂糖産業における指導的地位を確立したミットポン・グループは，世界各国で事業を展開する多国籍企業となった。
12 2000 年に外国資本比率が緩和され，輸出比率規制が撤廃された。2003 年にはローカルコンテンツ規制，2014 年にゾーン制がそれぞれ撤廃された。

参考文献

日本語文献：
浅見靖仁（1998）「中間層の増大と政治意識の変化」田坂敏雄編著『アジアの大都市［1］バンコク』日本評論社。

浅見靖仁（2006）「第4章　東南アジアにおける民主主義の揺らぎ　紛争経験の記憶と解釈をめぐる争い」恒川恵市編『民主主義アイデンティティ　新興デモクラシーの形成』早稲田大学出版部。
アムスデン，アリス／原田太津男・尹春志訳（2011；原書2007）『帝国と経済発展　途上国世界の興亡』法政大学出版局。
猪口孝他編著（2007）『アジア・バロメーター　躍動するアジアの価値観—アジア世論調査（2004）年の分析と資料』明石書店。
岩崎育夫（2002）「5　シンガポール—開発志向の「強い国家」と「弱い社会」」末廣昭編著『講座東南アジア史9「開発」の時代と「模索」の時代』岩波書店。
岩崎育夫（2009）『アジア政治とは何か　開発・民主化・民主主義再考』中央公論新社。
大西裕（2017）「選挙管理と積極的投票権保障」大西裕編著『選挙ガバナンスの実態　世界編—その多様性と「民主主義の質」への影響』ミネルヴァ書房。
カザ，グレゴリー J.（1998）「［補論］政治理論の新展開と日本」松田良平訳，南亮進・中村政則・西沢保編著『デモクラシーの崩壊と再生—学際的接近』日本経済評論社。
加藤和英（2017）『タイ国情報特別号　仏暦2560年（西暦2017年）タイ王国憲法』日本タイ協会。
川中豪（2018）「民主主義の「後退」をめぐる理論」川中豪編著『後退する民主主義，強化される権威主義』ミネルヴァ書房。
金大中（1995）「リー・クワンユーへの反論　文化ではなく，民主主義こそ宿命である」『アジア成功への課題『フォーリン・アフェアーズ』アンソロジー』中央公論社。
クリストファー・ウォーカー（2018）「民主主義国家に挑戦するシャープパワーという毒牙」林大輔訳『中央公論』2018年7月号。
小林尚朗（2016）「終章　アジアの新たな開発協力モデル」平川均他編著『新・アジア経済論　中国とアジア・コンセンサスの模索』文眞堂。
シュムペーター，ジョセフ A.／中山伊知郎・東畑精一訳（1962；原書1942）『資本主義・社会主義・民主主義』東洋経済新報社。
末廣昭（1991）「戦前期タイの登記企業分析　1901〜1933年」『季刊経済研究』第14巻第1号，大阪市立大学経済研究会。
末廣昭（1998）「第4章　労働力調査」末廣昭編『タイの統計制度と主要経済・政治データ』アジア経済研究所。
ダール，ロバート A.／高畠通敏・前田脩訳（1981；原書1971）『ポリアーキー』三一書房。
高橋正樹（2010）「一時的に後退するタイの民主主義—2008年12月の「隠されたクーデタ」」東洋大学アジア文化研究所・アジア地域研究センター編『アジア社会の発展と文化変容』東洋大学アジア文化研究所・アジア地域研究センター。
高橋正樹（2013）「第9章タクシンとタイ政治—平等化の政治プロセスとしての紛争と和解」松尾秀哉・臼井陽一郎編『紛争と和解の政治学』ナカニシヤ出版。
高橋正樹（2016）「一九九七年憲法とタクシンによる政治の国民化—タイ政治の分岐点をめぐって—」『国際政治』第185号，日本国際政治学会。
玉田芳史（2003）『民主化の虚像と実像　タイ現在政治変動のメカニズム』京都大学学術出版。
玉田芳史（2006）「第4章　タイ政治の民主化と改革」玉田芳史・木村幹編著『民主化とナショナリズムの現地点』ミネルヴァ書房。
玉田芳史（2013）「民主化と抵抗—新局面に入ったタイ政治」『国際問題』No. 625（2013年10月号）国際問題研究所。
恒川恵一編著（2006）『民主主義とアイデンティティ　新興デモクラシーの形成』早稲田大学出版会。
外山文子（2017）「4　タイにおける半権威主義体制の再登場—連続性と不連続性」日本比較政治学会編『競争的権威主義の安定性と不安定性』ミネルヴァ書房。

永井史男（2008a）「政党，選挙，地方政治—タイ国の地方分権化との関連において」竹中千春・高橋伸夫・山本信人編著／アジア政経学会監修『現代アジア研究2 市民社会』慶応義塾大学出版会。
永井史男（2008b）「第4章 地方分権改革—「合理化なき近代化」の帰結—」玉田芳史・船津鶴代編著『タイ政治・行政の改革 1991-2006 年』アジア経済研究所。
中村正志（2012）「第1章 政治体制」中村正志編著『東南アジアの比較政治学』アジア経済研究所。
鳴瀬成洋（2001）「Embedded Liberalism の解体と再編」『商経論叢』第37巻2号，神奈川大学経済学会。
パースック・ポンパイチット・ベーカー，クリス（2006）北原淳・野崎明監訳『タイ国』刀水書房。
ハルパー，ステファン／園田茂人・加茂具樹訳（2011；原書2010）『北京コンセンサス 中国流が世界を動かす？』岩波書店。
ハンチントン，サミュエル／坪郷實・中道寿一・藪野祐三訳（1995；原書1991）『第三の波 二十世紀後半の民主化』三嶺書房。
平山修一・永井史男・木全洋一郎（2016）『地方からの国づくり 自治体間協力にかけた日本とタイの15年間の挑戦』佐伯印刷株式会社出版事業部。
フクヤマ，フランシス／渡辺昇一訳（2005；原書1992）『歴史の終わり（上・下）』三笠書房。
藤原帰一（2002）「12 地域の自意識—グローバル化の中のナショナリズム」末廣昭編著『岩波講座東南アジア史9「開発」の時代と「模索」の時代』岩波書店。
船津鶴代（2000）「第4章 タイにおける中間層論—近代化論との比較を手掛かりに—」服部民雄・鳥居高・船津鶴代編著『アジア諸国における中間層の現在』アジア経済研究所。
船津鶴代・籠谷和弘（2002）「第6章 タイの中間層—都市学歴エリートの生成と社会意識—」服部民雄・鳥居高・船津鶴代編著『アジア中間層の生成と特質』アジア経済研究所。
ヘライナー，エリック／矢野修一・柴田茂紀・参川城穂・山川俊和訳（2015；原書1994）『国家とグローバル金融』法政大学出版局。
ポリュビオス／竹島俊之訳（2004）『世界史Ⅰ』龍渓書舎。
ミラノヴィッチ，ブランコ／立木勝訳（2017；原書2016）『大不平等』みすず書房。
南亮進（1998）「第1章 経済発展と民主主義—理論と日本の経験」南亮進・中村政則・西沢保編著『デモクラシーの崩壊と再生—学際的接近』日本経済評論社。
矢野修一（2013）「2つのアメリカ帝国と「埋め込まれた自由主義」の盛衰」『高崎経済大学論集』第55巻第3号。
矢野修一（2016）「第14章 新自由主義批判とアジア・コンセンサスのエチュード」平川均他編著『新・アジア経済論 中国とアジア・コンセンサスの模索』文眞堂。
矢野修一（2018）「グローバル化とガバナンスの岐路—「経済の脱政治家」の限界—」『産業研究（高崎大学地域科学研究所紀要）』第53巻第1・2合併号。
山本博史（1995）「ラタナコーシン朝初期の交易の展開に見られるタイ支配者層の主体性」冨岡倍雄・中村平八編著『近代世界の歴史像』世界書院。
リー・クワンユー（1995）「文化は宿命である」『アジア成功への課題『フォーリン・アフェアーズ』アンソロジー』中央公論社。
リプセット，S. M.／内山秀夫訳（1963；原書1959）『政治のなかの人間—ポリティカル・マン』創元新社。
ロドリック，ダニ／柴山佳太・大川良文訳（2014；原書2011）『グローバリゼーション・パラドックス 世界経済の未来を決める3つの道』白水社。

外国語文献：
Anek Laothamatas (1992) *Business Associations and the New Political Economy of Thailand From*

Bureaucratic Polity to Liberal Corporatism, Westview Press.
Anek Laothammathat (Laothamatas) (2009；初版 1995), *Song Nakhara Prachathipatai*（2都の民主主義）, Kob Fai.
Ingram, J. C. (1971) *Economic Change in Thailand 1850-1970*, Stanford University Press.
Malloch, D. E. (1852) *Siam: Some General Remarks on its Productions, and Particularly on its Imports and Exports, and the Mode of Transacting Business with the People*, J. Thomas at the Baptist Mission Press.
Rangsan Thanaphonphan (1987) *Setthasat wa duai primiam khao*（ライス・プレミアムに関する経済学）, Thammasat University Press.
Rodrik, Dani (1998) "Why Do More Open Economies Have Bigger Governments?" *Journal of Political Economy*, Vol. 106, No. 5.
Rodrik, Dani (2000) "How Far Will International Economic Integration Go?" *Journal of Economic Perspective*, Vol. 14.
Rodrik, Dani (2011) *The Globalization Paradox Democracy and the Future of the World Economy*, W.W. Norton & Company.
Levitsky, Steven and Way, Lucan A. (2010), *Competitive Authoritarianism: Hybrid Regimes after the Cold War*, Cambridge University Press.
Suehiro, Akira (2014) "Technocracy and Thaksinocracy in Thailand: Reforms of the Public Sector and the Budget System under the Thaksin Government," *Southeast Asian Studies*, 3 (2).

ウェブサイト：
World Values Survey（世界価値観調査）(http://www.worldvaluessurvey.org/，2018年9月16日閲覧)。
NATIONAL STATISTICAL OFFICE (http://web.nso.go.th，2018年9月20日閲覧)。

第2章
タイの出稼ぎと民主化
―― 東北タイの事例を中心にして ――

はじめに

　本章の主題は，タイの出稼ぎと民主化との関係あるいは影響の一端を開示しようとするものである。ただ，民主化といった場合，議会制民主主義の確立やそれに関連する法整備などの制度としての民主化だけではなく，社会的慣行や社会的規範などに見られる民主的要素から捉えた民主化もある。ここでは後者に注目する。具体的にはタイ農村社会が持つ民主的要素，すなわち母系制的要素のタイ社会全体への影響あるいは関係性に注目する。そこでの媒介役として，出稼ぎが重要な役割を果たしているのである。

　タイ社会の中で出稼ぎといえば，東北タイを想起するであろう。それぐらい東北タイの人々の出稼ぎの歴史は古い。まず現代的意味での出稼ぎの起原とも思われる記述を引用しよう。

　　広大なデルタの開発にともなって辺境地域から多くの人々が季節労働者として毎年毎年働きに来た。とくに東北地方からの出稼ぎ人が多かった。これら出稼ぎ人は，広い土地を経営する自作農に雇われて，刈り取り作業を中心に働いたが，一部の人々は出稼ぎ先に定着することにもなった（友杉 1975，218）。

　　家族労働では30ライ（1ライは1600㎡）程度の耕作が限度であり，これ以上の規模になると自作，小作を問わず農業労働者の雇用を必要とした。ランシット地域（チャオプラヤーデルタ下流）の場合，東北諸州からきたラオ

人の雇用労働力に依存したため，その不足は米作経営にとって深刻な問題となった（北原 1975, 281）。

このように二つの引用文は，現代的意味での出稼ぎの起原あるいは形態を示していると同時に，東北タイの人々と出稼ぎの深い関わりをも示している。すなわち中部デルタ地域の稲作労働者，季節的賃金労働者として，不可欠な存在が東北タイからの出稼ぎ者だったのである。これから分析する現在の東北タイからの出稼ぎは，その延長線上にあるといってもよい。まず主題そのものの考察に入る前に，媒介役としてのタイの出稼ぎについての分析から始めよう。

I. タイの出稼ぎ

1. 出稼ぎとは

タイの出稼ぎの経済社会的位置づけを象徴する数字がある。1984年の海外出稼ぎ送金額が240億バーツに達し，外貨獲得源の第1位を占めるに至る。海外出稼ぎは，国内出稼ぎの延長線上にありその氷山の一角といってもよい。出稼ぎといっても様々な形態があり，出稼ぎ者も農民と限っているわけではない。また出稼ぎと流出（世帯流出，単身流出）は，言葉で区別できるにしても，実際は，出稼ぎ者が出稼ぎ先で雇用条件や居住環境等に恵まれた場合には，長期滞留あるいはそこに住みついてしまう事さえある。また出稼ぎ者自身不安定な職種に就いていて流動的であり，これまでの移動者を対象にした調査において，一次的短期の移動としての出稼ぎ者が充分把握されているのか，疑問もある。ただ，それら移動者の移動要因も出稼ぎと同じく経済的要因が主要因であることを考えれば，それら調査も出稼ぎのおおよその傾向を知る手掛かりにはなるだろう。

タイ国家統計局（NSOT=National Statistical Office of Thailand）の1982年度調査報告書（調査期間1979年11月〜1981年10月）によれば，バンコク首都圏への移動者総数9万3957人の内，21.9％が世帯移動，53.6％が単身移動であり，全体の92.5％が農村部出身であり，職業別では78％が農林水産業となっ

ており，移動者のほとんどが農民であることを示している。したがって，この報告では「出稼ぎ」の範疇を，移動者中最大を占める農民に照準を定め，農民の季節的移動としての出稼ぎに限定する。

　出稼ぎとは，主要には農民の季節的移動労働形態としての労働力の商品化である。しかしながら農民の側から主体的に捉えると，共同性の発展という性格も備えている。なぜならそれは，土地・家族・村など地縁・血縁的共同社会への回帰志向を本質的性格として持ち，土地から切り離された全く自由な労働力とは異なるからである。出稼ぎによって農民は，一方に農村の共同社会的関係という自給的性格を保持しながら，他方労働力の商品化という市場経済的関係に組み込まれるという二重的性格をもつことになる。そして出稼ぎは，一般的に農村社会の階層分化を促進し，やがて労働力の大量流入による都市の肥大化をもたらす過渡的現象と捉えられる。しかしながら出稼ぎ者の就業経路を見ると共同社会的性格が顔を出すのである。例えば日本の場合「出稼ぎ者の就業経路については公共職業安定所などの公的斡旋機関の紹介を経由したケースが全体のわずかに14％にすぎない。残る圧倒的部分が知人・世話人の紹介（54％）と家族・親戚の紹介（10％）などにより占められており，合わせて64％を占める。いわゆる縁故就業のケースが圧倒的に多い」（大川 1978, 38）。このことはタイの出稼ぎにおいても確認出来る。1977年に実施したバンコクでの移動者についての調査によれば，彼らの65％が縁故就業であった事実（Aphichat 1979, 37）や，1980年バンコクで調査したマッサージガールの内「6人を除く全ての人は，すでにその仕事に関わっていた友人や親戚の人を通じてその仕事に就いた」（Pasuk 1982a, 15）と報告している。出稼ぎの二重的性格という点で共通しているのである。

　それではまず，タイにおいて出稼ぎが最も顕著な労働力移動形態として注目された1980年頃，どれだけの出稼ぎ者が存在していたのだろうか。とりわけ最大の出稼ぎ者送出地でもある東北タイの出稼ぎ状況を中心に概数ではあるが，数量的把握を試みる。

2．東北タイの出稼ぎ状況

　まず出稼ぎとは範疇を異にするが，データが公表されているNSOTによる

1983年の移動調査[1]によれば（NSOT 1983），1980年11月から1982年10月の調査期間中，移動者の送出地（前住地）別でバンコク首都圏への移動者が最も多い地域が東北部で全体の47.4％を占めていて，その内76.8％が農村部出身者である。以下中部31％，北部12.7％，南部8.6％の順位である。この調査での流入移動者は「恒常的あるいは半恒常的住所移転者と定義された」（NSOT 1983, 3）ことから移転あるいは永住するつもりがない一時的移動者，つまりは出稼ぎ者を含む可能性は少なくなる。しかしながら移動者と出稼ぎ者との間の移動要因の共通性（経済的要因，職探し）を考えれば，移動者の増大は，結果として農村部における出稼ぎを誘発する情報提供の増大を意味している。したがって先述した移動者の傾向は，出稼ぎの地域別傾向をも示していると推測される。このNSOTによる調査は，首都圏への移動に限定されているが，地域内での移動はどうであろうか。東北部で最も出稼ぎ者の多い地域とされるローイエット県での標本調査（Theodore 1983）[2]によれば，調査時以前3年間に調査村の住民の16％がバンコクへ，7％が東北部の都市への出稼ぎ経験を持っていた。

　これまでの移動労働や出稼ぎ関連のデータを勘案して，タイの出稼ぎ形態あるいは出稼ぎ現象を量的にも質的にも象徴している地域である東北部の，それも最大の出稼ぎ先である首都バンコクへの出稼ぎ者に焦点を絞り考察する。

3．東北タイから首都バンコクへの出稼ぎ者数

　これまでの労働移動関連の調査研究の中で，東北タイからの出稼ぎ者数全体を数量的に把握したものはない。本稿では東北タイの出稼ぎが主題なので，概数としてでも出稼ぎ者数を数量的に把握することが必要である。関連する資料・データを駆使して東北タイからバンコクへの出稼ぎ者数の推計を試みる。推計の根拠とする資料は，前記，労働移動に関する標本調査（Theodore 1983）である。

　推計の前に，この調査の概要について説明する。調査対象に選定された農村は，ローイエット県アートサーマート郡にある6村落である。そこで全世帯のほぼ半数に相当する356世帯を任意に抽出し，10才以上の1923人が調査対象となった。なお抽出にあたり，その世帯の家族構成員の中に15～39才までの

男性か，あるいは未婚の女性を最低1人以上含んでいることを条件としている。一方，バンコクでの調査は，東北タイ人が集中して住むフアラムポーンのような地区で実施され，調査時就業中の東北タイからの移動者 788 人が対象となった。ローイエット県内での農業生産性の格差はほとんどなく，また，標本対象となった6カ村は，村ごとに異なる多様な耕作条件の場を網羅しているため，ここで示された数値をローイエット県の平均値として扱う。

〈東北タイからバンコクへの出稼ぎ者数の推計方法〉

まず過去3年間に 1923 人（356 世帯）のローイエット県の標本農民の内，16％がバンコクへの移動経験を持つことから

　　1923 人 × 0.16 ＝ 308 人（過去3年間のバンコクへの移動経験者数）

1年間当りでは，102.67 人，そして1人最低2回以上の移動経験を持つことから2倍すると 205.34 人／1年となる。1世帯当りでは

　　205.34 人 ÷ 356 戸 ＝ 0.577 人／1世帯

となる。1965～1970 年にかけて東北タイからバンコクへの平均移動率は 0.713％で，各県別ではローイエット県が 1.6％だから（Theodore 1983, 44），東北タイからの移動率はローイエット県の何倍かを求めると　0.713％ ÷ 1.6％ ＝ 0.383 倍　となる。したがって，1世帯当りの東北タイからバンコクへの移動経験者数は，

　　0.577 人（ローイエット県の農民1世帯当り移動経験者数）× 0.383 倍 ＝
　　0.22 人／1世帯

となる。これに 1979 年の東北タイの全農家数で乗ずると

　　177 万 2000 戸 × 0.22 人 ＝
　　38 万 9840 人（東北タイからバンコクへの農民の移動経験者数）

となる。この求められた移動経験者数から農民の出稼ぎ者数だけを割り出さなければならない。そのために参考になる数値が，バンコクへの労働力移動や移

動者の 3 標本調査（Aphichat 1979）（NSOT 1982）（NSOT 1983）の中の移動理由の比率である。いずれの調査でもほぼ 6 割が「働くため，あるいは仕事を探すため」と答えている[3]。換言すればこの 6 割は，出稼ぎとみてよい。したがって，

　　38 万 9840 人（東北タイ農民のバンコクへの移動経験者数）×
　　0.6（出稼ぎ率）= 23 万 3904 人

となる。これが，1979 年に東北タイからバンコク首都圏への長期・短期を含む推定出稼ぎ者数であり，約 23 万人である[4]。

　この人数は，NSOT（タイ国家統計局）が移動調査報告書（NSOT 1982）で示した，東北タイからバンコク首都圏への移動流入者数 3 万 6362 人を遥かに上回るだけでなく，同 83 年調査報告で結論付けているように「いずれの年においても，首都人口のほんのわずかを構成するにすぎない」（NSOT 1983, 24）と言われるほど低い数字ではない。特に出稼ぎ者は，その目的からして労働市場参入率が高いという事実を考えれば，そこでの寄与率は決して低いとは言えない。ただ，先述したように NSOT の調査では，移動者が「バンコク首都圏に居住のための恒常的あるいは半恒常的住所移転者」と定義されたため，当然ながら，ほとんど住所移転の意思がない一時滞在者としての出稼ぎ者は，調査対象に含まれる可能性は小さくなる。上記推算の結果は，そのことを証明している。また，首都圏での移動調査の対象地区に，1980 年時点でバンコク人口の約 20％，80 万人（橋本 1984, 65）が住むといわれるスラム居住区が網羅されているかも疑問が残る。しかしながら流入者の傾向として東北タイからの流入者[5]が最も多い点では，出稼ぎの傾向と共通している。このことは，必然的に東北タイ農民に対して，出稼ぎに必要な首都流入者からの情報源の拡大をもたらし出稼ぎ者の増大を誘導するからである。実際，出稼ぎ者を含む移動者の 65％は，都市に住む親戚や知人が求職のための情報源になっているのである[6]。

　この東北タイからバンコク首都圏への農民の推定出稼ぎ者数 23 万人をもとにして，東北部各県別の農民出稼ぎ者数とその移動率を示したのが表 2-1 である。

　この表は，推算から明らかなように公式統計がない出稼ぎ者のおおよその

表 2-1 東北タイ農民の首都バンコクへの出稼ぎ者数

	農家人口数(1)	バンコクへの農民出稼ぎ者数(2)	農民の出稼ぎ移動率(3)	65-70年の東北タイからバンコクへの移動率(4)
カラシン	479,200	9,430	1.97%	0.4
コンケン	759,300	19,550	2.57%	0.6
チャイヤプム	569,600	14,950	2.62%	0.5
ナコーンパノム	493,400	6,670	1.35%	0.2
ナコーンラーチャシーマー	1,052,500	22,540	2.14%	1.1
ブリーラム	700,900	7,820	1.12%	0.5
マハーサーラカーム	493,900	11,270	2.28%	0.7
ヤソートーン	303,300	16,560	5.46%	注(5)
ローイエット	712,600	26,680	3.74%	1.6
ルーイ	331,000	920	0.28%	0.2
シーサケート	671,900	10,810	1.61%	0.3
サコーンナコーン	504,500	10,810	2.14%	0.8
スリン	621,100	17,020	2.74%	0.2
ノーンカーイ	432,300	7,590	1.76%	0.2
ウドーンターニー	892,600	13,340	1.49%	0.3
ウボンラーチャターニー	919,900	33,810	3.68%	1.0
東北部全体	9,938,000	230,000	2.314%	0.713

(注) (1)は，Agricultural Statistics of Thailannd 1979/80, Table82 の各県別農家数 (1978年) に Preliminary Report 1980, Population and Housing Census, Table1 の各県別平均世帯当り人数を乗じて算出（100以下は四捨五入）。
　(2)は，先に算出した東北タイからバンコクへの出稼ぎ者総数に Migration Development in Modern Thailand, Table2-3 の出身県別構成比率を乗じて算出。そして (2)÷(1)=(3) となる。
　(4)は，同掲 Table2-1 より調査時以前5年間に東北タイから現住地バンコクに移動した人を対象にした移動率である。ただし，農民だけを対象にした移動率ではない。
　(5)は，ウボンラーチャターニーに含まれる。
(出所) 筆者作成。

傾向を知るために必要な，あくまでも概数を示したものである。特に問題点となるのは，1965～70年のバンコクへの移動率の平均値を使用している点である。これに関連して，1979年の移動労働に関する標本調査における東北タイからの移動者 788人の出身県別構成比上位3県（①ウボンラーチャターニー県：21.9％，②ローイエット県：11.5％，③ナコーンラーチャシーマー県：9.8％）と 65～70年の構成比上位3県（前掲① 18.3％，② 14.9％，③ 19.7％）を比較すると一致している。もちろん，この間多少の変化はあっ

たとしても、ここでは、構成全体の傾向を揺るがすほどの変化はないと想定して作表している。ただ、順位が変わりウボンラーチャターニー県の比率が高くなった理由は、65〜70年の調査時において米軍の基地経済、特にベトナム特需により労働力の多くを吸収していたのが、米軍撤退以降、代替地として首都圏への移動が集中したからである。また逆に、ナコーンラーチャシーマー県の比率が低下したのは、70年代に畑作物である換金作物栽培が最も普及拡大したからである。79年東北部において、代表的な畑作換金作物であるトウモロコシとキャッサバのナコーンラーチャシーマー県が占める栽培面積の割合は、45％、43％と非常に高い。そして、その畑作物の収穫期（2〜6月）が移動調査期間と重なったことも、他のほとんど米作中心の県より大きく移動率が低下した原因と考えられる。同じく、東北タイ第二のトウモロコシ栽培県ルーイ県（79年の移動率23.7％）の出稼ぎ移動率が最も低いのも同じ理由による。以上の事から、この表では農繁期における出稼ぎ者の状況あるいは構成比を加味していない。より正確な出稼ぎ者数を算出するためには、各県ごと農家の側からの出稼ぎ状況の調査が必要になるだろう。

ただここで言える事は、出稼ぎ率の最も高い①ヤソートーン県、②ローイエット県、③ウボンラーチャターニー県、④スリン県は、いずれも畑作換金作物栽培の導入率が最も低く、自給的な性格の強い米作主体の県であるということである。また出稼ぎ率の最も低い①ルーイ県、②ブリーラム県、③ナコーンパノム県、④ウドーンターニー県、⑤シーサケート県の内ナコーンパノムを除く 4 県は、いずれも畑作換金作物の作付け面積比率が最も高い県である。換言すれば東北タイの出稼ぎは、自給的性格の強い農業か、商業的農業の性格が強いかの違いで、出稼ぎ率が左右されているのである。

Ⅱ．出稼ぎの性格

1．出稼ぎと農村社会構成

　出稼ぎといっても主に北部出身のマッサージガールの例（Pasuk 1982a）にみる出稼ぎと、この推計の対象とした東北部最大の出稼ぎ県のひとつローイエッ

ト県にみる出稼ぎとでは，本質的性格が異なる。ともに現金収入の低い地域からの出稼ぎである点では，共通している。しかしながら前者の場合は，そのほとんどが借金で窮迫した下層農民（零細小作農や土地なし農民）であるが，後者の場合は，逆にその村落社会の中ではむしろ経済的に恵まれた自作中農である[8]。また村落の社会構造も，前者の場合地主制の発達により階層分化が進み小作農や土地なし農民の比率が非常に高いのに対し，後者は自作農が圧倒的比率を占めている。このように東北部の場合，一般に出稼ぎというと想像され易い村落社会内での「最貧困層が，最大の出稼ぎ層」ではないことが，前者との

表2-2　経営規模別水牛と農機具の保有率

経営規模（ライ）	農地保有世帯	耕耘機	噴霧器	揚水域	脱穀機	犂耕用水牛1頭	水牛1頭	水牛2〜4頭	水牛5〜6頭
中部（Baan Rai）	（戸）	（%）	（%）	（%）	（%）	（%）	（%）	（%）	（%）
0〜2.5	7	−	−	1	−	−	−	−	−
2.6〜5.9	9	11	22	67	−	−	−	−	−
6.0〜10.9	30	27	30	60	−	−	−	−	−
11.0〜20.9	34	73	35	44	−	−	−	−	−
21.0〜30.9	18	100	50	78	11	−	−	−	−
31.0〜40.9	3	100	−	100	33	−	−	−	−
41以上	6	66	66	83	−	−	−	−	−
全世帯	107	55	33.5	57	28	−	−	−	−
東北部（Wer）									
0〜2.5	6	−	−	−	−	100	50	−	−
2.6〜5.9	20	−	−	−	−	100	67	17	−
6.0〜10.9	32	−	6	−	−	91	34	31	3
11.0〜20.9	44	−	−	−	−	100	20	51	10
21.0〜30.9	24	4	13	4	−	71	21	42	17
31.0〜40.9	11	−	−	−	−	100	10	60	20
41以上	11	−	−	−	−	100	−	70	30
全世帯	148	1	3	1	−	93	29	41	10
北部（Mae Kue）									
0〜2.5	8	−	−	−	−	38	−	12	−
2.6〜5.9	27	−	−	−	−	52	−	16	−
6.0〜10.9	37	11	3	−	−	43	11	26	6
11.0〜20.9	14	7	−	−	−	26	20	27	6
21以上	3	−	−	−	−	100	33	−	−
全世帯	87	6	1	−	−	45	8	21	3

（出所）Pasuk Phong Paichit（1982b）"Employment Income and the Mobilization of Local Resources in Three Thai Village," *International Labor Organization*, Table 4-3.

表 2-3　土地なし農家世帯

	中部（Baan Rai）	東北部（Wer）	北部（Mae Kue）
土地なし農業労働者世帯	14戸（10.9%）	7戸（4.3%）	11戸（10.4%）
小作農	20戸（15.6%）	11戸（6.8%）	26戸（24.5%）
全農家世帯数	128戸（100%）	161戸（100%）	106戸（100%）

（注）%は，全農家に対する比率である。
（出所）Pasuk Phong Paichit (1982b) "Employment Income and the Mobilization of Local Resources in Three Thai Village," *International Labor Organization*, Table 5-1.

表 2-4　米作の生産体系

	中部（Baan Rai）				東北部（Wer）		北部（Mae Kue）	
	雨季		乾季		雨季		雨季	
	農民の報告数	耕作地の割合	農民の報告数	耕作地の割合	農民の報告数	耕作地の割合	農民の報告数	耕作地の割合
1．米作地の平均保有面積（ライ）	14.3ライ		（全耕地の50%）		12.9ライ		7.9ライ	
2．ライ当り平均産出（kg）	284kg（注）		538kg		189kg		378kg	
3．栽培品種								
多収穫品種	82件	89%	48件	100%	58件	36%	13件	14%
在来品種の改良品種	10件	11%	－	－	69件	53%	72件	86%
在来品種	－	－	－	－	7件	11%	－	－
4．栽培法								
散播法	23件	－	16件	－	－	－	－	－
移植法	69件	－	38件	－	134件	100%	35件	100%
5．化学肥料使用報告件数 　a）化学肥料使用面積（ライ） 　b）その使用米作地割合（%） 　c）ライ当り投入量（kg）	78件 1011ライ 74.4% 48.9kg		54件 496ライ 72.4% 52.8kg		61件 368ライ 20.70% 5.7kg		31件 140ライ 19.90% 17.7kg	
6．農薬のライ当り平均消費支出額（バーツ）	40.5バーツ		44.2バーツ		0.8バーツ		0.1バーツ	
7．ライ当り平均労働投入量（労働人日＝1日8時間）	23人日		24人日		17人日		22人日	

（注）この調査期間中，多収穫品種栽培農家で病害による全滅が6件，異常な不作が19件もあった結果，低い産出高になってしまった。米穀局の数字によれば，この地域での多収穫品種の平均産出高は，580kg/1raiとなっている。
（出所）Pasuk Phong Paichit (1982b) "Employment Income and the Mobilization of Local Resources in Three Thai Village," *International Labor Organization*, Table 4-5.

大きな違いである。

上記の村を直接表しているわけではないが，これまでのタイ農業あるいは農村社会に関する先行研究の中で，特に地域間の比較研究として優れた調査研究にパースク・ポンパイチットの研究がある。その中の掲載表を地域間の比較用に加工したのが表2-2，表2-3，表2-4である。この研究の調査対象となる村の選定にあたっては，各地域の農村社会・経済の特徴を明らかにする目的から，その地域で最も標準的村を選考対象としている。それが，中部タイはBaan Rai 村，東北部 Wer 村，北部 Mae Kue 村である。

この表2-3で示されているように，東北部の Wer の場合，他と比較して極めて自作農比率が高い事がわかる。また北部 Mae Kue の場合は，やはり土地なし農家比率が非常に高い。また，表2-2は，農業の機械化という点で，中部とその周辺部（東北部および北部）とでは，際立って対照的様相を示している．特に東北部は，いずれの階層も農耕に最低限必要な畜力としての犂耕用水牛1頭は保有していて，自作農経営が基本的に畜力依存の自給的性格であることを示している。表2-4を見ると，農業の機械化，多収穫品種の導入，農業労働の賃労働雇用化の進展などの点で，農業の資本集約化あるいは商業化における中部 Baan Rai の突出は歴然としている。

2．農業労働日当り産出高比較から捉えた地方性

それでは違う観点から，中部（Baan Rai）の雨季作と東北部（Wer）の雨季作の農業労働日当りの産出高/ライを比較してみよう。それにはまず，化学肥料の投入量を価格換算し，それに殺虫剤の消費支出額を加えた額を，地方の平均農業労働賃金/日で割り労働日に換算しなければならない。それと，表2-4の項目7の労働日を足したのが，実際のおおよそのライ当り平均農業労働日となる。このように求めると，中部（Baan Rai）の実際の農業労働日は30.8人日となり，東北部（Wer）は18人日となる。そして労働日当りの算出高は，

中部（Baan Rai）：284kg ÷ 30.8人日 = 9.2kg/労働日
東北部（Wer）：189kg ÷ 18人日 = 10.5kg/労働日

となった[9]。意外に最も商業的農業が進展した先進農業地域の中部タイより

も，自作農経営を主体とする自給的性格の強い東北タイの農業の方が，農業労働日当りの産出高が高いのである。まして表 2-2 で示したように中部（Baan Rai）は機械化耕作であるが，そのために必要な燃費や機械の摩耗修理費等は計算に含まれていない。また農業経営支出の面でも，東北部（Wer）の場合，ほとんど現金支出を必要としない自家労働や協同労働であるのに対し，中部（Baan Rai）の場合，現金支出を伴う賃金労働への依存率が高いのである。

　北部（Mae Kue）の場合も 15.2kg／労働日と高い。ただ，中部，北部いずれも賃労働依存率および小作農比率が高いので，特に下層農家は，小作料の支払い[10] などの負担を考慮すると，高い産出高がそのまま高い農業純収入を保障するわけではない。

　つまり，東北部の農業と北部・中部の農業との間には，最初の計算でも示したように農業労働日当り産出高の格差はほとんどないといえる。この事は，東北タイ農民の農業投資意欲に対する疑問や多収穫品種栽培導入の遅滞が，農民の合理的農家経営の欠如にあるのではなく，むしろ，痩せ地・非灌漑地（Werでは全耕地の 10%）という肥料効果や用水効果の思わしくない 3 耕作条件下における農民の合理的選択であるという解釈も可能である。東北部の場合，確かに収穫高は低いが，自作農中心の社会構成による平等な分配機構によって，労働投入量に見合った収穫物の取得可能性をもたらしている。また，稲作における低いライ当り労働投入量は，結果として潜在的労働力を生み労働交換を容易にすると同時に，副業の可能性も高まるのである。事実 Wer の例では，標本農家の 70% が自家消費のための漁労を行い，家畜も牛や水牛以外に豚や自家消費のためのアヒルや鶏等がかわれている。また，標本農家 185 戸の内ほぼ半数の 86 戸では，糸紡ぎ車と織機を所有し綿織物を織り各種の衣料品も作っている。さらに葦の筵や籠等も作り，農家の副収入源になっている例もあるが，ほとんどが自給用である。そして，このような副業の組み合わせの中に，当然現金収入と結びつく出稼ぎも含まれるのである。東北部コーンケン県のある農村調査の例では，「約 1600 人の村民の内，少なくとも 200 人以上の人々が，長期にあるいは季節的にバンコクで働いている」（Vasantha 1980, 31）という報告もある。

3．農民の労働配分（農業労働と農外労働）とその変化（1953-1980年）

表2-5は，農民の労働配分（農業労働と農外労働）比率が実際どうなっているのか，把握し易いように作成したものである。ここでは1953年と1980年の数字を並べ，それがどのように変化してきたのか比較を試みた。前者の場合，現在とは少し地域区分も異なるが，地域的平均値を示している。後者（1980～1981年調査）は，各地域の標準的農村を選定した標本調査である。厳密な比較ではないが，約30年近い間に各地域内および地域間における農民の労働配分について，おおよその変化を把握するのに支障はない。ここでの目立った変化は，いずれの地域においても農外労働比率が高まったということである。た

表 2-5 　地域別農家の 1 人当り年平均就業日数

単位：人日（1 日 8 時間労働＝ 1 人日）

		農業就業日数			家族農外就業日数	全就業日数
		自家労働	雇用労働	計		
中　部	1953 年	121.7	13.6	135.3	30.5	165.8
	1980 年	121.0	24.0	145.0	96.0	241.0
	増加率	1.0 倍	1.8 倍	1.1 倍	3.1 倍	1.5 倍
東北部	1953 年	82.7	5.7	88.4	42.6	131, 0
	1980 年	59.0	12.0	71.0	106.0	177.0
	増加率	0.7 倍	2.1 倍	0.8 倍	2.5 倍	1.4 倍
北　部	1953 年	55.8	4.3	60.1	53.9	114.0
	1980 年	38.0	7.0	45.0	202.0	247.0
	増加率	0.7 倍	1.6 倍	0.8 倍	3.7 倍	2.2 倍

（注）1953 年：斎藤一夫（1963）「第 2 章 タイ農業と土地制度」『アジアの土地改革』アジア経済研究所，89 頁，第 12 表の農家 1 戸当たりの就業（農業＋農外）従事日数を農業従事者数で割り，1 人当り / 年の数字に換算した。

　　1980 年：Pasuk Phong Paichit（1982b）"Employment Income and the Mobilization of Local Resources in Three Thai Village," *International Labor Organization* の中の 1953 年に対応した，同じ地域（中央平原，東北部，北部）にある調査村（中—Baan Rai，東北—Wer，北—Mae Kue）において，ランダムに抽出されたサンプル農家の就業者数 1 人当り / 年の平均値である。なお 1 日 = 8 時間労働日として計算され家事労働は含まれていない。また調査時に働いていた 11 才以下あるいは 60 才以上の人も，若干労働力人口にふくまれている。この調査は，各地域において最も標準的農村を選定して実施された調査でもある。増加率は，1953 年の就業日数を 1 とした場合，1980 年の就業日数が何倍になるかで示した。したがってこの表は，同期間（1953 ～ 1980 年）地域別農家の就業状況の変化を概数として把握するために作成された。

（出所）筆者作成。

だ注意する必要があるのは，Wer に限らず東北部の場合，漁労，家内工業，露天や小商い，輪タクなど，いずれにしても協同労働的あるいは自家労働的性格が強いことである。そこは，中部や北部の場合の工場や同じ家内工業でも問屋制前貸し制度（衣服への刺繍など）に支配された農外労働とは，性質が異なる。もうひとつ目立った大きな変化は，中部（Baan Rai）だけ農業従事日数が増えていることである。これの決定的要因は，70年代に灌漑プロジェクトの完成により二期作が可能になったことである。そのため農業労働力不足による出稼ぎ者の受け入れ地にもなっている。逆に北部（Mae Kue）の場合，前貸し制度の工賃を低く押さえる機能は，地主制と同じく北部の「貧困型」出稼ぎの押し出し要因ともいえる。

　これまでの3地域の比較の概括から東北部の稲作主体の農業は，一般に粗放的農業と言われるみすぼらしい外見とは裏腹に，労働配分の面で副業と組み合わされた農民の合理性追求に裏打ちされている点を見逃してはならない。それが東北タイの自作農経営の強靭さを説明する要素でもあることが，先の農業労働日当たり産出高の比較分析や基本的に自作農中心の農村社会構造の特徴から明らかになった。とは言っても東北タイの場合，1戸当り米生産量の低さは，否めない。先の表2-4の数値を使い3地域の1戸当り米の平均産出高を比較してみると，中部（Baan Rai）約7900kg，東北部（Wer）約2300kg，北部（Mae Kue）約3000kgとなる。米作地の経営規模は，中部と東北部はほぼ同じで，北部はその約6割である。それでも東北部の1戸当り米の平均産出高は，北部よりも低く中部との比較では，その3分の1弱である。この事実は，当然東北タイ農民の農業収入の絶対額の低さを意味し，農民が出稼ぎに押し出される最大の要因であると結論できる。

おわりに

　モノカルチャー経済といわれる従属的発展のもとで，ライス・プレミアム制（米輸出税），投資奨励法など農工間格差を助長する上からの近代化政策の犠牲に供されたのが，タイ農民であった。それに対抗する農民の側からの近代化が

東北タイでは，

<blockquote>東北タイ農民の近代化＝出稼ぎを含む副業＋一般にいわれる粗放的農業</blockquote>

だったのである。換言すれば，東北タイ農民は，在来綿布と同様"見栄えよりも，強靭さ"を選択したのである。

　出稼ぎは，都市部において資本蓄積・資本形成の源泉となり，農村部において自給的自作農経営の維持というように，相対立する機能を果たしている。60年代以降の政府または外資主導の経済開発は，北部や中部において地主制の進展や緑の革命を含む商業的農業の展開を引き起こしたが，特に米作主体の東北部農民は，出稼ぎも副業の選択枝のひとつとすることで，より強靭な自給的自作農経営を可能としたのである。ちなみに，東北部最大の出稼ぎ県ローイエット県での1979年農村調査によれば自作農比率は，86％（Theodore 1983, 78）である。

（菅原　昭）

本論文は『神奈川大学アジア・レビュー』Vol. 3 に掲載された「タイの出稼ぎと民主化―東北タイの事例を中心にして―」を遺族の承諾を得て所収した。

注

1　調査対象の移動者の中に居住予定期間が確定できない移動者を約70％以上も含むため，移動定住なのか出稼ぎなのかは明瞭に判別できない

2　ここでの農民の移動労働，すなわち出稼ぎについての研究調査は，2カ所で実施された。一つは，タイで最も出稼ぎ者の多い県，東北タイのローイエット県6村落（356世帯，1,923人）での聞き取り調査であり，もう1カ所は，東北タイからの出稼ぎ者が集中しているバンコクのフアラムポーン地区である。そこでの東北タイ出身者（788人）からの聞き取りである。調査期間は，ローイエット県が1978年12月〜1979年1月の乾季と79年7〜9月雨季の二期間であり，バンコクは，1979年2〜6月乾季後半から雨季初めまでとなっている。

前者（ローイエット県）においては，調査以前の3年間にサンプル人口の23％，サンプル世帯の77％が出稼ぎ体験を持ち，出稼ぎ先として出稼ぎ者の57％が首都バンコクに集中していたのである。

3　各調査の移動理由の中の同比率と調査期間は，最も古い①が62％（調査期間：1976年11月〜77年7月），②58％（調査期間：1979年11月〜81年10月），③58.9％（1982年11月〜83年1月）である。

4　この数値は，既に村に帰省している側，つまり農家側から捉えた数値を基礎にして算定しているので，農民の出稼ぎ者数とみて間違いない。

5　前記，NSOT（タイ国家統計局）の調査では，バンコク首都圏への東北タイからの流入比率は，82年調査報告書で全体の39％，83年調査報告書で全体の47.4％を占めている。

6 アピチャートの東北タイ農村での調査によれば，聞き取り調査対象の農民の84％がバンコクに，36％がバンコク以外の都市に最低一つは情報源をもっていたことを明らかにしている（Aphichat 1975, 115）。
7 昔からナコーンパノムはメコン川対岸のターケーク（現ラオス）との交易が盛んな地域であり，現在でも南北に長い県の東側はメコン川に接しており，メコン河川交易の拠点のひとつでもある。他県よりも河川交易に関わる就業機会に恵まれているといえる。
8 1人当りの土地所有面積が充分な世帯の76％が都市への移動を経験していたが，そうでない世帯は69％と少なかった。また，ローイエット県6調査村落の内86％が自作農である（Theodore 1983, 80）。
9 使用した数値：肥料の市場価格は，購入先や購入の仕方で異なるが，ここでは1980年 Baan Rai の市場価格5バーツ／1kg に統一した。農業労働日当りの平均賃金は，中部（Baan Rai）雨季36.4バーツ・乾季36.8バーツ，東北部（Wer）雨季23バーツ，北部（Mae Kue）雨季30.9バーツである。
10 Mae Kue の平均小作料は，570バーツ／ライ，現物だと収穫高の40％である。

参考文献
日本語文献：
石井米雄編（1975）『タイ国—ひとつの稲作社会—』創文社。
大川健司（1978）『出稼ぎの経済学』紀伊国屋書店。
押川文子（1985）「出稼ぎ型労働移動と村の変化」『アジア経済』XXVI-1，アジア経済研究所。
北原淳（1976）「第7章 タイにおける土地所有権の確定」斎藤仁編『アジア土地政策論序説』アジア経済研究所。
北原淳（1985）「タイにおける屋敷地共住集団と集落の社会史」『アジア経済』XXVI-11，アジア経済研究所。
末廣昭（1997）『タイにおける労働力調査と事業所調査』一橋大学経済研究所。
菅原昭（2000）『タイ近代の歴史像』白桃書房。
菅原昭（2013）「第7章 タイ近代性としての小農的世界」永野善子編『植民地近代性の国際比較』御茶の水書房。
田坂敏雄（1985）「タイにおける農村雑業層の流出構造」『アジア経済』XXVI-2，アジア経済研究所。
友杉孝（1976）「第6章 タイにおける土地所有の展開」斎藤仁編『アジア土地政策論序説』アジア経済研究所。
橋本祐子（1984）「バンコクのスラム」『アジア経済』XXV-4，アジア経済研究所。
長谷川善彦（1983）『東北タイの現状と将来』国際農林業協力協会。
バンコク日本人商工会議所（1984）『タイ国経済概況（1984〜85年版）』バンコク日本人商工会議所。
福井捷朗編（1985）「特集 東北タイ・ドンデーン村」『東南アジア研究』23巻3号，京都大学東南アジア研究センター。
福井捷朗（1988）『ドーンデーン村』東南アジア研究叢書22，創文社。
水野浩一（1971）『タイ農村の社会組織』創文社。

外国語文献：
Apichat Chamratrithirong (1979) *Recent Migrants in Bangkok Metropolis*, Institute for Population and Social Research Mahidol University, Bangkok.
Chatthip Nartsupha (1984) *Setthakit Muban Thai nai Adit*, Bangkok: Sangsan Publishing House.（チャティプ・ナートスパー著／野中耕一・末廣昭編訳『タイ村落経済史』井村出版事業社，

1987年)
Duang Prateep Foundation (1980) *Slum Problems and the Background of Duang Prateep Foundation*, Bangkok.
Ingram, James C. (1964) "Thailand's Rice Trade and the Allocation of Resources," C. D. Cowan, ed., *The Economic Development of Southeast Asia*, London.
Ingram, James C. (1971) *Economic Change in Thailand, 1850-1970*, Stanford University Press.
Mizuno, Koichi (1968) "Multihousehold Compounds in Northeast Thailand," *Asian Survey*, Vol. 8, No. 10, pp. 842-852.
Mizuno, Koichi (1971) *Social system of Don Daeng Village: A Community Study in Northeast Thailand*, Discussion Paper Nos. 12-22, The Center for Southeast Asian Studies, Kyoto University.
National Statistical Office of Thailand=NSOT (1982) *The Survey of Migration in Bangkok Metropolis*, Bangkok.
National Statistical Office of Thailand=NSOT (1983) *The Survey of Migration in Bangkok Metropolis, Nonthaburi Pathum Thani and Samut Prakan*, Bangkok.
Pasuk Phongpaichit (1982a) *From Peasant Girls to Bangkok Masseuses*, International Labor Organization.
Pasuk Phongpaichit (1982b) *Employment Income and the Mobilization of Local Resources in Three Thai Village*, International Labor Organization.
Pasuk Phongpaichit and Chris Baker (1995) *Thailand: Economy and Politics*, Kuala Lumpur: Oxford University Press.
Pasuk Phongpaichit and Chris Baker (2002) *Thailand: Economy and Politics*, Oxford University Press, 2002 (Second Edition). (北原淳・野崎明監訳『タイ国――近現代の経済と政治』刀水書房, 2006年)
Prateep Ungsongtham (1977) *Development of Education and Welfare Program for Children in Klong Toey Slum Bangkok, Thailand*, UNICEF.
Theodore D. Fuller, Peerasit Kamnuansilpa, Paul Lightfoot, Sawaeng Rathanamongkolmas (1983) *Migration and Development in Modern Thailand*, Social Association of Thailand, Chulalongkorn University.
Vasantha Narendran ed. (1980) *Agricultural Marketing in Khonkaen Province Northeast Thailand*, Chulalongkorn University Social Reserch Institute, Bangkok.
Wittfogel, K. A. (1957) *Oriental Despotism*, Yale University Press. (アジア経済研究所訳『東洋的専制主義』論争社, 1961年)

第3章

韓国における経済発展と民主化
―― 光州事件後の民主化政策に伴う新自由主義経済の浸透とその韓国的特異性 ――

はじめに

　1980年5月17日，軍の実権を掌握していた全斗煥は政敵である金大中や金泳三ら有力政治家を連行し，非常戒厳令を全国へと拡大した。翌18日，非常戒厳令のもと弾圧を続ける厳令軍は21日に光州駅前で実弾射撃を行った。さらに21日には戒厳令を通じて空挺部隊を投入することによって一般市民に銃を向けるという暴挙に出た。光州事件の勃発である。弾圧を強める軍事政権に対して，多くの学生はじめ市民が民主化デモを展開し，「市民軍」結成により自ら銃を取り政府に対峙しようとしたものの，翌22日に駐留米軍は自らの指導下にある四個大隊の韓国軍を光州に投入することを認め，27日朝方に「市民軍」の占拠下にあった道庁が武力鎮圧された。こうして光州事件は終結した[1]。

　戒厳司令部の調査によると，同事件は189名の犠牲者を出したとされる。「5.18記念財団」によると，行方不明者は70人，負傷者は1,628人に上ったとされる。また『韓国民衆史』(1987)によると犠牲者の数は2,000名にのぼり，真鍋(2010)には，「最近はさらに3千名，5千名などの説もささやかされている」との記述も認められる。全斗煥による軍事政権下において民主化を求める多くの市民・学生が蜂起したものの，やがて多数の犠牲者を出したという点において，光州事件は韓国史にその名を残すことになった。

　本稿の目的は，なぜ韓国の民主化が光州で勃発したかについて，先ずその歴史的・思想的背景を導き出すことにある。次に，そのことを通じて，同事件を機に韓国の民主化が市場主義に連動して進む特異な現象の実態について明らか

にする。典型的な事例として，アジア通貨危機前の金泳三政権下の民主化が市場主義を通じて韓国経済を危機に追い込んだにとどまらず，危機後の金大中政権による民主化政策に連動して，市場主義がさらに進行するという特異な状況が挙げられる。その具体的経緯を，本稿は貿易自由化策および資本自由化策の展開を通じて明らかにする。最後に，これら市場の自由化政策の進行が同国の農業衰退を通じて食糧自給率を低下させるにとどまらず，資本自由化策が同国の所得間格差を拡大させるなど，韓国における市場主義の進行は民主化ではなく，むしろ市場主義がもたらす副作用に直面するに至った経緯の実態について明らかにしていく。

Ⅰ．光州事件を機に，民主化はなぜ市場主義を伴うようになったのか

1．「湖南（ホナム）冷遇」の歴史的意義

　光州において民主化運動が巻き起こった要因として，朴正熙政権下における開発独裁が慶尚道大邱出身の慶尚出身の政治家を中心にして行われたことが挙げられよう。この現象は「慶尚道天下」とも呼ばれるが，同影響により光州を首都とする全羅南道は開発に取り残され，開発の恩恵を受けることすらなかった[2]。全羅北道を含む全羅道全体の別称である湖南は，地域差別の対象とされてきた。湖南はソウルを含む京畿道が享受した経済的な恩恵も受けず，また朴正熙はじめ多くの保守政治家を生み出した慶尚道の政治的恩恵を受けることもなかった。とりわけ，1961年の軍事クーデターにより政権を掌握した朴正熙政権（1961～79年）は地域間の不均等開発を通じて湖南を開発から取り残すなど，露骨な差別政策を繰り広げた[3]。

　この動きが加速した根拠として，1973年に「産業基地開発促進法」が「重化学工業化宣言」の一環として制定された事実が挙げられよう。呼応して60年代の蔚山に続き，70年代は浦項，亀尾，昌原など東南海岸工業ベルトをなす重化学工業団地が造成された。国家主導の経済開発計画において製造業は京畿道，慶尚道に偏在するにとどまらず，やがて同地帯は生産基地開発区域にも指定され，工業団地の意図的集中化が図られた。また交通網も，首都圏と東南

海岸工業ベルトを結ぶ鉄道・道路建設が重視されるようになった。このように70年代，慶尚道を含む嶺南は重化学工業投資が集中するようになり，製造業従業員および生産額で全国の4割を占める韓国最大の重化学工業地帯にまで変貌した。対して湖南は，同数値で全国の1割余りの水準にまで低下し，とりわけ農村部では人口流出と過疎化が深刻化するようになった。

地域感情の浸透を通じて慶尚道と全羅道との間の地域葛藤を生み出したのが，朴正熙による慶尚道ネットワークであった。すなわち1972年段階において大企業オーナー56人のうち，嶺南出身が22名（39％）であるのに対して湖南出身は5名（9％）に過ぎなかった。さらに青瓦台秘書官に占める慶尚道出身者が47.2％であるのに対し，全羅道は2.8％にとどまった。長官は前者の37.5％に対し後者が8.3％，青瓦台首席秘書官は前者の41.7％に対し後者は8.3％，青瓦台秘書官は前者の47.2％に対し後者は2.8％，軍将官は前者の44％に対し後者が11.5％，歴代陸軍参謀総長は前者の37％に対し後者が3.7％，韓国銀行役員は前者の46.1％に対し後者は7.7％，金融通貨運営委員会は前者の55.6％に対し後者が11.1％，50代財閥操業主は前者の44％に対し後者は6％，50代財閥役員は前者が32.6％に対し後者が6.3％，韓国放送公社（KBS），韓国文化放送（MBS）役員は前者が35.5％に対し後者は6.5％にそれぞれとどまった（文 2015, 123）。

『ハンギョレ新聞』（2013年5月18日）は，全斗煥政権が抵抗する光州市民を「スパイに扇動された暴徒と決め付けた」ことを報じている。情報統制を駆使した同政権は，韓国メディアを通じて光州で暴動が起きていると決め付けた。光州事件が全斗煥政権下において「暴動」と認識されたことにより，慶尚道と全羅道との地域間対立は決定的なものとなった。

2．対立の構図，その歴史的・思想的背景

湖南冷遇を生み出した背景として，真鍋（2010）は韓国社会における「体制－反体制」間の対立の構図を挙げた上で，それらには少なくとも「慶尚道－全羅道」，「国民国家ナショナリズム－民族ナショナリズム」，「軍事政権－文民政治」，「祖上神（チョサンシン）－冤魂（ウォンホン）」という三つの脈略が含まれていると指摘する。

真鍋（2010）によると，李氏朝鮮時代から朝鮮文化は「中華の大伝統」と「土俗の伝統」という二つの流れから成り立つ。これらの関係性は弱者が強者に，蛮人は文明人に従いつかえるべきとする事大主義的な認識を背景とするものであった。1945年以降，それは米軍駐留によってもたらされた「西欧的近代化という大伝統－土俗の伝統」の関係性にスライドされ，現在まで韓国政治の基調をなしてきた。儒教的な「中華の大伝統」にとどまらず，「西欧的近代化という大伝統」の上にも立脚しようとしていた点において，それらは重大な矛盾を含んでいたことは否めないだろう。このように，韓国は自国への帰属意識をもつ個々人が国家との間に契約を結ぶことによって成立される西欧型国民国家の建前を受け入れながらも，同時に儒教的価値観を保持しようとしていたのである（真鍋 2010, 18）。韓国の初代大統領である李承晩を「矛盾の塊」と指摘する古田（2005）は，李を国民国家それ自体の「矛盾の塊」と指摘した上で，彼が「キリスト者であり，『一民主義』者であると同時に，儒教徒であり，宗教利己主義であるという存在」と結論付けている（古田 2005, 105-106）。

　既に高麗以前の時代，すなわち統一新羅から高麗王朝（918年成立）にかけての時代，全羅道を本拠とする百済において復興運動が頻発するようになると，高麗太祖の王建（ワンゴン）は943年4月に『訓要十篠』を制定し，全羅道からの任官を禁じた全羅道差別の地域感情を政治法案として反映させた。この風潮は李朝時代へと続き，15世紀末期の官吏である全梶（チョンミ）は全羅道の人心を卑下していた。さらに1894年，東学の地方幹部である全琫準（チョンポンジュン）を首班とする抗日運動である甲午農民運動が巻き起こった後は，李朝末期の財政難や続く日本統治時代の「土地調査事業」（1910〜18年）が全羅道の穀倉地帯から人々の父祖伝来の土地を奪い取った。そのため朝鮮半島の多くの人々が小作農として搾取され，各地で小作争議が頻発するようになった（崔 1996, 244）。1929年の3・1運動や光州学生反帝運動などが勃発した際，全羅道は他道よりもはるかに多くの人々を動員するに至ったことは言うまでもない（高 1989, 61-65）。

3．全南（全羅南道）民主化運動勢力・民主的市場主義政策の原点

　朴正熙による独裁政権下，既に光州には民主化運動勢力を担う多くの宗教団体，在野青年，さらに社会団体が存在していた。朴正熙政権末期の1978年，キリスト教教会協議会（NCC），キリスト青年協議会（EYC），カトリック青年労働者連盟（JOC），カトリック農民会，キリスト教農民会，カトリック正義平和委員会，カトリック青年会，キリスト青年会，キリスト教青年会（YMCA），キリスト教女子青年会（YWCA）などの宗教団体，さらに韓国アムネスティ光州支部，民主青年協議会，現代文化研究所，緑豆書店などにおいて，組織内部に必要な論議や意見交換が繰り返されていた。

　黄晳暎（1985）は，光州が古くから農村に取り囲まれた消費都市として，周辺の広範囲な基層農民の生産地を結び付ける役割を果たしていた点にも着目する。日本統治時代において光州を中心に朝鮮全土に拡大した反日学生闘争は光州学生反帝運動を通じて大学内から学外，さらに農村現場において農民運動勢力との共闘を図るようになり，学生と農民によって構成される大規模な民主化運動勢力に成長したためである。やがて1970年代，低農産物価格政策に基づく工業化優先政策が施行されると，工業との不等価交換を通じて犠牲が強いられる傾向が強まるようになり，学生と農民とが連合して民主化運動勢力を築く傾向は解放後へと引き継がれるに至った（黄 1985, 38-39）。

　このように光州の農民が経済開発のために犠牲を強いられた背景として，朴正熙政権による対米従属的かつ買弁的な近代化推進策を行った事実が挙げられよう。1960年代，韓国において「圧縮された経済発展パターン」の担い手というべき韓国財閥が重大な役割を果たし，連動して従来の国内保護政策からの脱却を通じて自由貿易に基づく「市場自由化策」への転換を成し遂げた。対米従属的かつ買弁的な近代化推進策の実態は外貨獲得による輸出促進策からなり，とりわけ「輸出志向型工業化政策」（または「輸出第一主義」「外向き開発戦略；outward-looking development policy」）による工業製品の積極的な輸出策が機能したのである。

　結果として，朴正熙政権下における韓国は世界にも希有な高度経済発展を成し遂げるようになり，それは一般に「漢江の奇跡」とも称され，開発経済学の領域においても「韓国モデル」として特筆されるようになった。しかし，この

「対外志向型開発戦略」成功への高評価は，アメリカ主導型の自由貿易に基づく政策を反映したに過ぎず，朴正熙政権下の「開発独裁」によって採用された対米従属型の対外開放を主軸とする「貿易自由化策」，これに呼応して実行された国内における工業化優先政策の結果に他ならなかった。ゆえに韓国財閥とそのグループ企業は，消費財中心の輸入代替産業から工業化優先政策のもと重化学工業部門を含む輸出産業への転換の重要な担い手にもなった。

このように朴正熙政権による工業化優先政策は，外資導入の促進を通じて経済復興を果たしながらも，それらは一貫してアメリカの東北アジア戦略に他ならなかった。韓国民衆史研究会（1989）は，アメリカ主導の外資に癒着して政権自らの政治的・経済的基盤を確保しようとした朴正熙政権独裁政権の隷属的性格に着目し，国内独占財閥を積極的に庇護し育成することで「自立経済」を達成させたと主張する。独裁政権のもとで外資に依存するという逆説的な経済開発計画であることから，「自立経済」が外資に依存して達成されるという矛盾した経済成長が促されたといえよう（韓国民衆史研究会 1989，421）。

この輸出志向型工業化政策の被害を被ったのが光州を含む全羅南道の農民であった。具体的に「セマウル運動」の名のもと，大量離農と急激な小邑（日本の町に相当）の没落を余儀なくされ，不満のみが累積するという事態がもたらされた。全羅南道の農民が学生とともに全南民主化運動勢力を築くという過程を生み出したのも，韓国がアメリカ主導の従属型経済発展に組み込まれた結果に他ならなかった。『韓国民衆史―現代篇』（1987）は，韓国現代史を民主化運動・統一運動の視点から研究する歴史学者の発言を通じて，光州事件が勃発するに至った歴史的背景を次のように総括している。

「1980年5月の光州における民主化とは，このように朴正熙政権下のアメリカ従属型の工業化優先政策が産業間・地域間の不均等な発展をもたらしたのである。その結果，全羅道の相対的貧困が深まるばかりか，同地帯の住民の抵抗意識が強まるようになった」（韓国民衆史研究会 1989，232）。「このように光州はじめ全羅南道の民主化運動勢力は，アメリカ外資に隷属する朴正熙政権が独裁性を強めることにより先鋭化し，民衆主体の自主民族国家を建設するための民族運動としての性格を示すに至ったのである」（韓国民衆史研究会 1989，243）。

Ⅱ. 光州事件・1980年代民主化に向けた歴史的分水嶺とその後の挫折

1. 韓国型民主主義の淵源・「民族＝統一祖国」に殉じた死者たちの「民主の聖壇」

　真鍋（2010）の指摘によれば，光州事件が勃発した1980年は反体制運動にとり理念上の転換点を意味していた（真鍋 2010, 821）。70年代までの運動が親米的，反共イデオロギー的な「大韓民国」に対する運動であったのに対し，それ以降は極めて民族主義的な「統一祖国」が指向されるようになった。韓国民衆史研究会編（1987）は，光州事件が1980年代の民族運動の水路を開く歴史の分水嶺であり，したがって単純な「悲劇的惨事」に終わったものではなく，「全民族が歓喜の広場に走っていく出発点」であったと指摘する（韓国民衆史研究会 1989, 243）。

　また真鍋（2010）は，光州事件を通じて全斗煥による軍事政権とこれを支持するアメリカの蛮行を通じて露呈されたという冷戦構造下での分断の矛盾を指摘する。光州事件による犠牲者が「民族の息子」，「祖国の娘」と称されることで，彼ら彼女らの死は，その矛盾を凝縮したのである。この分断の固定化が既成事実化を印象付けるような事態が生じたとき，その分断の象徴である光州事件に殉じた彼ら彼女らの死が，38度線で切り裂かれた民族そのものの瀕死の姿が投影されるものとなったと解釈されたのである（真鍋 2010, 82-83）。

　さらに真鍋（2010）は，光州事件に殉じて自ら命を絶つ者が少なからずおり，彼ら彼女らの遺書に「民主の聖壇にわが身を捧げる」との決まり文句が認められている点を挙げる。この決まり文句が，いわば韓国民衆運動の宗教的性格を示唆した言葉であるとみた真鍋は，そこに「民族＝統一祖国」に殉ずるといった意味で，「殉教」の価値意識が含まれる点にも着目する。そのため日本統治下の1919年3月1日，非暴力の民族独立運動を記念する3・1節，或いは1909年，日韓併合の先頭に立った初代統監・伊藤博文をハルビン駅で暗殺した安重根義士追悼ミサ，さらに光州巡礼を通じて「民族＝統一祖国」に殉じた死者たちの「民主の聖壇」にひざまずき，犠牲者の苦痛を通じて同胞としての

深い悔い改めを経験することこそが，その矛盾を表す典型例であるとの結論が示された（真鍋 2010, 87-88）。

この韓国特異の現象は，光州事件において「民主の聖壇にわが身を捧げる」と書き残し，自ら命を絶つ者の存在，つまり「殉教」の価値意識が同事件後の「民族＝統一祖国」に殉じた死者たちの「民主の聖壇」をもたらすにとどまらず，やがて韓国型の民主主義の浸透に連動して，それら自らが市場主義の展開をも促すという皮肉な現象にも繋がった。以下，その具体的な経緯について明らかにしていこう。

2．光州事件後の市場主義経済―金泳三による対米隷属型経済発展からの決別

金泳三大統領は就任後に，光州事件を「5・18民主化運動」と規定する談話を発表し，各種記念事業の実施を宣言した。1995年には韓国国会で「5・18民主化運動等に関する特別法」（5・18特別法）および「憲政秩序破壊犯罪の時効等に関する特別法」が可決され，光州事件および軍事反乱などに対する公訴時効が停止された。97年4月，大法院はこの特別法を根拠として，全斗煥元大統領と盧泰愚前大統領に実刑判決および追徴金を宣告した（同年12月に金大中大統領の特別赦免により釈放）。

光州事件が及ぼした影響は，既述した民主化政治の範囲にとどまるものではなかった。同時に，それは韓国において特異な市場主義経済の進展を生み出す要因になった。軽視してはならない点として，アメリカによる庇護のもと独裁政権を展開した李承晩，朴正煕，全斗煥が親米従属的な資本を駆使して市場をコントロールさせたのに対し，光州事件後の市場経済は金大中や金泳三という反米進歩的な大統領によって繰り広げられた経緯が挙げられよう。このことは，光州事件以後の市場経済が隷属型保守主義者によって推し進められるのではなく，むしろ民主化勢力自らがIMF（国際通貨基金）主導の政策に従いながら展開したことを意味する。反米進歩的な勢力自らがアメリカによるIMF主導型の経済を促すという特異な現象が生じていたことが判明しよう。

真鍋（2010）が指摘するようにアメリカは反共と民主主義を同時に内包させた両義的存在であるものの，双方のイデオロギーは両立するものでもなかった。韓国が分断国家であるゆえに，アメリカの存在こそが「矛盾の塊」の根源

に相当するためである（真鍋 2010, 63）。このアメリカの両義的存在により，光州事件以前の韓国において反共を軸に市場主義を展開するにとどまったものの，やがて保守勢力が親米隷属的な資本を駆使して市場をコントロールさせる必要がなくなるようになると，事件後は民主化勢力が市場主義を展開するようになったわけである。このような反米進歩派勢力がIMF主導の経済発展を推し進める特異な現象は，既述したような「民主の聖壇にわが身を捧げる」と書き残した者の存在，つまり「殉教」の価値意識が同事件後の「民族＝統一祖国」に殉じた死者たちの「民主の聖壇」をもたらした韓国型の民主主義がIMF主導の西欧的近代化と混じり合うことを意味しよう。すなわち反共と民主主義を同時に内包させた両義的存在であるアメリカ「矛盾の塊」は，それ自らが「宗教利己主義と国民国家主義との並存」をもたらすようになり，やがて韓国における矛盾をも深めるに至ったとの解釈が可能になろう[4]。

この特異な現象を如実に表したのが，以下に記す金泳三政権下の経済政策であった。金泳三は朴正熙政権から全斗煥政権に続く軍事政権時代，長らく野党の立場で活動しており，1979年に国会議員を除名（金泳三総裁議員職除名波動）された後，翌80年5月17日の光州事件へと繋がる「新軍部」による軍事クーデター勃発によって，自らも20日に自宅軟禁を余儀なくされた。外部との接触が遮断されたことで，金泳三は「唯一の抵抗手段」として新民党総裁の辞職と政界引退を発表した（木村 2008, 189）。全斗煥大統領により政治活動を解禁される以前の83年5月16日，「国民へ送る言葉」を発表した金泳三は，光州事件3周年の同日に全斗煥政権に抗議する23日間のハンガーストライキ（断食闘争）で注目を集めたものの，彼は政治家として活躍する機会を既に奪われており，厳しい状況に置かれることを余儀なくされた（木村 2008, 191-192）。

この彼の生き方は，後の彼の経済運営において親米隷属的な資本を駆使する保守勢力とは異なる方法，すなわちIMF主導型の市場主義推進を通じて民主派勢力による市場主義経済を生み出す契機になった。1992年12月，第14代大統領選挙にて大統領に当選した金泳三は翌93年11月，世界が「無期限競争の時代」に突入したとの認識に立ち，競争力の向上を最大目標とする国際化を国の基本戦略として宣言する。経済政策担当者も新自由主義的なエコノミスト

によって固めることで，彼らを通じて産業の合理化・競争力強化のための国家戦略が最優先課題として掲げられたのである（木村 2008, 188）。光州事件以後，民主化と市場経済の進展が足並みを揃えたのは，このように金泳三が軍部に拘束された経験にまで遡ることができるわけである。

3．金泳三政権下の新保守主義回帰―新自由主義に基づく民主化政策の後退

既述してきたように，反米進歩派勢力としての金泳三政権がIMF主導の経済発展を推し進めたために，光州事件後の韓国型経済発展に特異な手法が認められるようになった。当時，金泳三自らが西欧型民主主義の実現と維新憲法の即時廃止を要求する「改憲百万人署名運動」を契機として野党，在野勢力が反体制運動に結集し，一体化しようという気配を高めていた。このことは，国際経済力を強化させるための手法として自由貿易体制のもと労使紛争のない産業平和を達成する企業共同体意識の重要性を意味し，したがって労使対立は不必要であるとの見方を示すものでもあった。

のみならず1996年春，金泳三政権は雇用主に整理解雇権もしくは臨時職労働者の雇用を許す新たな労働法を国会で抜き打ち採択するに及んだ。対して民主労総と韓国労総合同のゼネストが300万人の労働者を動員し，また国際労働機関（ILO），経済協力開発機構（OECD），さらに国際自由労働連（ICFTU）が韓国政府に代表団を派遣し，新労働法に抗議したものの与野党合意に基づく修正法案が3月に可決された。そのため民主労総と韓国労総合同のゼネストが「朝鮮戦争以来初の全国的規模のゼネスト」と称されたものの，労働者が獲得した権利は僅かにとどまった。結果として，むしろ企業倒産が増えるようになり，労働者市場の改革もしくは柔軟化が進むにつれて，民主的な経済発展を阻害する新自由主義的な市場主導政策のみが際立つようになった[5]。

その結果，当初掲げられた文民改革が失速する一方で，農産物の市場開放や労働者のリストラによる合理化が進められるようになった。1993年の現代自動車の争議において，金泳三政権は「第三者介入禁止」条項を適用し，労使幹部の逮捕，或いは指名手配にも踏み切った。「生産的福祉論」，「集団的利己主義」，「労働者責任論」など80年代の日米欧で用いられたレトリックが頻繁に用いられるようになったのも，そのためであった（木村 2008, 189）。金泳三政

権下の新自由主義的な市場主導政策は，以下に述べるように貿易政策にも及ぶようになった。

韓国の自由貿易政策は，1980年代後半のOECDによる韓国加盟を促す勧告，もしくは要求にまで遡ることが出来る。94年，金泳三政権が韓国版グローバリゼーション（「世界化（Segyehwa）」）の支持を公表すると，彼はOECD加盟すら公言するようになった。申光榮（2009）の指摘に基づくのであれば，グローバリゼーションの本質は積極的重商主義であり，そのためには国際市場への積極的進出を唱える必要が生じるとの見方が成立しよう。同年，韓国社会におけるスローガンを「グローバリゼーションと競争力」として定めた金泳三は，OECD加盟を契機にIMF主導の経済発展を促すようになった。96年，韓国がOECDに加盟すると，韓国企業の国際競争力強化が図られるようになり，同国はIMF型の市場主義経済へと本格的に舵を切り始めたのである（甲2009, 99-100）。

さらに1996年のOECD加盟の条件として，韓国は金融規制の緩和も図るようになった。この展開は，98年のFTA（二国間貿易協定）推進の明確化により決定的になる。主に財閥の海外生産を支援することを目的に，96年5月，200銘柄で構成されるKOSPI200先物が，韓国証券取引所（Korea Stock Exchange, KSE〔当時〕）に上場されたのである。それらはデリバティブはじめ先物・スワップ・オプション取引など金融派生商品から成り立っており，後の金融規制緩和は海外向け投機にも及んだ。呼応して，韓国金融界は資本流入とりわけ短期ローンの急激な増加が際立つようになった。

ただしこのようにOECDは加盟の条件として金融規制の緩和を掲げたものの，金融規制が緩和された96年の翌97年末，商業銀行26行のうち14行の自己資本比率が8％を下回るなど経営困難に直面しており，98年には支払い能力のない地方銀行を買収するという名目で複数の国立銀行が勢力を拡大するようになった[6]。のみならず，不良債権を政府に委ねる韓国預金保険社公債の発行すら始まるなど，政府による介入策は様々な分野で広がりをみせるようになった。金泳三政権による市場自由化策は，既述したように経済過程への介入を強めた政府自らが率先して放漫な金融政策に向けて奔走する特異な現象を認めたことから，このような現象が生じたのである[7]。金融規制の緩和は需要変動に

呼応しない過剰流動性を生み出し，結果として韓国政府による金融市場への介入をもたらすにとどまらず，市場の競争性を重んじる IMF による当初の意図とは真逆の結果を導き出すに至ったわけである。

結果として，IMF が主張する引締め的な市場安定化策とは著しく異なる政策が展開するようになった。この特異性ゆえに，後の韓国はアジア通貨危機の影響により国家破綻の危機を余儀なくされた。金泳三政権下の新保守主義回帰－新自由主義に基づく民主化政策の後退が，同危機により韓国を国家破綻の危機へと導くに至ったわけである。

Ⅲ．アジア通貨危機および危機後における民主化政策の動向

1．アジア通貨危機

韓国の金融政策は，元来政府による経済過程への介入のもと金融抑圧と金融抑制を生み出していた点において特徴が認められる。国際資本移動についても，政府主導で外国為替管理法が機能し，呼応して外国為替集中システムが厳しく機能していた。ところが，金泳三政権下の新自由主義政策が国際金融市場を自由化させると，経済過程への介入を強めた政府自らが率先して放漫な金融政策に向けて奔走する特異な現象が認められるようになった。結果として，規制が緩いノンバンクなど経済的規制を伴わない金融システムの構造が定着するようになり，財閥は証券取引，短期銀行融資，デリバティブ取引などの金融派生商品を通じて投資をファイナンスさせ，対外債務は1993年の440億ドルから97年9月には1200億ドルに増加（対外債務増加年率は79～85年17.8%，94～96年33.6%）した。内容も投機的色彩の強い金融派生商品（償還期限1年未満の短期債務）が過半数以上を占めるなど，銀行の信認低下と財閥の過剰債務が同時に現れるようになった。金融派生商品の比率は，93年の43.7%から96年の58.3%に増加した（佐野 2001，181-182）。

そのため1997年半ば，タイ・バーツに始まったアジア通貨危機は同年11月に至って韓国にも波及し，同国の金融システムを直撃し，経済は危機的状況に陥った。やがて先進国の金融機関は韓国金融機関への短期外貨融資に回収圧力

を強めるようになり，ウォンは急落を始めた。グローバル・マネーの奔流が一気に逆流し始め，銀行融資など民間信用は96年の837億ドルの流入から42億ドルの流出へと転じた結果，96年に400％前後を示した韓国30大財閥の対資産負債比率は，97年末には516％（日米欧企業を2，3倍上回る規模の大きさ）を示すまで上昇し，韓国は国家破綻の危機に直面したのである（高2000，37-38）。

韓国銀行（中央銀行）は97年11月と12月に89.3億ドルの為替市場介入を続け，韓国系金融機関も外貨デフォルトを防ぐため11月と12月に233億ドルの緊急外貨貸出を行った。これら財閥向けの過剰債務に向けて，中央銀行が外貨流動性の供給を続けたものの外貨準備高の枯渇懸念が生じ，自力回復を断念した韓国政府は11月11日にIMFの資金融資を仰いだ。12月3日，ソウルを訪問したIMFのカムドシュ（Camdessus, J. M.）専務理事は210億ドルの緊急融資を行うことに合意し，世界銀行（IBRD）と日本が100億ドル，アメリカが50億ドル，アジア開発銀行（ADB）が40億ドルなど，IMF創設以来の大規模資金援助（580億ドル）を要請し，後の韓国経済はIMFの管理下に置かれることが決まった。韓国の使用外貨準備高は10月末の223億ドルから11月末には73億ドルにまで急減し，外貨準備高の枯渇懸念の現実化により自力回復を断念した韓国政府は，12月4日，正式にIMFに対して規模資金援助を仰ぐに至った[8]。

2．危機に対するIMF主導型の市場回復策（「市場に基づく常時構造調整システム」）

アジア通貨危機後，韓国政府はIMFによる構造調整プログラムに従い韓国型企業ガバナンス構造に対する改革に比重を置くようになった。その結果，既存の主要財閥とそのグループ企業の整理・淘汰，さらに解体に着手するようになり，労使関係の変化をも含む急進的な経済改革が推し進められた。政府，IMFともに，経済危機を招いた主たる要因が財閥とそのグループによる過剰な経済拡大，結果として発生した過剰な債務，さらに過大な借入金依存体質にあるとの認識によっていたところから，既存財閥とそのグループ企業の整理・淘汰にとどまらず，財閥を解体するという大胆な政策が図られたのである。

1997年12月，IMFに資金融資を仰ぐに至った韓国政府は，IMF管理体制のもと金大中政権は財閥総帥主導の企業ガバナンス構造の問題点を厳しく追及し，企業（財閥）部門に対する強力な改革措置を断行した。翌98年1月13日，IMF通貨危機の要因が「韓国財閥」の肥大化にあるとみた金大中は4大財閥（現代，三星，LG，大宇）総帥と会談し，オーナー型経営を行う財閥に対して「所有と経営の未分離」が韓国経済の危機的状況を生み出したとの見方を示すことにより，その経営手法を改めるように指導し，各財閥に対して改革5原則を要求した[9]。

　さらにアジア通貨危機から半年余りが経過した98年6月29日，金融監督委員会は，IMF委員会が過去，長らくにわたって韓国政府による従属的地位を維持してきた金融機関がもたらした弊害に着目し，三選択中のいずれかの手法を迫り，金融機関側の強い抵抗にもかかわらず強制的プログラムを要求した[10]。その結果，巨額の不良債権を抱える金融機関の多くは，存続か消滅かへの道を短期間のうちにたどることを余儀なくされた。再生不能とみなされる銀行に対しては，政府の積極的介入が図られた。

　1998年8月にはさらに追加3原則が加えられ，53原則のもとで財閥改革が進められた。財閥の財務構造を改善させるための措置として，同政権は①36大財閥の負債比率を99年末までに200％以下にする，②98年8月以降，ビッグディール（大規模事業交換）を通じて上位財閥による市場支配力強化に向けた事業集約を行う，③総帥を頂点に「所有と経営の未分離」を前提とする各財閥に対して，チェック機能が働くように企業ガバナンス構造を改めること，以上の3点を求めた。98年9月，強制整理された銀行の資産・負債を引き継いだ金融機関に21兆ウォンの公的資金が投入されたのを皮切りに，政府は02年末までに総額157兆ウォン（GDP比30％）の公的資金を投入した。公的資金の対象は銀行に限らず，保険，証券，ノンバンクなど金融界全体に及ぶようになり，金融機関の不良債権を直接買い取る韓国資産管理公社にも40兆ウォンが投入された。金融機関の国有化は，朝興銀行，第一銀行，ソウル銀行に対して行われ，公的資金の投入額は計149兆ウォン（01年1月）に達した（文2015，194）。

　また銀行業務と証券業務を含めた総合的金融業務が許された総金（総合金融

会社)を問題視した金大中は,金泳三政権下における総金設立認可に伴う無理な海外借り入れを問題視し,その数を30社から一挙に3社へと縮小させた。

　こうした急進的な構造調整を推し進めた結果,経済破綻への引き金ともなった韓国財閥とそのグループ企業の整理・淘汰はじめ,労使にわたる急進的な経済改革が推し進められ,IMFによる緊急支援から2年後の99年9月18日,韓国政府は融資総額の64.3%に相当する135億ドルの償還を実行した。IMF規定の償還期限を9カ月繰り上げた早期のものであった。続けて翌00年9月,韓国政府はさらに60億ドルの償還に漕ぎつけるまでに至り,3カ月後の同年12月には同国に課せられた「IMFプログラム」のほぼ全てをクリアするのに成功した。

3．新古典派経済学型の市場民主化政策・「DJノミクス」

　既述したように,「IMFプログラム」を忠実に施行した金大中は,IMF自身の210億ドルを含めて583億5,000万ドルの巨額援助により,通貨危機関連の支援としては過去最大級の援助を手中に収めた。金大中が取り組む民主化経済政策は,金融分野において新たな金融監督機構(金融通貨委員会)の設置を柱に,既述した金融機関の整理統廃合,さらに155兆ウォンでGDPの30%に及ぶ公的資金投入による不良債権処理をも含むなど,大規模なものとなり,その政策は「DJノミクス」と称された(文2015, 193-194)。

　「DJノミクス」は金大中のイニシャル(DJ)とEconomics(経済)のnomicsの合成語であり,金大中による経済政策を意味する。アジア通貨危機克服のために過去の権威主義的な経済政策との決別が掲げられ,官僚経済を打ち破る経済パラダイムの必要性が唱えられた。「市場経済こそが民主主義を実現する」との認識を通じて,「市場主義」と「民主主義」を等式で結ぶことによって双方の関係が予定調和的に達成されることが指摘された。「市場経済こそが民主主義を実現する」と豪語する彼にとり,市場は個人の努力と能力を正当に評価する場でもあったことは言うまでもない。ところが市場は民主主義の重要性を唱えるものの,市場自らが階層間の富の分配を不均衡にさせ,ひいては国民経済の自立性を損なう懸念について,金大中はまったく言及をしなかった。むしろ市場主義のもと「DJノミクス」が豊かな中産層を形成するという

認識を示すに至った点で民主主義と市場主義との親和性が認められるなど，「DJノミクス」は矛盾を伴うものであったと言わざるを得ない（滝沢 2000，88）。

　金大中がこのような政策を展開した根拠として，1982年からの数年間のアメリカで亡命生活を強いられていた時代，フリードマン（Friedman, M.）流の新自由主義的な市場主義が経済学を席巻していた点が挙げられよう。そのため当時，政府，金融，企業，労働市場を全面的に改革すべきとの立場が示されるようになり，とりわけサッチャーリズムやレーガノミックスなど新古典派経済学による手法こそが経済的活況をもたらした要因であるとの主張が影響力を及ぼすようになった（高 2000，135-136）。98年9月，金大中は『国民とともに明日を開く』（大韓政府 1998）を発刊することにより，市場主義を重視する側面と，民主主義や社会的合意主義を重視するという対立する2側面を重視することによって，公共部門・金融・財閥・労働市場の改革推進を図ろうとした（金 1985，2）。また自らがアメリカ亡命生活から帰国した後に刊行された『大衆経済論』において，彼は財閥の肥大化という独占の弊害にも着目した（金 1985，5）。「DJノミクス」にみる市場経済の重要性そのものが，このように金大中自らの経験に起因したものであったことが判明しよう。

　「DJノミクス」に含まれる市場重視の経済政策は，金融改革や労働政策（整理解雇制などの労働市場柔軟化政策）にとどまらなかった。自由競争と自己責任に立脚した市場経済秩序を定着させようとした金大中は，貿易政策においても参入障壁と退出障壁除去を通じて資源配分への直接介入を慎むことを指摘する。そのため国民経済の自立性を損なう外資に対してすら，「外貨が不足するわが国においては，外資誘致こそが経済回復の鍵である」（金 1988，2）と述べるなど，むしろ極めて肯定的な見解を示していた。これら新古典派型の経済政策の展開は，結果として様々な副作用を導き出すことは言うまでもない。これらの実態を明らかにする必要があろう。そのため，次では「DJノミクス」によって導き出された負の側面について触れていくことにしよう。

Ⅳ.「DJノミクス」(金大中政権下の経済政策) による民主化政策とその矛盾

1. 社会コーポラティズムに基づく民主的市場自由化

　「DJノミクス」が民主化政策を唱えるようになった根拠として，全斗煥政権の政敵とされた金大中が1973年8月8日に金大中が日本のホテルグランドパレスから拉致され，5日後にソウル市内の自宅前で発見された「金大中事件」が挙げられよう。また既述した光州事件，すなわち全斗煥が率いる新軍部が全国に戒厳令を布告し，執権の見込みのある野党指導者の金大中はじめ金泳三や旧軍部を代弁する金鍾泌を逮捕・軟禁した「5・17非常戒厳令拡大措置」も遠因として挙げられよう。

　一般に金大中氏が若手野党政治家として反政府活動を展開していたことから，同事件はKCIAによる拉致事件と指摘される。韓国東亜日報は98年2月19日，金大中事件に関する当時の韓国中央情報部（KCIA）の内部文書を入手し，事件がKCIAの組織的犯行だったと伝えた後，06年7月26日には韓国政府も同事件が韓国中央情報部（KCIA）の組織的犯行であり，したがって国家機関が関与したことを初めて認めた[11]。「DJノミクス」の政策的背景として，このように金大中自らが経験した国内の政治的事件も要因として挙げられよう。ただし，その内容は「民主主義と市場政策との並存」に起因したものとなり，相反する政策の同時進行ゆえに政策的矛盾をもたらすものとなった。

　この政策的矛盾は，金大中自らの経済政策（「DJノミクス」）がナチズムおよびソ連社会主義への対案として示されたドイツ・フライブルク（Freiburg）学派の「秩序自由主義（Ordo-Liberalism）」を参考にした点からも明らかになろう。ただし，この政策的矛盾はアジア通貨危機に対するIMF主導型の市場回復策に従わざるを得ない当時の金大中にとり，政策選択が限られていたことからも避けられなかった。窮余の策として，金大中はイギリスのブレア政権の指針であるギデンズの「第3の道」を自らの政策モデルとして据え，市場主義とヒューマニズムに基づく共同体構築が課題であるとの見解を示すに至ったわ

けである（高 2000，133-136）。

　ドイツの秩序自由主義が提起されたのは，金大中自らが1970年代から主張してきた韓国型「第3の道」，すなわち「大衆参与経済論」の構想を通じて，労使政委員会による社会協約という社会合意主義をもたらした影響が大きかった[12]。このように社会協約という社会合意主義が示された背景として，1998年1月15日発足の大統領諮問会議としての労使政委員会の存在が挙げられよう。各政党代表，労働部長官・財政経済院長官はじめ政府代表，韓国経営者協総会（経総）などの企業代表，韓国労組・民主労組はじめ労働団体が参加するなか1月に労使政共同宣言を発表，2月6日には90項目からなる「経済危機克服のための社会協約」が採択され，政府・企業の求める整理解雇制法制化とともに，労働界が求める教員労組の認定，労組の政治活動許容などが含まれた。さらに2月の「社会協約」には市場において企業の透明性確保などの財閥改革，社会保障制度の拡充など広範囲な社会改革課題を対象にし，社会改革課題に関する政策決定課題を労使がともに参加することで，それまで政策決定過程から排除されてきた労組を政策決定過程に参加させることすら試みられるようになった。

　労使政委員会は，そもそも大陸ヨーロッパで定着した社会コーポラティズム（Social Corporatism）[13]，或いは社会民主主義をモデルにしたものであった。国家が上から各社会団体の役割を付与する国家コーポラティズムではなく，市場に基づいて機能する自律的組織化の一環として社会コーポラティズムが唱えられたのである。すなわち市場を通じて各社会勢力が下から政策決定に参加するシステムとして，「DJノミクス」を通じて同コーポラティズムの有用性が唱えられたとの解釈が可能になろう（高 2000，132-133）。

2．貿易自由化策がもたらした影響・自由貿易協定に伴う農業の衰退

　韓国は自らを「GATTに代表される世界大の多国間自由貿易体制を最もうまく利用した模範的事例国」（奥田 2006，53）と称するほど，多国間自由貿易体制を通じて急速な経済発展を可能にした国である。アジア通貨危機を迎えるまで，韓国は多国間貿易協定（GATT/WTO体制）を信奉する対外経済政策を行ってきたのであるが，同危機を契機に韓国は二国間貿易協定（FTA）を

取り入れ，後の 10 年間で FTA は韓国の主たる対外経済政策として定着するようになった（奥田 2006, 53）。

このように韓国が FTA の締結に傾斜するようになった根拠として，先の金泳三政権下の市場自由化策が挙げられよう。その内容は経済成熟化に伴う内需停滞を外需で補うものであった。すなわち，アジア通貨危機時における外貨払拭を IMF の緊急融資による救済を通じて行うという政策であり，いわば危機の代償策として IMF 自由化要請を行う必要性が急浮上したわけである[14]。

元来，韓国の貿易政策は，日本と同様に 1990 年代末までは欧州もしくは北米での地域主義的傾向に批判的であり，GATT（WTO）による多角的貿易体制を支持していた。ところが 98 年に韓国政府が従来の方針を転換して FTA 推進方策を打ち出すようになると，翌 99 年にはチリと FTA 交渉を開始するとともにタイやニュージーランドと FTA 交渉に向けた共同研究を開始し，03 年 8 月の対外経済長官会議において FTA 推進のためのロードマップを策定した。具体的な手法としては，大陸別の橋頭保確保ののち巨大経済圏との本格的推進に移り，経済的妥当性と外交上の意義の双方を満たす対象国を日本，シンガポール，ASEAN（東南アジア諸国連合），EFTA（欧州自由貿易連合），メキシコに定めるなど，外交面における戦略的政策となった（奥田 2006, 57）。

翌 2004 年 4 月，韓国はチリとの FTA を発効させ，06 年 3 月のシンガポール，同年 6 月の ASEAN（物品貿易のみ），同年 7 月の EFTA（06 年 7 月発効）と相次いで FTA 協定を締結するに至る。さらに 11 年 7 月，EU（欧州連合）との FTA が暫定適用により，ほぼすべての関税を 5 年以内に撤廃することが決まった。一方，アメリカに対する FTA 協定が 11 年 10 月の議会通過後，11 月に批准同意案が可決され，翌 12 年 3 月に発効し，今後 5 年以内に対米貿易の 95％が関税撤廃されることが決まった。ちなみに，韓国関税庁発表の「2011 年 FTA 締結国貿易現況」によると，韓国が FTA 協定を締結した 7 カ国の圏域間貿易額は 2,962 億ドル（輸出 1,668 億ドル，輸入 1,294 億ドル）を記録し，全体輸出（5,565 億ドル）の 29.9％，輸入（5,244 億ドル）の 24.7％を占める。為替変動（ウォン安）の追い風も受けて貿易増は 27.4％増と，09 年の 14.6％から実に 2 倍近い水準を示し，なかでもペルー（44.9％），シンガポール（36.8％），ASEAN（35.2％）向けの増加が際立つようになった[15]。

これら自由貿易政策の進展により最も被害を被ったのが農業であった。1970年代初頭，農家戸数は総戸数の4割強，農家人口は総人口の4割超，農林就業人口に至っては総就業者の5割を占めていた。しかし，2007年において農業は産業別付加価値で3％，農家数，農家人口，就業者の指標では7％程度を占めるにとどまった（倉持 2010, 112-113）。農業総生産は1995年の19.9兆ウォン以降，ほぼ横ばいに推移し，03年には22.0兆ウォンと伸びているものの，GDP全体に占める農業の割合は低下し，95年4.9％，03年2.9％，04年3.0％，10年2.0％を示した（品川 2014, 34）。飼料穀物は輸入に頼っており，国際的な飼料価格の高騰に直面した場合には，畜産物生産構造の不安定性は増幅される危険性すら伴うようになった。じじつ食料自給率は30％台を示すなど低下が際立つようになり，米を除いて自給率を低下させたほか，穀物自給率はじつに30％を下回った。また自給率70％を維持していた肉類は，韓米FTA協定の標的にされるようになった。

　そのため1995年から2005年にかけては増加基調であった農家所得は，05年以降は3,000万ウォン前後で推移し，都市勤労者所得と比較すると両者の所得格差は開く傾向にあるなど，農業所得は相対的に悪化傾向を示すようになった。しかも，農業所得は1,000万ウォンで停滞しているものの，増加したのは農外所得ならびに移転所得等であり，農業所得は厳しい状況にあった。07年には農外所得が農業所得を上回り，12年には農業所得920万ウォン（農家所得の29.4％）に対し，農外所得1,359万ウォン（同43.4％），移転所得等852万ウォン（同27.2％）を示した（品川 2014, 34）。

　こうした農家所得の状況を反映して，農家戸数は2000年の138万戸が05年には127万戸（減少率8.0％），10年には118万戸（同7.1％）となり，農家人口も00年の403万人が05年には343万人（減少率14.9％），10年には306万人（同10.8％）となるなど，急速に減少している。農地面積については，00年の189万haから05年には151万ha（減少率20.1％）へと減少し，10年には172万ha（増加率13.9％）と回復したが，00年水準には戻っていない。1戸当り世帯員数については，00年の2.92人から05年には2.70人へと減少し，2010年には2.59人となっている（品川 2014, 37）。

　このように貿易自由化策が農業の衰退をもたらしたのであるが，FTA協定

締結前の農民の反対運動に代表されるように，その食料自給率の低下がもたらす非自給的性格がアメリカ産農産物の輸出関税引下げをもたらすことは否めない。換言すれば，貿易自由化策がアメリカによる食糧安全保障政策という名の目には見えない軍事同盟を強める意味で，同政策が軍事的性格を備えていることにもなる。ゆえに貿易自由化策が民主的な政策ではないことが明白になろう[16]。

3．資本自由化策がもたらした影響・金融再編に伴う所得間格差の拡大

　既述したように，韓国における自由貿易先行の政策は，その根源を1998年のFTA推進政策まで遡ることができる。軽視してはならない点として，同政策が96年のOECD加盟の条件である金融規制改革を前提としたものであり，同改革に向けて韓国政府は24の商業銀行の創設を認めた経緯が挙げられよう。そのためIMFの要求を受けた金大中政権は98年5月に外国人すべてのM&Aを許容し，外国人直接投資開放業種を拡大した。6月に外国人の不動産取得制限を撤廃，さらに短期金融商品も外国人に開放するなどの資本自由化策を打ち出した。また韓国株式への投資制限を廃止させることで，98年の外国人株式投資流入規模を47億8,000万ドルにまで膨らませ，同値は92年の株式投資開放後の年間規模で93年の57億ドルに次ぐ大きさとなった。呼応して，株式を中心とする韓国証券市場のヘッジ・ファンド資金流入も相次ぐようになり，98年末現在で40〜50億ドルを示すなど，97年6月末の2倍程度にまで膨らみ，外国人株式資産残高の20%を占めるに至った（高2000，136-137）。

　このように相次ぐ資本自由化策の一環として，主に財閥の海外生産を支援することを目的に，96年5月には200の銘柄で構成されるKOSPI200先物が，韓国証券取引所（Korea Stock Exchange, KSE〔当時〕）に上場されるに至った。それらはデリバティブはじめ金融派生商品から成り立っていた。以後，金融制度改革は海外向け投機にも及び，資本流入，とりわけ短期ローンの急激な増加を導き出すようになった。

　このような金融派生商品の増加と短期ローンによる資本流入は貨幣需要を不安定にさせよう。事実1997年末，商業銀行26行のうち14行の自己資本比率が8%を下回るなど経営困難に直面し，翌98年には支払い能力のない地方銀

行を買収する名目で複数の国立銀行が勢力を拡大した。並行して，韓国政府は金融市場に向けて第一回目の公的資金注入を行うとともに，不良債権を政府に委ねる韓国預金保険社公債の発行も始まるなど，政府による介入策は様々な分野で広がりをみせるようになった。このように97年のアジア金融通貨危機により傷んだ自己資本・財務構造再建策は，結果として韓国政府による金融市場への介入をもたらし，市場の競争性を重んじるIMFによる当初の意図とは異なる結果を導き出すに至ったわけである。

　この実需を伴わない貨幣供給増が求められようとしたことから，韓国株式市場の資金調達額は1999年の41兆1,230億ウォンから01年の12兆1,690億ウォンへと減少した。のみならず，資金純調達額も99年の37兆6,960億ウォンから01年の2兆3,460億ウォンへと激減した。その結果，株式市場からの資金流出が認められるようになり，同流出額は99年の3兆4,270億ウォンから01年の9兆8,230億ウォンへと増加した。さらに自社株純所得は99年の4,530億ウォンから01年の5兆9,750億ウォンへと激増したほか，配当額も99年の2兆9,740億ウォンから01年の3兆8,480億ウォンに増加した。自社株取得や配当に流れた額は99年の3兆8,880億ウォンから01年の15兆7,980億ウォンに至り，これらの額が純粋に株式市場から流失したことになる。

　すなわち当時の株式市場は資本調達窓口ではなく資本流失窓口として機能していたことから，企業部門の資金調達向け株式も99年の41兆1,370億ウォンから01年の16兆5,040億ウォンへと低下し，呼応して00年に70兆ウォンを超えた企業の設備投資額は01年に約65兆にまで減少した。01年後半からは，当時の政府が掲げたマネーサプライターゲットを上回った貨幣供給量が市場の流動性を高めるようになり，それによって生み出された貨幣需要はやがて不動産担保の影響を受けてアパート価格を約30％上昇させたほか，消費者貸付に伴うクレジットカード市場にも流れ込むようになり，02年において400万人近くの不良債権者を生み出すに至った（高安2005，54-57）。

　対応策として，政府は一般銀行の自己資本比率を上昇させる政策を展開した。その結果，97年末に7.0％に下落した自己資本比率が98年末には8.2％に回復し，さらに90年末には10％台を超えた。このような現象を実現させた具体的な政策として，政府が銀行の劣後債を積極的に引き受けることで公的資金

を市場に供給した手法が挙げられよう[17]。すなわち，いわば実需を伴わない貨幣供給政策として政府主導の公的資金供給が図られたのであるが，このような実需を伴わない貨幣供給政策が所得分配の二極化傾向をもたらすという結果を導き出したのである。韓国国内の貨幣需要量の変化が，やがて雇用政策に影響を及ぼすに至ったわけである。

　10名以上事業所の常用雇用者の実質賃金をみると，国民経済計算（SNA）ベースの一人当たり雇用者報酬は2000～03年において1.5％にとどまり，93～96年を大きく下回る結果となった。このような現象が生じた背景として，93年には60％に達していた正規労働者の比率が99年には48.4％にまで落ち込み，以後02年まで50％を割り込んだ経緯が認められる。労働市場の二極化が進行することにより，正規労働者が96年の740万人から99年に613万人に減少したのに対し，非正規労働者は566万人に達した。その後も非正規労働者の増加が続き，04年には800万人を上回り，全労働者の55％超を占めるようになり，正規職の賃金を100としてみた場合，非正規職の賃金は00年の50％台の前半にとどまった。その結果，賃金不平等（下位10％台に対する上位10％台の賃金比）は01年の4.8倍から03年には5倍を上回り，韓国はOECD加盟国で最も賃金不平等が著しい国になった（高安 2005, 20-37）。実需を伴わない過剰流動性の上昇が生じたことにより，その影響は金融・不動産市場の混迷にとどまらず雇用政策にも及ぶに至ったことが明らかになろう。

おわりに

　以上，本稿が明らかにしてきたように，韓国における民主化政策は光州事件以後，市場主義の進展に軸足を揃えるようになり，この現象は金泳三政権下による民主化政策，アジア通貨危機および危機後における民主化政策，さらに金大中政権下の民主化政策において典型的に認められる経緯について明らかにしてきた。また貿易自由化策および資本自由化策が食料自給率の大幅低下や所得格差の拡大をもたらすことで，それらが様々な副作用をもたらすに至った経緯について明らかにしてきた。

おわりに

　このような現象の原点として，本稿は朴正煕政権下（1961～79年）における光州事件にまで遡ることができると指摘した。当時，光州を首都とする全羅南道は湖南冷遇を通じて地域間の不均等開発を通じて開発から取り残され，この特異な現象は朴政権下において全南（全羅南道）民主化運動勢力が自由主義政策を展開する矛盾をもたらすものとなったためである。このように光州事件が80年代韓国の民主化に向けた歴史的分水嶺として機能したことにより，後の韓国は70年代までの運動が親米的，反共イデオロギー的な「大韓民国」からの決別を果たした。すなわち光州事件を機として，韓国における民主主義の実現が反米進歩派によるIMF主導の市場主義政策を通じて投影される特異な現象が生じたわけである。

　この特異性を現実の経済政策として展開させたのが金泳三政権時代における反米進歩派主導の新保守主義回帰であり，それは貿易および資本の自由化など新自由主義政策を通じてアジア通貨危機において韓国経済を危機に追い込んだ。のみならず，危機以降の民主的対応策もまた引き続きIMF主導型の市場主義を通じて達成されたことにより，金大中政権による経済政策（「DJノミクス」）に代表されるように，新古典派経済学による新自由主義的な手法が重要視された。その一方で，ドイツ・フライブルク（Freiburg）学派の「秩序自由主義（Ordo-Liberalism）」を社会コーポラティズムによって実現させるなど，強力な政府介入を通じて政府介入を伴わない新古典派経済学による手法を定着させるディレンマすら生じるようになった。政府主導の民主化策と市場主義を同時展開させるという意味において，それらは多くの矛盾点を含むものとなったことは言うまでもない。

　このように，光州事件後の韓国において民主化は市場主義の進行に連動して達成せざるを得なくなった経緯が判明しよう。韓国の民主化政策が市場主義化を通じて達成せざるを得なくなった同国の特異性は，光州事件を機に始まった現象であったという点において，同事件が韓国の経済発展に及ぼした影響は計り知れないものになった。

（内橋 賢悟）

注

1 その間，光州市内の電話が通じなくなりメディアも情報統制されたため，光州市内で何が起きていたかの真相は明らかになることはなかった。
2 湖南は全羅北道を含む全羅道全体の別称であり，忠清道の湖西，江原道西部の嶺西，江原道東部の嶺東，慶尚道の嶺南と同列に扱われる伝統的な地域名称である。行政区画とは異なる歴史的，地理的，文化的な地帯を意味し，朝鮮八道とも呼ばれる。高句麗，百済，新羅からなる成る後三国時代の百済対新羅の構図にまで遡る全羅道と慶尚道との対立が有名であった。朴正煕は自らの出身地域である慶尚道地域をインフラ整備や経済開発・官公庁人事で優遇する一方，全羅道地域を冷遇した。その結果，慶尚道地域に対する反発がさらに強まるようになり，また政権側も選挙で全羅道に対する対抗意識を煽るなど，地域対立に拍車を掛けていた。
3 1963年10月，軍事政権の国家再建最高会議の民政移管方針に沿って行われた大統領選挙において，全羅道における朴正煕の得票率は尹潽善を大きく上回ったものの，朴は自らの出身地域である慶尚道に対してインフラ整備や経済開発を進めたにとどまらず，官公庁の人事などに対して露骨な優遇策を図ったのである。
4 このことは国民国家が儒教はじめ前近代からの伝統を克服できないまま，一足飛びに「祖国近代化」を目指したがゆえに生じた「歪み」でもあった（詳しくは，真鍋2010，29を参照のこと）。
5 韓国のグローバリゼーションは反米進歩派勢力によって引き起こされたものの，皮肉にも同勢力の主体はアメリカを含むアングロサクソン型社会の新自由主義的経済改革を推し進めた張本人でもあったとの解釈が可能になろう。
6 並行して，韓国政府は金融市場に向けて第一回目の公的資金注入を行うとともに同年1月，第一銀行とソウル銀行を国有化したほか，00年12月には債務超過が判明したハンビット，平和，光州，済州，慶南の国有化も図られた。
7 需要変動に呼応し，外国人投資家の存在が大きくなった。2001年現在，アメリカのカーライル・グループ（Carlyle Group）は韓美銀行の40％，同国のゴールドマン・サックス（Goldman Sachs）は国民銀行の11％，オランダのアイエヌジー（ING）は住宅商業銀行の10％，さらにアメリカのニューブリッジ・キャピタル（New-bridge Capital）は韓国第一銀行の51％に相当する株式を所有するに至った。呼応して，外国人投資家による株式保有の比率も，時価総額ベース水準で99年に20％を超えた後，00年には約25％，01年の約30％，02年の約35％を示すなど，一貫して上昇を続けた（詳しくは，勝・一文2006，12-15を参照のこと）。
8 通貨危機が韓国に及んだ企業統治的要因として，危機の多国間連鎖とともに同国の経済構造にも内包していた事実が挙げられる。銀行による与信超過のもと「タコ足経営」と称される財閥が多角化経営を通じて多額の資金融資を行ったものの融資に窮するようになり，財閥の連鎖倒産へと至った。
9 ①企業経営の透明性確保，結合財務諸表を99年度に義務化，②相互債務保証解消による融資節度の義務化，③財務構造の画期的改善，④主力事業中心の経営，⑤支配株主・経営陣の責任追及。
10 ①国有化，②金融機関同士の合併，③整理淘汰（強制倒産を含む）。
11 『日本経済新聞』2007年10月24日。
12 金大中による経済政策は市場主義にとどまらず，その対極に位置する社会保障政策重視の政策としての「社会的合意主義」の二種類に分けられる。この「社会的合意主義」は労働組合をも含めた社会的合意機構の組織化を重視する政策を強化させ，労組による数度の離脱行為にもかかわらず，やがて労使政策委員会による法制度化にも影響を及ぼすようになった（詳しくは，高龍秀2000，136-137を参照のこと）。
13 社会コーポラティズムは政治経済的な共同体の概念を意味し，国家もしくは社会などの集団間の有機的関連性および社会連帯的な相互協調を重視する見方である。19世紀ヨーロッパにおいて，

個人主義的な自由主義に基づく社会観とは対峙するようにして発生したものであった（詳しくは，Wiarda, Howard J., 1996 を参照のこと）。

14 貿易関連の補助金廃止，制限的な輸入許認可制，とくに日本をターゲットにした「輸入先多辺化制度」解除などの貿易措置が含まれた（詳しくは，奥田 2006, 54 を参照のこと）。

15 その結果，輸出入ともに対前年比で 2 桁のマイナスを記録した 01 年を除き，00 年以降の韓国の貿易は 2 桁増を記録した。00 年から 07 年までの経済成長率を単純平均すると 5.2％を示す一方，輸出は年平均 13.3％の増加率を示した。08 年の貿易規模は 00 年比で輸出が 2.4 倍，輸入が 2.7 倍に拡大した。貿易依存度の上昇により，サービス貿易を加えた依存度は 70 年代の 50％超，80 年代の 60％超を上回る 70％超の高い水準で推移し，07 年には 80％を超え，08 年には 107％（輸出依存度 52.9％，輸入依存度 54.1％）まで上昇した（詳しくは，徐正根 2010, 25 を参照のこと）。

16 農家人口に占める 60 歳以上の割合は 70 年 7.9％，80 年 11.2％，90 年 17.8％，00 年 33.1％，07 年 42.0％であり，農家人口に占める 65 歳以上の割合は 70 年 4.9％，80 年 6.8％，1990 年 11.5％，00 年 21.7％，07 年 32.1％であった。世帯員数の減少も急速に進行し，1 戸当りの世帯員数は 70 年 5.81 人，80 年 5.02 人，90 年 3.77 人，00 年 2.91 人，07 年 2.66 人であり，70 年からの 30 年間で半減した（詳しくは，倉持 2010, 116-117 を参照のこと）。

17 1997 年 12 月に 4 兆ウォン超を記録した同引き受けは，98 年 12 月の 1.5 兆ウォン，99 年末の 4,500 億ウォンを記録するなど，依然として高水準を維持した（詳しくは，高安 2005, 47 を参照のこと）。

参考文献

日本語文献：

黄晳暎（1985）『全記録光州蜂起―80 年 5 月 虐殺と民衆抗争の十日間』全南社会運動協議会（編纂），光州事件調査委員会（翻訳）。

奥田聡（2006）『韓国の FTA―10 年の歩みと第三国への影響』アジア経済研究所。

勝悦子・一文穀文（2006）「エマージング諸国への外国銀行進出と地場銀行の効率性へ与える影響―韓国の銀行システムに関する実証分析を中心に―」『信金中銀月報』第 5 巻第 12 号（通巻 4・5 号）。

韓国民衆史研究会編（1987）『韓国民衆史―現代篇 1945 − 1980』高崎宗司訳，木犀社。

木村幹（2008）『韓国現代史―大統領たちの栄光と蹉跌』中央公論社。

倉持和雄（2010）「第 7 章 不確実性のなかの韓国農業」環日本海経済研究所編『韓国経済の現代的課題』日本評論社。

高龍秀（2000）『韓国の経済システム―国際資本移動の拡大と構造改革の進展』東洋経済新報社。

佐野誠（2001）「第七章．韓国経済のアルゼンチン化」松本厚治・服部民夫編『韓国経済の解剖―先進国移行論は正しかったのか』文眞堂。

品川優（2014）『FTA 戦略下の韓国農業』筑波書房。

徐正根「第 9 章 貿易構造の変化と拡大する対日貿易赤字」環日本海経済研究所・ERINA 2010『韓国経済の現代的課題』日本評論社。

申光榮（2009）「韓国におけるグローバリゼーションと社会的不平等」『立命館大学人文科学研究所紀要（92 号）』岸佑太訳。

高安雄一（2005）『韓国の構造改革』NTT 出版会。

滝沢秀樹（2000）『東アジアの国家と社会―歴史と現在（大阪商業大学比較地域研究所研究叢書）』御茶ノ水書房。

古田博司（2005）『朝鮮民族を読み解く―北と南に共通するもの』筑摩書房。

文京洙（2015）『新・韓国現代史』岩波書店。

真鍋祐子（2010）『光州事件で読む現代韓国（20世紀を読む）』平凡社。

韓国語文献：
金大中（1985）『大衆経済論』大韓民国政府。
金大中（1998）『国民とともに明日を開く』大韓民国政府。
高興化（1989）『韓国人の地域感情』星苑社。
崔協（1996）「湖南と地域葛藤―原因分析と対策」崔協編『湖南社会の理解』プルビッ。

外国語文献：
Park, Yung-Chul and Kim Dong-Won (1994) "Korea: Development and Structual Change of Banking System," in Patrick, H. and Y. C. Park (eds.) *The Financial Development of Japan, Korea, and Taiwan*, Newyork: Oxford Press.
Rhee, Jong-Chan (1994) *The State and Industry in South Korea: The Limits of the Authoritarian State*, London, Routhledge.
Wiarda, Howard J. (1996) *Corporatism and comparative politics*, M.E. Sharpe.

第4章
イランにおける企業発展の歴史と現状
――「国家資本主義」と「権威主義」の狭間で――

はじめに

　19世紀における「西洋との衝突」は西アジア・中東の国々にとって歴史の分岐点となった。この衝突には政治的，文化的や軍事的な側面に加えて経済的な側面もあった。西洋の資本主義勢力がこの地域を席捲したためである。イランにおいては，列強の商人たちが自国政府の支援を受けてやってきた18世紀末が資本主義到来の元年とされることが多く，とくに19世紀後半からは経済構造と共に人々の政治・社会生活までが大きく変貌していった。経済の貨幣化と商品化，資本家と賃金労働者など新たな社会層の誕生，銀行や近代事業組織の生成と発展は，イランの社会・経済システムを大きく変えた（Foshāhī 1981, 84-111）。20世紀に入り，国家が開発主義の理念と石油の収入に支えられたことも，この変貌に同じく大きく寄与した。国家は生産，資源配分や資本蓄積などそれぞれの領域に広く介入し，イランにおける資本主義の発展を指導し，「国家資本主義」体制を作り上げた。

　資本主義は近代企業制を根幹とする。資本主義システムの下で，企業は資本の蓄積，分業の拡大や技術・経営の革新などによって経済を発展させる主役である。農業部門の相対的縮小と工業部門やサービス部門の発展に伴い，近代企業は土地に代わって富の創造の源泉となる。しかし同時に企業は資本を集中し独占化して健全な発展を妨げることもある。また企業を支配する所有者又は経営者は富と同時に政治的・社会的な力を手に入れ，他の社会層と比べて強い影響力を持つようになる。

　ところで「西洋との衝突」には，資本主義の到来と別に，「近代国家」モデ

ルや近代政治思想の流入という側面もあった。19世紀後半に誕生した西洋を知る新興知識層の多くは，自国の衰退の原因を「法の支配」や「国民主権」の制度の欠如に求め，イランの復活のために君主の無制限な権力に制限をかけ，専制体制を終わらせるべきだと考えていた。20世紀初期においてこの知識層が一角を成す反専制社会勢力は広い意味での「民主化」を含む広範な社会改革を求めて幾度も勃発した大規模な運動に大きく寄与した（Amanat 1992）。しかし未だに権威主義体制に終止符が打たれておらず，民主体制の形成に成功していない。その原因に関しては様々な視点からの分析が可能であるが，西洋民主主義の形成過程におけるブルジョア階級の役割りを念頭において[1]，イランにおける政治体制の民主化の過程を国家資本主義体制の下で興隆したブルジョア階級の特徴に求めることが可能であろう。

　本章は，まずイランにおける「企業」生成と発展の歴史を踏まえて，「イラン型資本主義」の一つの特徴を明らかにすることを目指している。そこでとくに大規模企業の所有形態（支配的資本）や組織形態の変容の過程に着目する。換言すれば，国家資本，国内民間資本と外国資本それぞれが資本の蓄積に如何に寄与してきたかを確認する。さらに国内民間資本と国家の関係を踏まえ，イランのブルジョア階級が民主化を含む社会変革を求める運動に対する立ち位置についても言及する。

　19世紀後半に外国資本の流入に端を発し誕生した近代企業は，資本主義の到来から1920年代までのレッセフェール時代，1930年代及び1960年代から70年代にかけての二度の開発独裁時代，1979年の革命後の経済の国有化時代，1990年代初期に開始された経済構造改革時代の各時代を経て変容し，発展してきた。本章の第Ⅱ節及び第Ⅲ節ではこの時代区分に沿って，民間（私有）企業，外資企業と国営（国有）企業の発展過程や組織形態の変容，国家と民間および外資企業との関係，そしてイランの経済システムを強く特徴づける「特権企業（コングロマリット）」の誕生と拡大の経済的・政治的背景について論じていく。しかし，イランの近現代史になじみのない読者のために，まず第Ⅰ節でその概要を述べることにする。

Ⅰ. イラン近代政治・経済史の概要

1．王制時代

　イランと近代資本主義企業との最初の接触は16世紀に遡る。サファヴィー朝（1501～1736年）が繁栄した時代に西ヨーロッパで急速に発展した商業資本の先端だったオランダやイギリスの東インド会社の代表がイランを訪れたことが，イランと資本主義との最初の接触である。しかし，17世紀後半からサファヴィー朝が弱体化し，その繁栄時代が終焉を迎えると，資本主義世界との関係も一旦途切れてしまう。そして，18世紀末に再び権力を統一させたガージャール部族が新しい王朝（ガージャール朝（1797～1925年））を開いた頃に，西欧商人が再来するようになる。

　ガージャール朝イランは，1810年代から20年代にかけて南下政策をとるロシアとの戦争で大敗北を喫し膨大な領土を失っただけではなく，ロシア商品に対して低い関税の設定を強いられ，事実上関税自主権を失ってしまった。また，ロシアに続いてイギリスをはじめとするヨーロッパ列強の関税引き下げ要求に応じざるを得ず，治外法権の受け入れも余儀なくされた。この頃からイランが世界経済に統合され，資本主義システムに組み込まれるプロセスが始まる。国内において経済の貨幣化と商品化が進み，英露の商品が市場にあふれた結果，品質が高いがイギリスの織物製品に比べて価格競争力がないイランの織物産業のような在来の家内工業は致命的な打撃を受けた。他方，商人たちにとっては，農産品や原材料の海外市場へのアクセスが可能になり，ビジネスチャンスが生まれるという側面もあった（Nowshirvani 1975）。

　イランは辛うじて独立を守ったが，19世紀を通じて英露による政治干渉は年々強まってきた。列強への政治や経済依存を嫌がって，支配層の中からは広範な改革を模索する「改革派勢力」が現れたが，守旧派との対立や国家財政の悪化による資金不足のため大胆な制度改革を実現することができなかった。上からの改革の失敗は下からの社会運動の契機をつくった。19世紀末から，反帝国主義意識は都市部の住民の社会運動に繋がり，列強の企業による独占権

（タバコ事業）に反対する運動が勃発した。そしてそれから10年，立憲君主制を求める反専制主義・反植民地主義の「立憲革命」運動が勃発した。1906年に国王は議会の創設を認め，一年以内に憲法が制定され，イランは正式に「立憲君主制」となった。この革命を「ブルジョア革命」と呼んでいるマルクス主義歴史家もいるが[2]，実際は従来の秩序が崩壊すると中央と地方の対立が勃発し，それに英露の介入も激しさを増し，イランが長い政治混乱期に突入したことによって資本家層は大きな打撃を被り，弱体化した。一方，立憲革命と同じ時期に，20世紀におけるイランの政治や経済発展を強く特徴づけた石油資源が発見され，産業規模の生産が開始された。

1919年にクーデターを起こした軍人のレザー・ハーンは立憲革命後の政治混乱に終止符を打った。権力を自らの手に集中させたレザー・ハーンは共和国体制の樹立を目指したが，ウラマー（高位聖職者）層の反対を受けて，やがて自ら新王朝を開くことに同意した。パフラヴィー王朝（1926～1979年）の2人の国王（シャー），レザー・シャーとモハンマド・レザー・シャーはナショナリストかつ「近代主義者」であったが，憲法を無視し権力を独占し独裁体制を敷いた。

レザー・シャー（1926～1941年）は，まず中央政府の威厳と権威を取り戻し治安を回復することに専念した。官僚制度を刷新し，近代的な教育制度，保健・医療制度，司法制度や軍隊などを創設した。また経済分野において物的インフラの整備，人材の育成，法的整備，組織整備を行い，1930年代に工業化を目指す開発主義体制を確立し，典型的な「開発独裁」体制を敷いた。しかし，1930年代後半にナチス・ドイツに近づいたことがきっかけになって，1941年のドイツによるソ連侵攻開始一カ月後にイランは英露軍に占領され，パフラヴィー王朝の初代国王は辞任を余儀なくされ，長男のモハンマド・レザー・パフラヴィーが王位を継承することになった。その結果，議会主義政治が復活したが，占領，分離独立運動，トゥーデ党（共産党）の闘争，ナショナリスト勢力の興隆と「石油国有化運動」など政治情勢の目まぐるしい変化が政治の安定と経済の成長を妨げる要因となった。議会民主主義の復活は資本家層に経済力を利用し直接政治に携わる機会をもたらしたが，左翼勢力の台頭や西側諸国との関係の悪化に嫌気さし権力の集中による安定的な体制を支持した

(Ashraf and Banuazizi 1992)。結局，資本家層をはじめ保守的社会層の支持もあり英米の支援を得て石油国有化運動を主導するモサッデク政権を1953年に転覆した王党派が国王による独裁化の道を開き，12年間続いた議会制民主主義は形骸化していった。

その反面，近代主義者のモハンマド・レザー・シャーは，1960年代の初期から農地改革を初め様々な社会・経済改革を主導し，経済開発を国是とする体制をつくった。独自の権力基盤をもつ政治家やテクノクラートたちを退去させ，その地位を国王自身に依存せざるを得ない優秀な外国帰りの若い人たちに担わせた。その中でも，資源分配や経済運営においてとくに重要な役割を担うようになった「予算・企画庁」(BPO)のテクノクラートたちに広範な権限を与えた。ほぼ20年間続いたこの体制を「第二期開発独裁体制」とよべる。独裁による政治的安定，西側寄りの外交政策，石油収入の上昇とBPOの「マーケット・フレンドリー」な経済政策は成功し，1960年代の初期から70年代の末までに持続的に高い成長を実現した。しかし1973年の石油ブーム到来の際，得られた膨大な余剰資金を経済に注入するという決定的な失政により，経済は過熱に続いて混乱に陥った（Afkhami 1999；Razavi and Firouz Vakili 1984)。

1970年代の後半に表面化した様々な不均衡を克服するために調整期間が必要となっていたが，政府は政治問題の対応に追われていて余裕がなかった。しかし構造的にみれば，実は開発独裁体制は政治的にも経済的にも限界に達していたと言える。独裁と腐敗，急速な近代化，対米政策などに対する蓄積されていた不満は経済不況と相まって反体制運動を助長した。反体制運動には保守的な宗教勢力から極左まで多様な勢力が積極的に参加したが，反体制運動が大衆参加型の革命運動に発展する過程で最終的に革命指導の地位を不動のものにしたのはイスラーム法学者のホメイニー師だった。そして誰も予期せぬかたちとスピードで1979年2月に王制体制が崩壊し，革命勢力が権力を握った。革命運動にもバザール商人[3]を中心にブルジョワジーの一部が大きな貢献をした。しかしホメイニーと宗教勢力が革命運動の終盤に主導権を完全に手に入れた事実の前に，この革命を「ブルジョア革命」と認識する歴史家は現れなかった。

2．イスラーム共和国時代

　革命勢力は早急に制度の創設に着手した。彼らは前体制の行政や治安組織を解体せずに「浄化」することにとどまった一方，浄化されてもこれらを十分に信頼できないため治安組織と並行して「イスラーム革命防衛隊」，「イスラーム革命委員会」や「イスラーム革命法廷」など，後に総じて「革命組織」とよばれた機関を立ち上げた。つまり新体制は誕生当初から二重の権力構造をつくりだした。そして，ホメイニーのイスラーム体制論と近代民主主義体制論の折衷の産物といえる憲法が，このような制度的二重構造を内在化した。「イスラーム共和国」の憲法法案を審議するために設立された「憲法専門家議会」で多数を占めたホメイニー派勢力は，新体制のイスラーム性を担保するためにイスラーム法学者のみ就任できる「最高指導者」（ワリー・ファギーフ）というポストを体制の頂点に設け，体制の民主性を体現する行政権，立法権や司法権を監督できる権限を彼に付与した。しかしその結果，相いれない理念をもつイスラーム的制度と民主的制度が度々ぶつかる土壌が作られた。また彼らがつくった憲法は，最高指導者の傘下に置かれた組織に国民の代表であるはずの政府や議会に対する説明責任を負わせず，政府と並行する公的機構をつくりだした。

　古典的な独裁体制だった王制時代と違って，革命後に政治エリートとなったホメイニー主義者の間には自由主義から社会主義者まで含まれていて，経済理念上の一貫性がなかった。そのために革命の勝利から2年半以内に他の政治勢力の暴力的排除に成功し，権力の独占を成し遂げるとまもなく，経済政策を巡って彼らの間に深い亀裂が生じた。内閣と議会で多数派を占める「左派」は政府による経済介入の度合いを強め，自由な経済活動を強く規制した。対イラク戦争（1980～1988年）もそれを後押しした（Bakhash 1984, 166-194）。これに対して，「右派」はイスラーム法学での「自由取引の尊重」という原則を盾に政府の介入に強く反対し抵抗した。しかし絶対的な権威を持ったホメイニーの存在が，エリート間の対立が深刻になることを食い止めた。

　ホメイニーが死去し（在任期間1979～1989年），大統領だったハーメネイーが最高指導者に選任されると，彼には各勢力を服従させる権威がなかったために政治エリートの分断は一層深まり，常態化した。政治，経済，社会，外交など各分野の主要テーマを巡って大きな方向性を共有する政治グループが連

携して政治派閥を形成し，権力闘争を繰り広げた。そこで権力基盤の弱いハーメネイーは，最高指導者の求心力を回復させるために治安機関や経済組織など傘下にある組織の強化を図った。ハーメネイーと協調して二頭体制をつくろうとしたラフサンジャーニー大統領（1989～1997年）も，経済再建を目指して構造改革を最優先させていた（Ehteshami 1995, 100-125）。

　1990年代半ば以降，ハーメネイー最高指導者や体制の要人を巻き込んだこの権力闘争は年々激しさを増した。政治エリートの中から体制の民主性の強化を訴える「改革派」（主に80年代の「左派」）は1997年の大統領選に圧勝し，ハータミー大統領（1997～2005年）を誕生させた（アブドリ 2016）。しかし，ハータミー大統領はハーメネイーの支持を受けた保守派（「右派」）の抵抗を跳ね返すことができず，自らの政治アジェンダの実現に失敗した。他方，経済分野においては，前政権の方針を踏襲するかたちで民営化や自由化を進め，実績を残した部分もあった。ハータミー政権の後，イランの政治はかなり右傾化した。後任の保守強硬派アフマディーネジャード大統領（2005～2013年）は革命原則への回帰を唱えた。政治面ではライバル勢力を封じ込めに乗り出し，外交面でも核開発の問題を巡って西側諸国と激しく対立した。経済面では，空前の石油収入にも支えられて政権基盤を強化するための積極的な財政出動を実施し，バラマキ政策を徹底させた。反面，体制の基本方針として最高指導者のお墨付きを得て国有企業の売却も進めた。しかし2011年以降，経済失政と経済制裁の結果，経済が激しい景気後退と高いインフレーションが同時に発生するスタグフレーションに陥ると，大統領は求心力を失い，そしてハーメネイー最高指導者との確執も深まり完全にレームダック化した。

II．資本主義の到来から1979年の革命まで

1．レッセフェール時代

　上にも指摘したように，イランと商業資本主義の接触は16世紀のサファヴィー朝時代に遡るが，それから再びヨーロッパの資本家がイラン市場に着目したのは19世紀初期にイギリスとフランスがイランと貿易条約を結んだ時期

である。そして1820年代にイランが対ロシア戦争に敗北し，事実上関税自主権を失うと，西ヨーロッパの列強にも同じ権利を求められて応じざるを得なかった。進出してきたイギリス人やロシア人を初めとするヨーロッパ人による代理店や商店の整備はこの頃から始まる。ヨーロッパとの貿易の拡大は経済の商品化を促進させ，同時にイランを世界経済に統合させていった。これは国内商人たちに遠距離貿易のビジネスチャンスをもたらしたが，他方で安価な外国商品に市場を奪われた在来産業には大きな痛手となった。外国資本が貿易に特化するなかで，19世紀半ばにまず工業部門への投資に乗り出したのは政府である。改革派宰相アミール・キャビールは，1850年代初期に陶器や編物工場の設立を主導した。しかしこれらの工場は政府の支援に強く依存し，宰相の解任後に支援が打ち切られると閉鎖に追い込まれた。イラン初の「近代国有工場」があっけなく失敗した後，政府は数十年に亘って鉱工業部門から身を引き，外国資本や国内民間資本の誘致に集中した。厳しい財政状況が，その主な理由であった。

　初期においてもっぱら貿易業に専念していた外国資本は，19世紀の後半からサービス業，建設業や工業に参入するようになった。道路などインフラの不足が貿易の拡大を妨げると，ロシア投資家は鉄道と道路の建設や運送会社の設立に資金を投じた。イギリス人は唯一水上運搬可能なカールーン川に海運会社を設立した。工業分野での外国投資も増えた。ベルギー人による砂糖工場，ロシア人によるマッチ製造工場，発電工場，生糸工場，オリーブ・オイル工場，タバコ工場など，ドイツ人による絨毯織工場やレンガ工場などが，その主な例である。ただこれらは一社たりとも長期に事業を存続することができず，数年から十数年以内に閉鎖を余儀なくされた。投資家を国籍別でみると，ベルギーを除いてすべてはロシアかドイツの人であり，貿易関係が最も盛んなイギリス人は鉱工業部門への投資を回避したようである（Ashraf 1980, 46-73）。イギリス人のタルボットやロイターのようにタバコや鉱山開発など特定事業の独占権を求めて成功した例もあるが，いずれの場合も，ロシアの反対と体制内や国民からの強い反発に見舞われた国王は独占権付与の撤回を余儀なくされた。しかしロイターは，1885年に貨幣発行権をもつ銀行設立の権利を国王から取得し，イラン初の近代銀行となる「ペルシア帝国銀行」を創設した。この銀行は長期

に存続した初めての外国企業であり，20年間に亘ってロシア国立の「ペルシア割引貸付銀行」と共に金融を独占していた（水田 2003）。

「ペルシア帝国銀行」以上に成功したイギリス人の投資は，1901年に取得した利権に基づいてダーシーが行った石油開発事業である。ダーシーは1908年に南部に巨大な油田を発見し，その生産のために「アングロ・ペルシアン石油会社」（1930年代に「アングロ・イラニアン石油会社」に改名，以下AIOC）を設立した。AIOCは急拡大する石油ビジネスに乗じて急速に規模を拡大し，イラクを初め隣国でも石油開発事業に乗り出した。またAIOCは，大株主であったイギリス政府の全面的な支援と石油生産と輸出の独占という経済力を背景に，自らの利権を守るためには政治介入も辞さない，国家の中の国家ほどの存在になったと言っても過言ではない（Rouhanī 1974, 58-102）。

他方，国内の大商人たちは19世紀後半から資源輸出でビジネスチャンスを見出し，ヨーロッパや極東との貿易に活路を見出した。彼らは中国向けのアヘン，ヨーロッパ向けの生糸，ロシア向けの綿花など原材料の輸出に積極的に取り組み，初期段階に得られた資金を主に農地購入に投じた。対外貿易に膨大な利益を得て，資本規模を急速に膨らませた大商人の中では，「アミーンオルザルブ」，「トマニアンス兄弟」や「モーインオルトッジャール」など数名が特に目立つ存在となった（Ashraf 1980, 73-89）。大商人たちは本来，複雑な組織体を持たず，バザール商人を中心に構築したネットワークを通じて家族を中心に経営（取引）を行っていた。しかし，対外貿易の規模が拡大すると事業の管理上に近代的な組織体が必要となり，彼らは次々と近代企業に近いと言える「貿易会社（Tejārat-khāneh）」という経営体を設立した。事業を多角化する商人も現れた。よく行われたのは，アヘンの材料となるケシの栽培やその他の換金作物の生産に乗り出すための農地購入や，銀行などの金融制度が未発達なために決済や両替などの事業を行う金融機関の設立などである。インフラの整備に投資する国内資本家も現れた。そして19世紀末にヨーロッパからの機械の調達が可能になると，初めて機械制工場を導入する大商人も出てきた。前述の「アミーンオルザルブ」親子による発電事業や絹製織事業はその一例である。しかし経営資源の不足，金融制度の未整備やインフラ不足に加えて，立憲革命後の政治混乱，伝染病の大流行，第一次世界大戦の勃発やロシア革命などによ

る市場環境の悪化もあって，ほとんどの事業は数年以内に中止に追い込まれた。

　レッセフェール時代には，経済が対外的に資本主義システムに組み込まれ，経済の貨幣化と商品化が進むなか，イラン経済の力は相対的に後退した。資本主義の発展と同時に企業制も誕生したが，この時代の企業はほとんど短命に終わっている。そして20世紀初期には，大商人・企業家や新興知識人を中心に政府による介入を求める声が高まった。

2．第一次開発独裁時代

　1906年の立憲革命の大義は専制政治の終焉であった。しかし，革命に携わった商人たちにとっては，私有権の保証，不平等条約の見直しや国立銀行の設立などの制度改革が最も重要な課題だった。結局，それに応えたのは革命勢力ではなく，レザー・シャーである。「法の支配」や「立憲主義」よりも強い権力による改革を選択したブルジョワジーも彼を支持し，支援した（Ashraf and Banuzizi 1992）。インフラの整備や経済改革が本格化する前の1920年代前半から，治安の改善と対ロシア（ソ連）貿易の再開によって，かつて繁栄した大商人の「貿易会社」事業は息を吹き返した。政府も鉱工業部門における民間投資を奨励し，資本の蓄積を助長した。また自らも工業部門への投資を行うようになった。

　1920年代の政府は，経済分野において主にインフラ建設，法整備と金融制度の整備に力を注いだ。政府は1923年に初めての「商法」を制定し，「会社」という組織を規定した。以降，「商法」を度々改正し，「株式会社」制度や「会社登録法」の制度も導入した。金融インフラも徐々に拡大した。1925年に創設された「セパフ（部隊）銀行」が初の国内資本による銀行となり，続いて1927年に「メッリー（ナショナル）銀行」が設立された。「メッリー銀行」は，「ペルシア帝国銀行」から貨幣発行権を移譲された。そして1933年に農業への融資を主な業務とする「農業銀行」がつくられた。「農業銀行」は，ロシアの撤退によって「ペルシア割引貸付銀行」がイランに譲渡されると，同行を合併した。

　治安の回復とインフラや制度の整備の進行によって経済活動が活発になり，

工業部門を含む投資も促進された。1931年までには稼働した大小の製作所が230社に上った。多くは「工場制手工業（マニュファクチュア）」に過ぎなかったが（Floor 1994, 19），国内民間の出資によって設立された大規模の繊維工場も誕生した。その最たる例は「ワタン（祖国）製織工場」である。1925年に稼働を開始した「ワタン工場」は投資規模が大きく，従業員数が2400人に上った。共同創業者の大商人カーゼルーニーは1927年に全株を取得してワタン社を個人企業にし，徐々に事業の多角化に乗り出した。彼は国王とも友好な関係を築き，同社の事業規模が大きくなると政府も彼のことを無視できなくなる。例えば同社は，メッリー銀行の低利融資や輸入割り当ての優遇措置など様々なかたちで政府から支援を受けることがあった。また販売不振に直面すると，政府からの軍用服の受注で経営不振を克服することもあった。ワタン社と対照的に中規模な石鹸メーカーとして誕生し，1950年代に大手一般家庭用品メーカーに成長した「ダールーガル社」も，この時代に設立された。

　1920年代は，長く続いた経済難の時代と比べて経済が安定的に成長したことが目覚ましい成果と評価できる。しかし国王と政策エリートは，とくに民間部門の寄与に不満を覚えていた。「大恐慌」による経済難に直面し，またトルコの工業化政策と「エタティズム」にも触発された彼らは，政府がより積極的に工業化に役割を果たす余地があるとの考え方に傾いた。

　1929年に勃発した「大恐慌」によって輸出産業は大打撃を受け，貿易収支は急速に悪化した。これに対応するために，政府は1931年に「対外貿易独占法」を制定し，国営の貿易公社を通じて対外貿易を管理する措置をとった。この時期から国営企業の数が急速に増え，1920年代に政府の専売事業として指定された砂糖，タバコ，紅茶やアヘン事業を独占する「国営企業」が設立された。またインフラ整備に伴った公益事業の分野でも，電力，水道や鉄道を独占する公社が創設された。工業分野では，政府が1930年代に「輸入代替政策」を導入し，税制，為替政策や貿易政策に加えてメッリー銀行からの低利融資も活用して民間部門の投資を奨励した（Floor 1994, 23）。同時に政府は自らも工業化の担い手役となり，当時として資本規模が大きいセメント工場や砂糖工場の建設に投資を行った。

　その結果，1930年代には工業部門をはじめ金融やその他のサービス部門の

「近代企業」の数が大きく増加し，1932 年に 93 社に過ぎなかった登録企業の数は 1940 年に 1,735 社に増加した。また，5 年間の法人税免除や低利融資など民間投資の奨励政策の結果，食料加工や繊維のような軽工業分野への民間投資が大きく伸びた。これらのなかで，上述の国の投資によるテヘランのセメント工場 1 社と砂糖工場 8 社のほか，民間投資による紡績・織布業 62 社，マッチ工場 6 社，金属加工 20 社が，比較的規模の大きい企業であった（Shahabzzahed 1994, 51)。政府は，1930 年代末から重工業の発展に軸足を移そうとして，ドイツからの技術を導入し初の鉄鋼工場を設立しようと目論んだが，輸入した機械の設置が第二次世界体制の勃発とイランの占領にぶつかり，実現されなかった。それでもレザー・シャーが 1941 年 8 月に退位を余儀なくされた頃には，国の工業基盤も企業制も大きく発展を遂げていた。その発展は政府の寄与によるところが大きく，大規模企業のなかに国有企業が支配的な地位を占めるようになっていた。

　レザー・シャーを要とする体制が崩壊すると，開発独裁期も終焉を迎えた。それから 1940 年代末頃まで不安定な政権が続くなかで，開発主義の再構築は困難だった。政府は積極的な工業投資をやめ，民間もリスクの高い投資を控えるようになった。1950 年代初期に石油国有化運動を主導したモサッデク内閣が 53 年に転覆され，モハンマド・レザー・シャーを頂点とする勢力が権力を独占すると，開発主義の理念は再び勢いを取り戻し，これが 1960 年代の第二次開発独裁期につながった。1950 年代はその過渡期であったと言える。

　この期間，石油の分野においては，AIOC との契約破棄（AIOC の権益接収）に対抗する英米等の不買運動により，イラン石油の輸出が停止した。モサッデク転覆後に誕生したザーヘディー将軍内閣は国際石油会社連合（「コンソーシアム」）と交渉を重ね，1954 年に協定の締結にこぎ着けた[4]。以後 20 年に亘り，イランの石油の開発・生産と輸出の大部分がコンソーシアムに握られることになる（Rouhanī 1974, 438-459）。他方，1951 年に設立された「イラン石油公社」（NIOC）は，一部の地域で石油の生産を計画し，インディペンデントの国際石油会社との合弁事業で油田の開発に着手するようになった。NIOC は急成長し，間もなくイラン最大かつ最重要な国営企業となり，以後その地位

を固めてきた。

　工業部門への投資が相対的に停滞した一方，金融部門が急速に発展した。1950年代に二桁にのぼる新しい銀行が設立され，その中で日本の東京銀行を含む外資との合弁銀行が多数を占めていた。1955年の「銀行法」と「外資誘致・保護法」の制定が，その重要な誘因となった。合弁銀行の場合，イラン側の出資者は1960年代から70年代にかけて鉱工業部門への投資の主な担い手となり，急速に事業を多角化した企業家が多かった。のちに工業投資を支えた開発銀行も1950年代に整備された。1957年には，第二次開発計画法（1955～1962年）に基づき，「企画庁」（のちの「予算企画庁」（BPO））の出資により民間部門への支援を目的とする「産業信用銀行」（ICB）が設立された。さらに資金需要が増えるに従って，1959年には，イランの法人や個人が80％を出資した「鉱工業開発銀行」（IMDBI）が創設された。IMDBIは，政府貸付けや政府保証のついた外国借入などの支援を行い，数年後には民間主導の銀行となることを目指した。いずれの銀行も，第二次開発独裁期に民間投資の躍進に大きく寄与した（Karshenas 1990, 98-105）。

3．第二次開発独裁時代

　1960年代の前半にはイランは社会・経済的にも政治的にも重要な転換点を迎えた。それは，農地改革を中心とする広範な改革プログラムからなる「白色革命」と，モハンマド・レザー・シャーによる権力の独裁化に伴う政治・官僚エリートの交代である。後者の変化，すなわち国王と開発主義の理念を共有し，彼の支持を得た新世代の政治家と官僚・テクノクラートの台頭は，開発独裁体制の再構築を可能にした。その体制の頂点にいる国王は，システムの中心に刷新された「予算企画庁」（BPO）を置き，幹部のテクノクラートたちに経済政策の決定における強大な権限を与えた。

　彼らは，政府が経済に一定程度介入することを認めながらも，当時中東を席捲していた社会主義型の経済開発路線とは一線を画し，「マーケット・フレンドリー」経済政策を重視した（'Ālīkhānī 2014, 149-178）。また，政府と民間の間に協調関係を前提とする一種の分業体制を作り上げ，政府はインフラ整備と重工業分野に重点的に投資を行い，軽工業分野では民間投資を奨励・支援するこ

ととした。実際にこの時期の鉱工業部門における政府のシェアをみると，第3次五か年計画期間（1963～67年）の53.1％から第4次計画期間（1968～72年）の38.8％，第5次計画期間（1973～77年）の37.3％と低下傾向にある（Sodāgar 1990, 455）。また外資に対して門戸を開放し，政府・民間を問わず合弁事業を進めた。

　政府は，工業部門関連の企業を6つの企業や組織，すなわち，産業開発・革新機構（IDRO），NIOC，鉄鋼産業公社（NISCO），石油化学公社（NPC），防衛産業公社，イラン銅公社（NICOCO）をエネルギー省の傘下に編成し管理し，これらを通じて製鉄，機械工業，アルミニウム，石油化学や製油といった各事業に大規模投資を行った[5]。又，1960年代後半から国王の肝いり事業とされた石化産業の発展に重点的に投資を行い，そのなかでも日本の企業連合と建てた「イラン・ジャパン石油化学」（IJPC）は工業事業として最大規模のものとなった。

　農業分野では，農業公社，生産共同体公社や旧地主による大農場の資本制経営の拡大によって企業経営体制が拡大する一方，政府は外国資本と提携しながら大規模な工業型農業の生産体制である「農工業コンプレックス（アグリビジネス）」を導入した。1970年代末までに設立された「農工業コンプレックス」24社のなかではアメリカ資本が目立っていた（Sodāgar 1990, 314-317）。

　同時に急拡大した民間資本も経済成長のけん引役を果たし，多くの民間大企業が新たに誕生した。政府は典型的な輸入代替政策を採用していたために，民間にとって投資リスクは低かった。外国製品の競合から守られ，寡占的地位を与えられた民間投資家は，急速に拡大する市場から膨大な利益を獲得するようになった。既存の事業を拡大し，新たな分野に参入を果たし事業を多角化したい投資家にとって，資本や情報など不足している資源に如何にアクセスできるかが最も重要な問題であった。そこで政府との関係が極めて肝要となっていた。新興の大企業家たちは概ね政府と協調関係を築き，政府の支援を受ける代わりに政府・官僚側の要望に従うという暗黙のルールを守っていた。本質的に「レント」であるこれら政府の支援を獲得したい企業家は政治家や官僚と癒着することが珍しくなかったが，1970年代という時代的コンテクストのなかで考えると民間大企業の経営は大方「健全」だったと言える。しかし同時に，

レントの配分が不正や腐敗の温床となり誕生したクローニー資本家も少なくなかった。一般的にも良く知られている急成長したクローニー資本家の事例もある。

　権力の中枢にいた王室の人々のビジネス慣行は多くの問題を引き起こした。王室の人々が企業の株主となりビジネスのステークホルダーになれば，その事業の「庇護者」として自分たちのレントやビジネスチャンスの獲得などに影響力を行使してくれると考えた企業家たちは，彼らをビジネス・パートナーとして迎え入れることにした。国王が特定のビジネスを贔屓にしたとの事例報告はないが，モハンマド・レザー・シャーが前国王から相続した資産を元に1958年に慈善目的で設立した「パフラヴィー財団」は，1970年代に国内最大規模のビジネス・グループに成長した。その資産規模については誇張されている面もあるが，少なくともオムラーン銀行の80％，メッリー保険の80％に加え，ホテル産業や大手セメント企業の大株主にもなっていたのは事実である（Graham 1980, 157-165）。

　1970年代のイラン経済においては資本主義が支配的となった。1976年のセンサスによると，20年前と比べて農業従事者の比率は半減し30％に縮小した一方，鉱工業就業者数は全就業者数の53％を占めるまでに増加した。旧地主の大農場の資本主義経営が拡大し，商品経済がほとんどの農村にまで浸透した。GDPに占める鉱工業部門（石油を除く）シェアは20％を超えた。登録企業数も1962年の5,812社から1977年の3万935社（うち4,480社は工業部門）に増大した。

　そして，政府と民間部門の積極的な誘致もあって外国資本の参入も目立った。1977年までに国内に登録された外国企業は371社にのぼり，そのうち多国籍企業162社はイランに直接投資を行った（Shahabzzahed 1994, 257-259）。1970年代初期まではアメリカ系とドイツ系企業の投資規模が他の国を大きく引き離していたが，その後日本系の企業の投資が急速に伸びて，70年代末時点では累計でアメリカに僅差で続く第二位の存在となった。ただしこれは，前述の「イラン・ジャパン石油化学」（IJPC）の合弁プロジェクトの規模が非常に大きかったことが大きな理由である。

　人数が急増し資本力も膨張した「産業ブルジョワジー」は，依然として国家

に対して刃向かうことができないが，国家も彼らのことを無視することができなくなった。彼らの一部は政界に進出し，国会議員や閣僚になって直接政策に影響力を及ぼそうとした。レント・シーキングに精を出すと同時に，商工会議所や業界団体を通じて政策に注文をつけるようにもなった。しかし，彼らの政治力は概ね脆弱だった。彼らの社会的・階級的出自を辿ると支配層出身の者が多かった。1976年に鉱工業が作成した報告書をみると，代表的な資本家の一つは大地主でガージャール朝王子の子孫であったファルマンファルマー元首相一家である。企画庁長官や中央銀行総裁を務めた人物，NIOCの高級テクノクラート，イラン最大手の乳製品企業の創業者，最初の民間精油所や工業銀行の創設者などがファルマンファルマー家の出身である。大商人や地方名望家出身の者も多かった。例外的に労働者階級出身の大資本家も存在し，そのなかでバハーイー教徒コミュニティーの出資と支援を得て，貿易輸入事業から飲料，石油製品，自動車部品，金融などの分野に事業を多角化したサーベトはとくに際立つ。他の民間大資本もほとんど事業を多角化し，この時代には「イラン型財閥企業」が誕生したと言える。これらの企業は同族によって所有かつ経営され，金融業，サービス業および製造業各分野に事業を展開していた。最も著名な財閥として，食用油工場，製織工場，海運会社や「日本イラン国際銀行」を傘下に置くラージェバルディー家が所有する「ベフシャール産業グループ」と，鉱山事業，製鉄会社や「イランシャーフル銀行」をコア・ビジネスとするレザーイイ家の「イランシャーフル・グループ」が挙げられる（Rawāsāni 1980, 179-197, 263-268）。

　1978年の政治危機の際，大資本家の中から革命的変化を恐れ体制維持のために奔走した人も現れたが，多くは消極的に事態の傍観者となった。すなわち彼らは自らの財産と地位を守るため，国家の方針に逆らうことができず自発的な政治行動を取らなかったということである。因みに革命運動を支援した大資本家が全くいなかったわけではない。しかし彼らよりも革命運動を資金的に支え，またストライキなどで体制の弱体化にも貢献したバザール商人の役割りは際立った（Parsa 1989, 91-125）。ただしその多くが支えようとしたのはウラマーの運動であって，民主派勢力の運動ではなかった。

III. イスラーム共和国支配下の大企業の再編成

1.「経済国有化」時代

　1979年に権力を奪取した革命勢力は，王制時代の政治エリートの排除だけに満足せず，経済構造の再構築を含む国家・社会の大転換を目指していた。しかし多様な潮流からなる革命勢力の間には，理想とする社会のかたちや実現の方法において共通の認識がなかった。革命勢力にとっては王政体制全体が「悪」であり，排除すべき対象は王族や政治エリートだけではなく，その体制下に資産を蓄積した経済エリートにも及ぶと考えていた。つまり，革命政権は国民に代わって不正に蓄えられたこの資産を奪い返す義務があるということになる。この論理の正当性はともかく，革命勢力は支配層の一角を占めていた「資本家」を排除しなければ社会の革命的転換は不可能であると強く信じていた。革命成就からまもなく，まず国王を初め王室の人々の資産が接収され，この資産を管理するためにホメイニー直属の「モスタズアファーン（被抑圧者）財団」が設立された（アブドリ 2015）。支配層の資産の没収は時間の問題だった。

　もっとも「資本家」の資産の扱い方というイシューには別の側面もあった。というのは，革命政府は経済情勢の悪化に対して早急に対策を講じなければならなかったからである。1977年の引締め政策が景気を冷やしたのち，1978年の前半から反体制運動の激化による政治不安が景気をさらに悪化させた。同じ年の後半には広範なストライキが各地に勃発し，企業経営は大きなダメージを受けたが，経営者は対策を施すことができず手をこまねいていた。やがて革命運動の勝利が濃厚になると多くの経営者は外国に逃亡し，多くの企業が経営者不在の状況に陥った。しかも彼らの中には企業の資金を持ち逃げした人も少なくなかったと言われていた。革命政権発足後，ストライキが終わって生産が再開されても，景気の低迷，経営者不在と労働者による経営介入の頻発が企業の立て直しを困難にさせていた。しかも製造業やサービス企業の経営危機がすぐさま金融部門に伝播した。積極的な経営拡大を計った時代から膨大な有利子負

債を抱えていたほとんどの大中企業は返済不能に陥り，融資が焦げ付いた銀行は膨大な不良債権を抱え，資金不足に直面した（Bānk Markazī 1984, 78-97）。

　企業と銀行の大量倒産と失業者の大量発生を防ぐためには，これらの企業と銀行への支援が必要だったが，「臨時政府」と「革命審議会」は経済運営の知識も経験も乏しく，しかも前体制下に成長した大資本に非常に懐疑的だったため，これらの企業を国有化するか一時的に政府の管理下に置くことを決定した。立法府の代役である革命審議会は，1979年6月7日に銀行国有化法を制定し，すべての銀行を国有化した。次に臨時政府は，経営者不在の企業に一時的に経営者を任命できる法案を議決してから，広範な企業国有化を可能にする「イラン産業保護・発展法」を制定した。「産業保護・発展法」は，金属産業や船舶，飛行機や自動車製造産業を新たに国家独占事業として指定し国有化した（第1条a項）。また別の項では，前体制との違法な関係や不正な方法および公的権利の侵害によって莫大な資産を築いた所有者の株を政府に移譲することを定めた（同b項）。そして，個人による所有権を尊重する方針を強調するため，この法律の対象とならない民間企業については政府が私有権を保証することを敢えて明記したが，b項のように解釈に曖昧さを残すところもあった。また同法は，債務超過に陥っている企業を政府の傘下に置くことも決定し（同c項），この対象となる53人の資本家の名簿が法律制定直後に臨時政府から公表された。この法律の制定を機に多くの民間企業が政府に移譲され，事実上国有化された。

　しかし国有化の流れはここで止まらず，臨時政府のリストから漏れた資本家の資産は中央や地方の革命法廷や革命検事によって差し押さえられたり没収されたりした。さらに国有化された銀行は返済が滞っていた企業に対して訴訟を起こし，司法の判断により資産の一部を回復することができた。こうして圧倒的多数の大企業が国有化され，国家の管理下に置かれるようになった企業の数は製造業分野だけで700社から750社にのぼると推計されている（Sodāgar 1990, 464-465）。

　これにサービス業や農業分野の企業も加えなければならない。例えば「モスタズアファーン財団」が1985年に公表した農場も含む全ての傘下企業の数は，923社にも上った（Bonyād Mosta'fān 1984）。資本主義に対する革命勢力の

表 4-1　国家所有・管理下の製造企業（1982 年）

機関名	傘下企業数
国家産業機構	362
IDRO	112
モスタズアファーン財団	242
重工業省	94
殉教者財団	56
NISCO	13
その他	59
合計	938

（出所）産業省（1982）『国有産業』。

　懐疑と反感は新憲法にも反映された。1979 年に制定された憲法の第 44 条は，電力，水道，電話や郵便などの公益事業，鉄道，海運や航空事業，銀行事業，対外貿易事業，大規模鉱山事業と大規模製造事業などを国家独占事業と規定し，革命後の大企業の国有化に法的正当性を与え，統制経済の道を開いた。

　1981 年にホメイニー主義勢力が権力を独占すると，その左翼が政権を担うようになる。彼らは反資本主義志向が強く，富と所得の再分配政策を重視した。それに対イラク戦争が勃発したことも，政府の経済に対する支配と介入をますます強めた。政府は，商品，労働，資本や為替市場を厳しく規制し，多くの価格を自ら決定するようになった。統制の範囲は急速に膨張し，新たな組織も次々と設立された。国有化された企業の管理のためにつくられた巨大組織の「国家産業機構」は，その一例である。

　それでも政府は万能ではなく，組織的に急速に膨張しても行政能力には大きな限界が存在していた。しかも革命エリートのあいだでも，伝統的な高位聖職者及び彼らと歴史的同盟関係にあったバザール商人が，民間資本による自由な経済活動を強く支持して政府と強く対立した。結果的に，1980 年代に大規模民間資本が消滅した後，革命運動を支えたバザール商人を中心に中規模の企業が繁栄の時代を迎えた。

　経済の国有化が進む一方，公共部門は構造的な変容を遂げ，二分化した。すなわち，本来公共部門とみなされる行政府管理下の部門と並行して，「最高指

導者」の管理下にある部門が誕生し拡大した。この根底には，イスラーム共同体指導者の統治領域が近代政府のそれを超越すると説くホメイニーの統治論がある。例えば，前述のモスタズアファーン財団の設立に当たって，ホメイニーは没収されたパフラヴィー財団の資産を「戦利品」と呼んでいるが，イスラーム法学では戦利品がムスリム共同体の指導者（イマーム）の管理下に置かれるという規定がある。この論理に基づいて，「モスタズアファーン財団」は政府ではなく最高指導者の管理下に置かれた。その後，ホメイニーの勅令によって設立された「住宅財団」，「ホルダード月15日財団」（以下「ホルダード財団」），「殉教者財団」，「イマーム命令実行本部」（以下EIKO）や「イスラーム宣伝機構」なども，最高指導者に監督されることとなった。さらに本来行政府機関であった「ワクフ機構」や，イランにおいて最も格式が高い聖廟の管理・運営組織の「イマーム・レザー財団」も，その範疇に入った。当初，「モスタズアファーン財団」を除いて各財団の営利活動の規模は大きくなく，膨大な資産をもつ「イマーム・レザー廟財団」と「ワクフ機構」も投資活動を行わず，資金を資本主義的再生産に投入することはなかった。しかし二代目の「最高指導者」時代になると，監督下の組織は様々な特権を与えられ，その資産の規模と経済力が急速に膨張した。

2．経済自由化時代

　経済国有化政策はわずか10年間で転換を迎えた。1988年にイラクとの戦争が終結し，翌年にホメイニーが死去し憲法も改正されると，名実ともにイスラーム共和国は新時代を迎えた。ラフサンジャーニー新大統領にとっては，疲弊した経済の復興が喫緊の課題となっていた。彼は規制を緩和し，価格を自由化し，民営化など構造改革を通じて国内民間資本や外国資本を呼び込み，経済再建を計ろうとした。長引いた経済停滞と社会主義体制の崩壊は，彼の経済改革に対する世論の支持と期待を集めさせた。しかし体制エリートのなかでは，未だに「資本主義」と「利益追求」に対する懐疑と反感が根強かった。他方，政治派閥の間の権力闘争激化は経済政策の主導権や利権獲得を巡る競争や闘争も助長した。理念対立や権力闘争に翻弄された経済改革は，結局，開始から四半世紀以上経過している現在でも最終局面に至ってない（Maloney 2015, 201-

233）。

　政府は，改革の初期段階で公共料金や国営企業製品や為替相場などの価格の是正と自由化を行い，また貿易，投資や企業統治（価格決定，労使関係など）などに関する規制の緩和を実行しようとした。価格の是正と規制の緩和によって国内外のイラン人資本や外国人の資本を誘致し，経済を持続的に成長させ，発展させようという青写真を描いたのである。しかし，為替相場の自由化は高いインフレーションを引き起こし，それが抗議運動と暴動に発展すると政府は価格自由化の凍結を余儀なくされ，経済復興のシナリオは崩れてしまった。

　他方，規制緩和によって新しいビジネスチャンスが生まれたことは間違いない。民間部門にとってのビジネス環境は改善された。しかし政権の期待に反して在外イラン人投資家や外国人投資家がイランへの投資に関心を示すことはほとんどなかった。反米政策を続けるイランの外交政策が，その大きな理由だった。国内民間資本と言えば，80年代の経済国有化を生き残った企業家層のなかには産業資本家が少なく，バザール商人が目立っていた。対外貿易で莫大な収益を手に入れた彼らは歴史的に聖職者層と同盟関係にあり，しかも1960年代からホメイニーの反政府運動に参加して革命後の支配層の一角を占めるようになっていた。この政治的ポジションは，事業の拡大を図る彼らにとって非常に有利に働いた。なぜなら，1990年前後から規制緩和が進んだとは言え，国営銀行を通じた融資や多重為替制度の下での（有利な）公定レートの外貨割り当てなど，政府は資源へのアクセスにおいて依然として決定的な手段を保有していたからである。政治家，政策エリートや国営企業の幹部と密接な関係にあり，資本，外貨や情報などに容易にアクセスできるバザール商人は，大きなビジネスチャンスの多くを手に入れた。つまり，イスラーム共和国のクローニー資本家層が誕生したのである。1990年代に民営化された資産の多くも同様に彼らの手に渡った。

　ところで，クローニー資本の成長が目立つ以上に，最高指導者の監督下にある公共部門に入る「財団資本」，「宗教資本」と「軍事資本」の台頭は際立った。「財団資本」は，主に「モスタズアファーン財団」，「ホルダード財団」，「殉教者財団」とEIKOから構成され，資産に対する所有権の正統性は最高指導者（ムスリム共同体のイマーム）の許可を前提にしている。1990年代に各

財団は組織の経営方針を大きく転換し，傘下事業の採算性と利益を最優先にするようになった。例えば「モスタズアファーン財団」は，不採算事業を解体し傘下企業を整理しながら，資源を成長分野に傾けるとともに，財団組織を官僚的な組織から複合企業体（コングロマリット）に変身させた。「宗教資本」は，「第八イマーム廟財団」をはじめとする各地の聖廟管理組織と「ワクフ機構」からなっている。歴史的に聖者廟にワクフ（寄進）されている資産の管理を行ってきたこれらの団体は，内部に留保していた資金を初めて本格的に事業投資や株式投資に使用するようになり，資本主義経済に参入してきた。また「軍事資本」の革命防衛隊やその傘下の民兵組織バシージ機構は，建設事業に参入した一方，内部に蓄積された年金や共済資金を元に金融や株式市場にも参加して，営利活動に本腰を入れた。

　これらの資本の活動の背景には様々な政治的や経済的要因が働いていた。財団や宗教や軍事資本はいずれも最高指導者の管轄下にある「公共部門」であり，実はハーメネイー自身がその営利活動を支持し後押しした。宗教的ないし政治的権威が到底，前任者のホメイニーに及ばない彼は，権力闘争が激しくなっている状況で権力基盤を固めるために，国家からの予算に加えて独自の資金源を求めていたのである。他方，財政難に直面した政府も，資金力や資本調達力が豊かなモスタズアファーン財団や聖廟財団の協力に期待をかけるところがあった。政府にとっては，これらの組織は革命勢力の一角を占め，革命体制に対するコミットメントに疑いの余地がないことも重要なファクターだった。革命防衛隊に至っては体制を庇護する軍事集団であり，国家の安全保障上にも必要不可欠であることから，財政的な制約のため十分な予算を配分できない代わりに彼らの営利活動を許可したのである。

　これらの財団，宗教，軍事資本の経済活動を認めるにあたり，政府は税制上の必要から「非政府公共部門」という新しい概念を捻り出した。1987年の「一般会計法」で初めて「非政府公共組織」というものを定義し，1994年の「非政府公共組織・制度法」で実際に対象となる組織について定めた（ʿAbbasī and Akbarī 2015）。これを機に政府と「非政府公共部門」との関係が制度化されるようになり，財団資本や宗教資本の複合企業体（コングロマリット）は税制上や規制上優遇され，「特権企業」としての地位を固めていった。それだけでは

ない。政府は大規模な公共建設プロジェクト（開発事業）を彼らに発注し，利益を誘導した。例えば，テヘラン・カスピ海沿岸間の高速道路の建設をモスタズアファーン財団に発注し，北東部トルクメニスタン国境付近でのガス開発事業の独占権を「聖廟財団」に付与した。また，1989年に革命防衛隊が立ち上げた建設コングロマリット「ハータム・オル・アンビア建設基地」も，ダム，道路や送電設備など多くの事業を受注した。

以上のとおり，1990年代には，経済改革の紆余曲折もあって，市場競争に基づく民間と外国資本による資本蓄積と経済成長というシナリオが破綻し，それに代わって公共部門（政府と非政府）が主役を演じつづけた。新興民間資本においてもクローニー資本が目立った半面，（比較的）「健全」な民間資本は脆弱な土台に立たされていた。そして流入した外国資本も小規模にとどまった。

3．民間銀行，民営化とオイルブーム

大企業は2000年代になる大再編成の時代を迎えた。これは，制度改革，オイルブームの到来や保守強硬派アフマディーネジャード政権の誕生など様々な内的および外的要因が重なった結果である。大再編成の最初の一歩は2000年4月に制定された「非政府銀行設立許可法」である。憲法第44条では銀行業が政府の独占事業として明記されているが，政府は1980年代から「無利子貸出」など金融業務の一部に「非政府」（民間部門と新しい公共部門）の参入を認めてきた。その背景には，1960年代から「無利子貸出機関」のネットワークを築いてきたバザール勢力の圧力があった。しかし「非政府」の銀行の設立は許可されなかった。経済改革を進める上で，銀行業に対する政府の独占に終止符を打ち，強い民間銀行をつくっていくことが不可欠なことは明らかだったが，体制内のコンセンサス形成に時間が必要だった。

2000年の同法の制定によって「非政府資本」による銀行の設立が可能になると，民間資本，国有大企業や特権集団が揃って銀行業に参入し，その結果，2001年から2012までに17行の新しい商業銀行が設立されることになった。2000年代前半に設立された銀行はとくに急速に成長した。その背景にあったのは，膨大な石油収入に支えられて2000年代後半にアフマディーネジャード政権がとった財政拡大政策と金融緩和政策であり，これによって急増した貨

幣量を吸収することができた。これら新銀行は，経済の堅調な成長とマネー・ゲームによって膨大な収益を手に入れ，急速に事業を拡大し多角化することができた。1970年代以来，再び「非政府」の金融資本は一目置かれる存在となった。2000年代後半から金融分野の高い収益性に目覚めた特権資本は次々に参入を画策するようになり，同盟関係にあるアフマディーネジャード政権の協力を得て厳しく管理されているはずの新銀行設立プロセスをクリアした（Motamed Nejad 2009）。それらの銀行の設立状況は表4-2で確認できる。

大規模民営化を可能にした最大の背景は憲法第44条に対する新たな解釈が採用されたことである。当時，多くの業種を政府の独占事業として規定している憲法第44条を改正するか解釈を変えなければ，多くの国有企業の売却は不可能であることは周知の事実だった。政府は，1998年の「鉱山法」の改正や前述「非政府銀行設立許可法」の制定によって第44条のハードルを迂回することも試みたが，このやり方にも限界があった。

実際には，第44条の再解釈の作業はすでに1998年から始まっていた。ハーメネイーは，その年に「国家利益判別評議会」に対して第44条に関する検討を指示したが，解釈変更についてのコンセンサス形成作業は長引いた。結局，評議会は，6年越しの検討を経て報告書を最高指導者に提出した。ハーメネイー最高指導者は，この報告書を参考に，憲法による権限に基づいて2005年5月に民営化に関する国家の「総合政策」を三府の長に通告した。次いで，政府はこの新解釈を基準に「第44条諸政策実行法案」を作成し，これが国会の審議を経て法律となった。この法案の要点は，特定の企業を除き，政府は第44条の対象となる業種の企業における株式の80％を「民間，共同および非政府部門」に売却することが義務付けられたということである。透明性を担保するために，全ての国営企業の株式売却手続きは2000年に設立された「イラン民営化機構」（IPO）のみが執り行うこととされた。しかし実際には，「通信公社」の例などいくつかの重要企業の株式売却については透明性が担保されず，「特権企業」の手にわたったケースも公になっている（Forozan and Shahi 2017）。

政治権力の中枢からバックアップを受け，豊富な内部留保に加えて強力な資金調達力をもって有利な立場にあった「非政府公共機関」が大量民営化政策の

Ⅲ．イスラーム共和国支配下の大企業の再編成　103

表 4-2　イランにおける銀行の設立・民営化時期と所有形態＊

銀行名	設立／民営化	所有形態
Bank Melli Iran	1928	国有
Bank Sepah	1925	国有
Post Bank of Iran	2006	国有
Bank Maskan	1938	国有（専門）
Bank Keshavarzi	1933	国有（専門）
Bank of Industry and Mine	1983	国有（専門）
Export Development Bank of Iran	1991	国有（専門）
Cooperative Development Bank	2009	国有（専門）
Bank Saderat Iran	1951/1979/2009	私有
Refah Bank	1960	公有（SSO）
Mellat Bank	1979/2009	私有
Tejerat Bank	1979/2009	私有
Eghtesad Novin Bank	2001	私有
Karafarin Bank	2001	私有
Saman Bank	2002	私有
Parsian Bank	2002	私有
Pasargad Bank	2005	私有
Sarmayeh Bank	2005	私有
Sina Bank	2009	公有（モスタズアファーン財団）
Ayandeh Bank	2009	私有
Gardeshgari Bank	2010	私有
Ansar Bank	2010	公有（革命防衛隊）
Shahr Bank	2010	公有（テヘラン市庁）
Day Bank	2011	公有（殉教者財団）
Hekmat Iranian Bank	2011	公有（正規軍）
Iran Zamin Bank	2011	私有
Ghavamin Bank（注）	2012	公有（治安機構）
Mehr Eghtesad	2012	公有（バシージ機構）
Khavar Miyaneh Bank	2012	私有

＊無利子融資専門銀行（2行）とイラン—ベネズエラ銀行を除く。

勝者になることは，そもそも明白だった．結果的に「特権企業」と「社会保障機構（SSO）」が民営化の主役となり，多数の企業の大株主になった．IPO は，2001年から2013年までに売却された資産の18%のみが「本物の民間部門」の手にわたっていると報告している（Sāzmān Khosoūsī-sazī 2018, 6）．

　民営化のもう一つの勝者は金融資本（銀行と投資会社）だった．前述のように2000年代に預金量を急増させた各銀行や投資会社は，そのかなりの部分を民営化企業や株式市場に投入し，大量の株式を取得した．民営化に関して最後

に指摘しなければならないのは，アフマディーネジャード政権によって導入された国民参加型民営化（mass privatization）プログラムである「公正株」の分配制度である。これは，支持基盤を固めたかった政権による民営化の政治利用に過ぎないと言ってもよいが，IPOの報告によると2015年度まで機構が実施した民営化総額の21.2％を「公正株」が占めている（Sāzmān Khosoūsī-sazī 2016, 10）。

最後に，大企業の再編成のきっかけとなったのは，2000年代後半における空前の石油収入に恵まれたアフマディーネジャード政権の経済政策と特権資本に対する優遇策である。歳入の急増を背景に雇用機会を増やしたいアフマディーネジャードは，開発投資を大幅に増額し，公共事業の数も規模も増大させた。しかし注目すべきは，大規模公共事業のなかで「特権企業」が受注した事業がかなり目立ったことである。しかも多くは競争入札を経ずに受注が決まった。高収益事業に資源を投入しようとしていた「特権コングロマリット」は，大規模建設事業，電力事業や資源開発事業に着目し，2000年代後半に多くの事業を手に入れた。

さらに独自の権力基盤をつくりたいアハマディーネジャード大統領は，中小企業支援プログラムと称した大規模な低利融資スキームをつくり，それを通じて自らに依存する企業家の支援を行った。その結果，とくに地方で低利融資を受けた「新興ブルジョワジー」が目立つようになったが，それよりも大統領の支持基盤の一角を構成する「クローニー資本家」の方が重要な存在だった。た

表4-3　民営化実績

年度	企業数	総額（100万リアル）	年度	企業数	総額（100万リアル）
2001	11	207	2008	69	77,916
2002	88	3,441	2009	85	254,326
2003	67	9,826	2010	115	62,649
2004	159	6,492	2011	123	134,323
2005	50	764	2012	83	130,350
2006	67	31,555	2013	79	446,620
2007	126	158,342	2014	73	43,210

（出所）民営化機構「民営化機構実績包括報告書（各年）」。

だ，2011 年以降の経済危機によって地方の「新興ブルジョワジー」もアフマディーネジャードと結託した「クローニー資本家」も大きな打撃を受け，その多くは消滅した。

4．Top500 でみる大企業所有形態

　1960 年代に設立され，企業経営に関する研究，調査及びコンサルティングを行う政府機関の「産業経営機構」(IMI) は，1998 年からトップ企業の売上高順位のランキングを公表している (Sāzmān Modīryat Sanʻatī 2017)。その公表対象はしばらく Top100 のみだったが，最近は Top500 まで拡大されている。しかも各企業の所有形態を私有や国有や公有別に分類し，また最近は子会社や関連会社をもつ企業を「ホールディングカンパニー」（持ち株会社）としてカテゴライズしている。IMI は制度的に政府から独立していないが，レポートの信頼性は比較的に高いと思われる。

　しかし短所も少なくない。一つは革命防衛隊系のコングロマリット，「ハータム・オル・アンビア建設基地」やその傘下企業を対象外にしていることである。これはおそらくハータム・オル・アンビア側が財務関連の情報を公表してないからであると思われるが，報告書の正確性が大きく損なわれることは間違いない。同じく公益事業を管理している各国有企業，NIOC および傘下企業の NIGC（ガス公社）や NPC（石油化学公社）なども調査の対象になっていない。また，最新版である 2017 年のランキングを一昨年前と比べてみると，例えば 1 位のメッリー銀行や 12 位のパサルガード銀行や 15 位のガワーミーン銀行が最新版に全くランクインしておらず，少なくとも IMI が全銀行に関する充分なデータを入手できずに報告書を作成したのではないかと推測される。そのため，ここでは 2016 年版と 2017 年版をあわせて参考にすることにする。

　IMI は，株式の 50% 以上を政府機関や国有企業，公有機関や個人・私有法人に所有されている企業を順に「国有」，「公有」や「私有」と定義し，分類している。IMI の分類に基づく Top500 企業を所有形態別にみると，369 社は私有企業，83 社は公有企業，48 社は国有企業となる。しかし，所有形態の分類には作成者の恣意的な判断が含まれるであろうことも否めない。例えば「公正株」管理機構をどのように定義するかによって，1 位の「メッラト銀行」も 2

位の「ペルシア湾石油化学」も私有ではなく国有として分類することが可能となる。また公有企業の中で,とくに公有の銀行や投資会社は私有企業の主要株主となっている企業が少なくなく,それらを含めれば(特権企業も含む)公有部門のシェアが16%を大きく上回ることになることに留意しなければならない。国有企業や政府機関が主要株主となっている私有企業も少ないわけではない。それだけではない。「軍事」資本と関わる企業に関して必ずしも正確ではない情報が報告書には含まれている。例えば,「私有」と分類されている「アンサール銀行」が設立当初から革命防衛隊の協同組合財団にコントロールされていることは周知の事実である。あるいは,「私有」とされている機械製造の最大手の「イラン・トラクター製造社(ITMC)」は,株式のマジョリティーが「メフル・エクテサード・イラーニアン投資会社」に所有されていることを財務報告書で確認できる。この投資会社は,IMIの分類でも「公有」となっているメフル・エクテダード銀行の完全子会社であるので,ITMCも「公有」として分類されるべきである。

IMIのランキングからは,多くの大企業でグループ化が進んでいることも確認できる。同リストには,会社名の後に「ホールディング」と明記されている企業の数が多く,189社にものぼる。実にTop500のうち38%の企業が持株会社形態をとっていることになる。大企業グループの子会社になっている持株会社(中間持株会社)もみられる。

Top500の中では,「金融資本」の成長がとくに目立っている。金融制度の発展の遅れにより銀行の数が少ないので,Top500全体でみると銀行を含む金融機関の数が抜きんででているわけではないが,例えばTop50に占める銀行の数は13行にものぼる。それに,ここには含まれていないメッリー銀行やメッリー銀行の子会社である26位「メッリー発展グループ投資会社」も加えると,銀行部門のウェイトは更に増える。銀行の他,保険会社14社や金融・投資会社20社もTop500に入っている。

「公有企業」の内訳を確認すると,「非政府公共組織・制度法」に明記されている機関のなかからTop500企業の主要株主・所有主として登場するのは,殉教者財団,住宅財団,イマーム救済委員会,ホルダード財団,モスタズアファーン財団,社会保障機構(SSO)(傘下の社会保障投資会社(SSIC)〔ペ

ルシア語でSHASTA〕）となる。また，同法に明記されていないものの，IMIの分類によると「非政府公共機関」と見なされるEIKOと「軍隊社会保障機構」（SATA）もこのカテゴリーに入る。これらのうち，SSOやSHASTA以外は全てが最高指導者の監督下に置かれている「特権企業」である。Top500「公有企業」のなかではSHASTA傘下の企業数が最も多く，全体の半分近くの43社にのぼる（Harris 2015, 233-236）。しかもそこにはSHASTAが少数株主となっている国有や私有企業が含まれていないことに注意を喚起したい。ちなみに，SHASTA傘下企業は法律上は「非政府公共部門」に分類されているが，行政組織上，「協同組合・労働・社会福祉省」の管轄下に置かれて，SSOの長官は労相によって任命されるので，国営企業と大きく異なるとは言えない。

　株主を特定できるという条件で「特権コングロマリット」別に企業を整理すると，一社のみの大株主となっている住宅財団とイマーム救済委員会の他，「ホルダード財団」の傘下企業5社がTop500に含まれている。5社とも「セパンター・グループ」傘下の鉄鋼や鉄鋼製品企業であり，同財団は金属産業に多くの資源を集中させているとうかがえる。EIKOからも同じく5社がリストに含まれているが，EIKOの経済規模は「ホルダード財団」を圧倒していることも付け加える必要がある。この5社だけをみれば，EIKOは石油・ガス資源の開発事業と製薬事業に多くの資源を傾けている。しかしこの5社以外に，EIKOが防衛隊協同組合財団と共同出資した「投資会社」は「通信公社」の株式の50％＋1株を所有しており，EIKOは，「通信会社」とこのリストに登場するその子会社4社の主要株主ともなっている。

　「軍事資本」は，表4-2でも確認できるように，通信事業以外にTop500にも登場する銀行4行を支配下に置いている。また，SATAの傘下にある「ガディール投資会社」は140社以上を傘下に置いて，資源開発，石油精製，石油化学，セメント，電力と機械工業に重点的に投資を行っている。そして，「特権企業」の中で最も際立っている存在は「モスタズアファーン財団」である。財団傘下の33社がTop500リストに掲載されており，その業種も，金融，食品・飲料，セメント，建設，港湾運営，海運，石油資源開発，石油精製，機械工業や発電事業など多くの分野にまたがっている。

おわりに

　イランにおける資本主義の発展の軌跡は，企業の経営や資源の分配など国家による介入と一体化しており，そのことに強く特徴づけられている。そのため，このシステムを広義の意味で「国家資本主義」と呼んでもよい。しかし，1979年の大衆革命を挟み，王制時代とイスラーム共和国時代とでは国家のイデオロギーや権力の構造が大きく転換したため，「イラン型国家資本主義」の特徴も時代により大きく異なる。王制時代には，石油収入に支えられた国家はインフラ整備と重化学工業分野への投資に専念し，クローニーも含む民間の大資本を保護し支援した。その結果，民間大資本は，1960年代以後，急速に拡張し財閥化していった。この時代には外国資本も積極的に取り入れられた。石油というファクターを除けば，この時代の「イラン型国家資本主義」は，例えば隣国のトルコや東アジアのものと大差がなかったと言える。

　他方，イスラーム共和国は，初期の「経済国有化」の時代と公共部門の二分化を経て経済構造改革の時代を迎えたが，「政府資本」（国有企業）と「民間資本」（私有企業）と並んで「非政府公共資本」（公有企業，SHASTAを除けば特権企業）も台頭してきた。30年間にわたる規制の緩和，価格の自由化や国有企業の民営化が進められたにも関わらず，SHASTAを含む政府資本は，金融，石油・ガス，石化，鉄鋼，自動車，電力，機械などほとんどの主要産業に支配的地位を保持しており，それに特権企業も加えれば，国家による支配が圧倒的なものになる。民間の大資本も国家への依存度が高く，クローニー資本の比重も大きい。外国資本もほとんど参入せず微小である。

　革命の前でも後でも，国家からのレントと支援に依存する大資本は，権威主義体制の恣意的政策判断によって度々弊害を被り，そのリスクを自覚しているはずである。それにも関わらず，「法の支配」や「政策決定の透明性」や「恣意的権力の制限」などを求めることがなかった。国家権力に挑戦することがなく，国家との癒着で自らの利害を守ろうとしてきた。国家もそれを望んでいる。なぜなら権力エリートが富の創造と分配を管理したいからである。イス

ラーム共和国という政治体制は「コントロールされた民主主義」と呼ばれることがある。つまり，国民の選択の権利は，支配層の頂点にいる最高指導者とその周辺のエリートの許容範囲のみで認められている。これにならって，イラン型国家資本主義を「コントロールされた資本主義」と呼んでもよいかもしれない。

（ケイワン・アブドリ）

注
1 君主（独裁者）の専制的権力に終止符を打ち，法による支配を実現する民主主義の形成には多種多様な経路が存在するが，西洋諸国の一部が経験したブルジョワジー主体の「市民革命」（ブルジョワ革命）はその一つである。バリントン・ムーアの表現を引用すれば「ブルジョワがいなければ，デモクラシーもないのである」（ムーア 1987，135頁）筆者は民主化の多様な道を否定しないが，本章ではブルジョワジーの役割についてのみ考察を試みる。
2 大概，ソ連の歴史家に倣った彼らは立憲革命が資本主義的関係の発展とブルジョワジーの台頭の過程で勃発したが，最終的に封建勢力の反撃の前に敗北したため「ブルジョワ革命」としての成果を部分的にしか残せなかったと分析している。例えば（Momeni 1345）。
3 王制体制の「近代化」政策に対して文化的にも経済的にも疎外感と危機感を覚えたバザール商人層はストライキの決行で運動に参加しただけではなく，革命的宗教勢力の運動を資金的に支え，革命の成就に重要な役割を果たした。例えば（Mozaffari 1991）。
4 コンソーシアムは，ブリティッシュ・ペトロリアム（BP）に改名した AIOC 40％，アメリカのメジャー5社各7％，オランダのシェル14％，フランスのCFP 6％，アメリカの独立系9社（のち7社）合計5％で構成されていた。
5 1960年代に設立されたイスファハーン製鉄やアラークおよびタブリーズ機械工業の設立の際，アメリカやドイツに技術移転を拒まれたイラン政府がソ連や他の共産圏の国々に頼らざるを得なかったことは興味深いことである。

参考文献
日本語文献：
アブドリ，ケイワン（2015）「革命後のイランにおける特権企業の生成と変貌―モスタズアファーン財団を事例に―」アジア経済研究所『中東レビュー』Vol. 3 (2015-2016)。
アブドリ，ケイワン（2016a）「イラン経済と石油：二つの石油ブームの比較」神奈川大学『アジア・レビュー』2016年3月。
アブドリ，ケイワン（2016b）「イラン―政治の底流にある諸派閥攻防の歴史と展望」後藤晃・長沢栄治編『現代中東を読み解く―アラブ革命後の政治秩序とイスラーム』明石書店，204-227頁。
後藤晃（1998）「19世紀イランにおける貿易の展開と社会経済構造の変容」『東洋文化研究所紀要』(107) 1988-10，東京大学東洋文化研究所，179-258頁。
シャー・エム・バーディ／森田節夫訳（1962）『イランにおける国家資本主義の問題によせて』アジア経済研究所。
水田正史（2003）『近代イラン金融史研究』ミネルヴァ書房。
ムーア，バリントン／宮崎隆次・森山茂徳・高橋直樹訳（1987）『独裁と民主政治の社会的起源Ⅱ』岩波書店。

外国語文献：

Abbasī, Bījhan & Mīnā Akbarī (1394 [2015]) "Naqsh Nahādhāye Umoūmī Qeīr Doūlatī dar Khosoūsī-sazī Īrān va Āsār ān (イラン民営化における非政府公共機関の役割とその結果)," *Barnāmeh va Būdje* 21 (3), pp. 23-48.

Afkhamī, Qolāmrezā (ed.) (1999) *Barnamehrīzī Omranī va Tasmīmgīrī Siyasī* (開発計画と政治判断), Bethesda, Foundation for Iranian Studies.

'Ālīkhānī, 'Alīnaqī (1393 [2014]) Amnīyat va Eqtesād (安全保障と経済), Tehrān, Sazmān-e Asnād va Ketābkhāne-ye Mellī-ye Īrān.

Amanat, Abbas (1992) "Constitutional Revolution i. Intellectual backgroungd," *Encyclopedia Iranica*, Vol. VI, pp. 163-176, New York.

Ashraf, Ahmad (1359 [1980]) *Mavāne'e Tārīkhī Roshde Sarmāyeh-dārī dar Īrān* (イランにおける資本主義拡大の歴史的障害), Tehrān, Entesharāt Zamīneh.

Ashraf, Ahmad & Ali Banuazizi (1992) "Classes in the Pahlavi period," *Encyclopedia Iranica*, Vol. V, pp. 677-691, New York.

Bakhash, Shaul (1990) *The Reign of the Ayatollahs; Ira and the Islamic Revolution*, Revised Edition, Basic Books, Inc., Publishers New York.

Bānk-e Markazī (イラン中央銀行) (1363 [1984]) Barrasī-ye tahavvolāt-e eqtesādī-ye keshvar-e ba'd az enqelāb (革命後のイラン経済の分析), Tehrān.

Bonyād Mostaz'fān (モスタズアファーン財団) (1365 [1986]) *Shenānāmeh Bonyād Mostaz'fān* (モスタズアファーン財団の履歴書), Tehrān.

Clawson, Patrich (1980) "The Internationalization of Capital and Capital Accumulation in Iran," in Petter Nore and Terisa Turner (eds.) *Oil and Class Struggle*, London, Zed Books.

Ehteshami, Anoushirvan (1995) After Khomeini: The Iranian Second Republic, London: Routledge.

Floor, Willem (1994) *Industrialization in Iran 1900-1941*, University of Durham, Center for Middle Eastern and Islamic Studies, CMEIS Occasional Paper No. 23.

Forozan, Hesam & Afshin Shahi (2017) "The Military and the State in Iran: The Economic Rise of the Revolutionary Guards," *Middle East Journal*, Vol. 71, No. 1, Winter, pp. 63-87.

Foshāhī, Mohammad Rezā (1360 [1981]) *Takvīn Sarmāyeh-dārī dar Īrān (1796-1905)* (イランにおける資本主義の進化), Tehrān, Entesharāt Gotenberg.

Graham, Robert (1980) *The Illusion of Power*, Berg Pub Ltd.

Karshenas, Masoud (1990) *Oil, State and Industrialization in Iran*, New York, Cambridge University Press.

Harris, Kevan (2013) "The Rise of the Subcontractor State: Politics of Pseudo-Privatization in the Islamic Republic of Iran," *Middle East Studies* 45, pp. 45-70.

Harris, Kevan (2015) "Vectors of Iranian Capitalism: Privatization Politics in the Islamic Republic" in *Business Politics in the Middle East*, edited by Steffen Hertog, Giacomo Luciani and Marc Valeri, London: Hurst.

Maloney, Suzanne (2015) *Iran's Political Economy since the Revolution*, New York, Cambridge University Press.

Momenī, Bāqer (1345 [1966]) *Īrān dar Āstāneyeh Enqlāb-e Mashrūteh* (立憲革命前夜のイラン), Tehrān, Entesharāt Sīmorq.

Motamed-Nejad, Ramine (2009) "L'Iran sous l'emprise de l'argent" LE *Monde diplomatique, Juin* (https://www.monde-diplomatique.fr/2009/06/MOTAMED_NEJAD/17226) (最後の閲覧：2018年11月30日).

Mozaffari, Mehdi (1991) "Why the Bazar Rebels?" *Journal of Peace Research*, 28 (4): pp. 377-391.
Nowshirvani, Vahid F. (1975) *The Beginnings of Commercial Agriculture in Iran*, Center Discussion Paper No. 225, Yale University.
Parsa, Misagh (1989) *Social Origins of the Iranian Revolution*, Rutgers University Press.
Razavi, H. & Firouz Vakili (1984) *The Political Environment of Economic Planning in Iran, 1971-1983: From Monarchy to Islamic Republic*, Boulder, Westview.
Rawāsānī, Shpoūr (1980) *Doŭlat va Hokoūmat dar Īrān*（イランにおける国家と政府）, Tehrān, Enteshārāt Sham'a.
Roūhanī, Fuād (1353 [1974]) *Tārīkh-e Mellī Shodan-e San'at-e Naft-e Īrān*（イラン石油産業の国有化史）, Tehrān, Ketābhā-ye Jībī, pp. 396-411.
Sāzmān Khosoūsī-sazī Īrān（イラン民営化機構）(1395 [2016]) *Gozāresh Amālkārd Sāzmān Khosoūsī-sazī dar Sāl 1394*（民営化機構の実績報告書2015年度）, Enteshārāt Sāzmān Khosoūsī-sazī.
Sāzmān Khosoūsī-sazī Īrān（イラン民営化機構）(1397 [2018]) *Gozāresh Amālkārd Sāzmān Khosoūsī-sazī dar Sāl 1396*（民営化機構の実績報告書2017年度）, Enteshārāt Sāzmān Khosoūsī-sazī.
Sāzmān Modīryat San'atī（産業経営機構）(1397 [2018]) *Kholāseh Natāyej Bīstomīn Sāle Rotbeh-bandī IMI100; 500 Sherkat Bozorg Keshvar*（20年目IMI100ランキングの結果要約）.
Shahabzzahed, Mohsen (1994) *Role of Multinational Companies in Nation's Economy*, B.R. Publishing Corporation, Delhi.
Sodāgar, Mohammad Rezā (1369 [1990]) *Roshde Ravābet Sarmāyeh-dārī dar Īrān (Marhaley-e Gostaresh) 1342-57*（イランにおける資本主義関係の成長（拡大期）1963年-1978年）, Tehrān, Enteshārāt Sholeh Andīsheh.

第5章
フィリピンにおける経済発展と民主化

はじめに

　フィリピンでは1972年9月21日の戒厳令布告以降，フェルディナンド・マルコス（Ferdinand E. Marcos）大統領のもと，14年にわたって開発独裁あるいは権威主義と呼ばれる強権的政治体制が維持された。1986年の2月革命（ピープル・パワー）によって民主化を実現したものの，民衆の支持を受けて新政権を樹立したコラソン・アキノ（Corazon C. Aquino）大統領は度重なるクーデタ未遂事件などに翻弄された。C・アキノ政権を引き継いだフィデル・ラモス（Fidel V. Ramos）大統領は一定の政治的安定を実現して経済を成長軌道に乗せることに成功したが，その後，政権に就いたジョゼフ・エストラーダ（Joseph E. Estrada）大統領は違法賭博に関連した疑惑で政治の停滞を招き，ピープル・パワー2と呼ばれる大衆抗議行動から任期半ばで退陣を余儀なくされた。副大統領から昇格したグロリア・マカパガル＝アロヨ（Gloria Macapagal-Arroyo）大統領もエストラーダ支持者によるピープル・パワー3に襲われ，その後の選挙不正介入や横領などの疑惑により最終的に任期を全うしたものの，政治全般に対する国民の信頼を著しく傷つけた。マルコス独裁政権を追放して民主化を実現した後も，フィリピンは度々政治的な混乱に見舞われてきた。とはいえ，アジアで最初の民主主義国家を自認するフィリピンでは，民主主義を根本から否定する思想や運動が国民の支持を獲得しているわけではない。また，民主制度に対する信頼も全般的に高い水準にある。
　一方，フィリピンにおける民主主義と経済開発との相互作用に目を向けると，フィリピンの経験はW・W・ロストウやリプセットなどの近代化論が想定していたものとは異なった様相を呈している。近代化論は中間層を民主主義

の担い手として措定し，経済開発とともにその成長が民主主義の安定を促すと想定していた。21世紀に入ってフィリピン経済は順調な成長を遂げているが，所得格差の改善は捗らず，むしろ一部の富裕層に富が集中する傾向にある。国民経済の枠組みを相対化するグローバリゼーションのもとでのフィリピン経済の成長は，所得格差の改善をもたらすことなく，また民主主義の担い手としての中間層の成長も阻害される傾向にある。本章では，そのような状況下にあってもなお，民主主義に対する人々の信頼が高い水準で維持されている要因を考察していく。

　以下，本章ではⅠ.でフィリピン政治の基層をスペイン植民地支配まで遡って確認したのち，Ⅱ.ではマルコス独裁体制から民主体制への移行をめぐる議論を整理する。1980年代の開発独裁体制が成立した要件の一つに冷戦構造が挙げられるが，冷戦崩壊後の世界において開発を規定したのはグローバリゼーションだった。マルコス独裁体制の意義を検証することにより，途上国の開発政策の規定要因が冷戦からグローバリゼーションへと変化したことの意味を考察していく。Ⅲ.では，開発を規定するようになったグローバリゼーションが，フィリピン経済にもたらした変化を取り上げる。具体的には，民主化以降に進められた自由化政策とその影響を検討し，急速な成長を遂げるフィリピン経済の特徴を分析する。2000年以降のフィリピン経済の成長は，海外出稼ぎ労働者による送金によってもたらされたが，そのような成長がフィリピン社会にもたらした変容を考察していく。最後に，民主主義と経済成長の関係を考察して，本章のまとめとする。

Ⅰ. フィリピン政治の基層

1. スペイン植民地化によるフィリピン社会の変容

　スペインがフィリピンを植民地支配下においた16世紀半ば，フィリピンに統一的な国家は存在しておらず，バランガイ（barangay）とよばれる集落が住民の基本的な生活単位であった。バランガイはダト（dato）とよばれる一人の首長に統率され，30～100戸の家族によって構成されていた。複数のバラ

ンガイが一つの大きな集落をなし、数百戸の家族を包摂している場合もあり、一定の政治的秩序を維持するためのバランガイ連合も成立していたが、村落を結合するための萌芽的政治組織にとどまっていた。バランガイは首長、ティマグァ（timagua）とよばれる自由民、さらにアリピン・ナママハイ（aliping namamahay）とアリピン・サギギル（aliping saguiguilr）という二種類の隷属民からなる階層化された首長制社会であった（池端・生田 1977, 18）。

このような首長制社会はフィリピン以外の東南アジアにおいても広くみられたが、フィリピンの特徴は、その枠組みが比較的ゆるやかだったことにある。首長は基本的に世襲制であったが、バランガイの親族制度が双系制原理に基づいていたことから、単系的な血縁関係によって首長権が相続されることはなかった。父方と母方の双方の血縁が対等の重みをもっていたので、単系的家族制度において形成される親族集団が一定の系譜のうえに成立せず、同一家族の構成員が弾力的に異なる親族集団を構成していた。双系制の親族組織のうえに成立したバランガイ社会は、単系制の世襲的首長制社会よりも、より可変的かつ流動的で、首長権の基盤がより脆弱なものであった（永井 1989, 104-105）。そのため、バランガイにおける首長の地位は儀礼的な意味合いの強いものであった。

スペインがフィリピン群島に到着した際に遭遇したのは、このような社会であった[1]。スペインはフィリピン群島を征服して支配権を確立すると、群島全土をスペイン国王へ帰属させた。それまでの共同体的土地所有制度は全面的に否定され、近代的私的土地所有が展開されることになった。さらに、スペイン人をフィリピンに誘致するために土地を下附する荘園制度が採用され、スペインの封建制度がフィリピンへ移植されたのである。その後、スペイン人とフィリピン人とのあいだで発生した軋轢などから、18世紀中頃になると荘園制度は廃止され、代わって中央集権的な間接統治方式が採用された（滝川 1976, 21-22）。村の上部組織に町を設置し、そのうえに行政単位として州を設置し、州の長官にはスペイン人が選ばれ、州の上部には総督の政庁が設けられた。かつての首長は村長に任命され、いくつかの村の村長から町長が選ばれた。首長の地位も末端の行政機構に組み込まれたことにより、それまでの儀礼的な職権から確固たる行政指導権として政治体系における意味内容を変えていったので

ある（永井 1989, 104-105）。

　植民地統治のもとで首長（村長）は世襲制を認められ，村民に対する徴税権や労役割当権などが与えられた。政策の決定は中央政庁によってなされたが，首長は村内における法の施行を受けもつことで絶大な権力を掌握し，富の集積もすすめていった。これによって旧来の社会慣習に基づく階層構造が温存され，権力の地方分散化傾向が定着することになった。スペインによる植民地支配のもとで，かつての首長を中心とする政治エリートが各地方に誕生し，かれらは，いかに植民地政府に仕えるかではなく，自らの指導者としての地位を確保・強化するために，すなわち政治権力を用いた私的利益を充足するために，植民地政府を利用する手段を学んでいったのである[2]。

　スペイン植民地体制のもとで伝統的首長制社会に接ぎ木された地主小作制度がパトロン＝クライエント関係（クライエンタリズム）の母体となり，また中央集権的間接統治方式が政治権力の地方分散化を促し，パトロネージやネポティズムを政治資源とする「政治王朝」や「ボス支配」がフィリピン各地に生み出されたのである（矢野 2003a, 305）。スペイン植民地時代に形成された，このようなフィリピン政治の基本構造は，アメリカによる植民地支配のもとでも存続しながら独自の変容を遂げていった。

2．アメリカ植民地支配とフィリピンにおける民主主義の特徴

　19世紀末はフィリピンの歴史を画する転換期であった。マニラ湾開港にはじまる世界貿易への包摂は，フィリピンの産業が発展する契機となった。砂糖，ココナッツ，マニラ麻，タバコなどが国際商品となって広く海外市場に出まわるようになると，フィリピン国内でも商品生産農業が発展を遂げ，土着資本家の台頭を促した。土着資本家層を中心とする新たな中間階級の形成が1896年のフィリピン革命につながった。1898年6月に独立が宣言され，1899年1月には第一次フィリピン共和国（マロロス共和国）が成立したが，まさにその時に革命は，アメリカの武力介入によって挫折を余儀なくされた。

　フィリピン革命が頓挫した主要な要因はアメリカの介入によるものであったが，革命軍のなかに生じていた階級利害の分裂も重要な要因であった。フィリピン革命は植民地体制下における民族解放闘争であったが，同時に封建制度に

緊縛された農民と地主（スペイン人およびフィリピン人）とのあいだの階級対立でもあった。北部の革命政府と南部のムスリム勢力からの激しい抵抗にあったアメリカが，成立したばかりの革命政府から階級利益を守ろうとするエリート地主層を取り込み，革命政府の支持基盤を掘り崩したことで，フィリピン革命は「未完」に終わったのである（早瀬 2009, 31-38）。その結果，スペイン統治下に構築された封建制度と地方のエリート地主層による分権的支配体制は解体されずに温存・維持されることになった。アメリカの統治体制は，スペインの統治体制と強い継続性をもって展開されることになったのである。

　藤原はアメリカの植民地統治の特徴として，以下の三点を指摘している。第一は，植民地総督府とフィリピン人エリート層との政治的連携に植民地統治の基盤がおかれたこと。第二は，革命政府からエリート層を引き離すための政治的譲歩として，かれらを行政機構に登用し，政治的自治の拡大を植民地統治初期に実施したこと。そして第三の特徴は，アメリカ国内の政治変動にもかかわらず，自治の拡大が進められたことである。植民地統治を支持する共和党政権下では，植民地統治維持のための政治的譲歩として限定的自治が進められ，フィリピン領有に反対する民主党政権下では，独立準備のための自治拡大が進められた。政権が変わることで各種の政策は変化したものの，自治自体はアメリカのフィリピン支配政策の基礎をなしていた（藤原 1989, 41-45）。

　この自治が地主小作制度を土台とするエリート層＝土豪資本家とアメリカとの連携によって進められたことで，その後のフィリピン社会を特徴づける寡頭支配体制の基盤が形成されることになった。アメリカとフィリピン人エリート層との連携は，中央集権的官僚制に基づく植民地国家を形成するのではなく，アメリカと利害関係を共有するフィリピン人エリート層による分権的自治の拡大であった。

　一方，アメリカ植民地時代に導入された選挙制度を通じて定期的な政権交代を重ねてきたフィリピンは，1946年の独立から今日にいたるまで，マルコス独裁期を除けば民主的な政治体制を堅持してきたアジアでは例外的な国である。伝統的なクライエンタリズムと並んでアメリカ型民主主義の諸制度は，フィリピンにおいて政治的正統性を担保するための重要な柱になってきた。さらに，戒厳令期を除けば言論，結社，思想の自由も認められ，国民は4年ごと

の総選挙と2年ごとの中間選挙に直接選挙の形で参加し，政治指導者を選出してきた。フィリピンの民主主義は「アメリカ型民主主義の飾り窓」と形容されたが，「政府はその権威を人民の同意から引き出さねばならない」という民主主義の理念は，国民のなかに深く刻み込まれたのである（矢野 2003d, 1877）。

II．マルコス独裁政権と民主化の意義

1．戒厳令以前のフィリピン政治

　フィリピンでは国民党と自由党の二大政党制が長くつづいていたが，両者には組織や階層の面で本質的な差異はなかった。政党組織は大統領と上院議員を頂点とし，パトロン＝クライエント関係とネポティズムによって支えられる私的な結合関係に基づく議員党的，連合的な性格を有していた。政党の結びつきの核となるのは大量の政治資金とパトロネージであり，これと集票との相互作用で全国レベル（大統領・上院議員）から州レベル（知事・下院議員），さらに市町村レベルまでを貫く家父長的な垂直的権力関係が構築された。政党資金はポークバレルといわれる公共事業予算と自己調達資金であった。

　ポークバレルは政府の予算から各議員に分配されるものであるが，歳入に応じて大統領が分配権を持っていた。各議員は選挙区でこの予算を使い，支持基盤の獲得に努めることができた。一方，政党組織が私的な関係によって構成される関係上，多額の自己資金も必要だった。このため，政治家は自ら巨大な経済力を有するものか，あるいはそういう人に支援されるようなものに限定される傾向が強かった。以上のことから，政党組織の核となる位置を占め，議会に直接間接に影響力を行使し得た中心勢力は地主階級であり，議会は地主に代表される保守勢力の利益を代弁する場としての性格を強く持っていたのである。

　このような地方エリート支配の政治体制をアンダーソンは「カシケ民主主義」と形容した。アメリカ統治時代に導入された小選挙区制のもとで議会が開設されたことにより，国政レベルにおいて地方エリートが政治権力にアクセスすることが可能となったのである。こうした地方エリートをアンダーソンは「カシケ」と呼んだが，フィリピンの政治体制は権力を垂直的に集約させる一

方で，水平的には権力の分散を引き起こしているとした（Anderson 1988, 10-31）。国政レベルではポークバレルに代表される政治資源をめぐって地方エリート同士が競争する一方，その下では垂直的な主従権力関係が存在していたのである。

マルコスは地主階級の出自ではなかったが，その政治手法はポークバレルの配分やネポティズムを最大限に活用したものであり，戦後フィリピンの政治制度の特徴を最大限に活用した政治家であったともいえる。マルコスは，フィリピン史上初の再選を遂げた大統領であり，それまでのフィリピン民主制から逸脱した存在ではあったが，戒厳令によって実現した独裁体制は，それまでの民主制を母胎としていたのである。

2．マルコス戒厳令政権と民主化の帰結

1960年代から1980年代にかけてラテン・アメリカや東南アジアを含む東アジアの国々に，開発独裁と呼ばれる権威主義体制が誕生した。同時代に多くの途上国で類似した権威主義体制が成立したこと，さらに1980年代に入ると，それらの体制が次々に民主制へと移行したことから数多くの研究が積み重ねられた。特に東アジアでは，権威主義体制のもとで「奇跡」と称される経済成長を遂げたNIESの出現により，経済成長と権威主義体制との関係が注目を集めた。戒厳令によって独裁体制を確立したマルコス政権も，開発独裁の一類型に分類されたが，マルコス政権は他の開発独裁体制とは異なるものだった。

アジア諸国の開発主義に共通する特徴として末廣は，以下の3点を指摘している。「第1に，開発主義を導入する契機となったクーデタや戒厳令が何よりも権力奪取あるいは権力のさらなる集中を目的としていたこと。第2に，すべての政権は政党政治（議会制民主主義），労働者の権利保護，排外主義的な経済ナショナリズムといった従来の政治経済体制を批判し否定するなかから登場したこと。第3に，自らの権力奪取と権力集中の正統性を，新しい政治体制と上からの経済開発の推進に求めたこと」である。そのため，「開発志向型国家が権威主義的性格を帯びるのは，集権的な経済政策の帰結ではなく，権力奪取という政権の出発点に起因していた」のである（末廣1998, 30-31）。

1969年に再選を果たしたマルコスも，三選を目指して1935年憲法の三選禁

止条項の改正や議員内閣制への移行を画策し，制憲会議を発足させたが，結局 1972 年の戒厳令によって政権の長期化を実現した。この戒厳令体制がマルコスの政権欲に発することはいうまでもないが，強権支配を正当化するために打ち出したのが，旧来の特権グループによる寡頭支配に特徴付けられた「病める」フィリピン社会の改革と，そのための「新社会運動」であった。戒厳令の布告と同時に農地改革実施のための大統領令を布告し，フィリピン社会を規定していた寡頭支配体制を揺るがしたことについては，これまでの研究においても一定の同意が得られている。また，戒厳令の布告当時，治安の改善や労働運動の抑圧，外国資本を優遇する政策などは日米を中心とする外国資本にも歓迎された（高橋 1992, 433-436）。

しかし，マルコス体制は農地改革の面などで一定の成果を実現したものの，支配的な社会勢力の構成を一部変更したに留まった。マルコス・クローニー（マルコスの盟友達）の私的利害を優遇するなど経済に対する政権の介入も，マルコスの権力を維持・増強するためのものであり，経済的合理性よりも政治的配慮に基づくものであった。その結果，計画面だけを見れば韓国のような経済開発を展開しながら，現実の経済政策には輸出志向工業化とはそぐわない矛盾が残されていた。「官僚国家の伝統をもたないフィリピンでは，地方エリートの分権的支配と大統領の投機的リーダーシップという組み合わせが続き，大統領の中央集権志向とはつまるところ議会の分権的要求との対抗を意味していた。マルコス体制は議会の干渉を排除できなかった体制が議会を停止した，その限度での権威主義体制であり，苛烈な社会統制に基づく行政効率と経済的合理性の追求は望むべくもなかった。ブラジルや韓国との類似性は政策の模倣によるものにすぎな」かったのである（藤原 1992, 350-351）。

マルコス大統領の健康不安説による政権の不安定化に加え，第 2 次石油危機とデューイ・ディー事件による経済的混乱が高まるなか，1983 年に発生したベニグノ・アキノ元上院議員の暗殺事件は，反マルコス運動を加速させ独裁体制の崩壊に結実した。このピープル・パワーと呼ばれる革命的事件については，市民社会による下からの民主化運動として注目を集めたばかりか，その後の東アジア諸国の民主化にも多大な影響を与えたことから多くの研究が積み重ねられてきた。ここで詳細を論じることは紙幅の関係もあり控えるが，マルコ

ス独裁体制を打ち倒した革命的なパワーが最終的には支配層・保守層の意向を反映するような国家装置の復活に収斂されたことについては，多くの論者が指摘するところである[3]。反権威主義思考と民主化思考とは，それぞれ独自なダイナミズムをもち，民主化運動を主導したのは社会構造の改革を志向する意識の希薄な中・上層であった（藤原 1988；田巻 1993）。

　民主化を実現したC・アキノ政権の最大の遺産，歴史的役割は民主体制の回復にあったといわれるが，メンディオラ橋事件で農民層からの支持を失っただけでなく，度重なるクーデタに襲われるなど不安定な政権運営を強いられた。1987年憲法の制定によって民主体制の安定化を図ったが，経済面ではマルコス政権が残した対外債務の処理に追われ，IMFの管理下で主体的な開発政策を立案・実施することは困難だった。さらに冷戦体制の崩壊を受け，世界のキーワードが「民主主義と市場」に変わった1990年代以降，フィリピンの開発もグローバリゼーションという枠組みのなかで展開されることになった。

III. グローバリゼーション下の経済開発

　1980年代，債務危機や政治不安に見舞われ，「失われた10年」とも呼ばれる景気後退に直面していたフィリピンは，C・アキノ，ラモス両政権下で経済全般にわたる自由化政策を実施した。マルコス政権の負の遺産とも呼べる国営・公営企業の民営化に始まり，数量制限の撤廃と関税の漸次引き下げを柱とする貿易の自由化，投資面におけるオムニバス投資法（1987年）や外国投資法（1991年），特別経済区法（1995年）などの法律を10年ほどの間に立て続けに制定し，対外開放政策を進めていった[4]。1992年にC・アキノから政権を引き継いだラモス大統領は，国軍反乱分子との調停を取りまとめ，新人民軍やモロ民族解放戦線との和平を推進するなど，国内治安状況を改善することに成功した。また，民間資本を活用することによって経済活動のボトルネックとなっていた電力問題を解決し，海外資本を導入するための環境を着実に整備していった。

　このような自由化政策への転換には，1987年にマニラで開催された第3回

ASEAN首脳会議での合意（マニラ宣言）も影響を及ぼしていた。1970年代に始まるASEAN域内経済協力の枠組みは，外資に対して規制的な集団的輸入代替型工業化であった。しかし，10年あまりにおよぶ取り組みは，具体的な成果をほとんど上げることはなく，実質的には失敗に終わった。こうした挫折経験とプラザ合意に代表される世界経済の構造変化を受け，マニラ宣言では，域内経済協力の方針が大きく転換された。1980年代半ば以降各国ごとに進められていた外資主導の輸出主導型工業化政策を域内経済協力の枠組みに拡張し，ASEAN一体となって外資を呼び込み，輸出主導型の経済成長を目指すことが合意されたのである（清水1998）。

具体的には，域内特恵関税率の引き下げと域内企業に対する外資出資比率の引き上げが決められた。さらに1992年には，ASEAN自由貿易地域（ASEAN Free Trade Area：AFTA）の設立も合意された。マニラ宣言以降のASEANの取り組みは，日系企業を中心に海外直接投資を媒介として構築されつつあった東アジア国際分業ネットワークにASEANを位置づけることで，輸出主導の成長を目指すものであった。民主化後のフィリピンにおける開発は，自由化政策を通じて世界経済との結びつきを強め，ヒト・モノ・カネの移動が加速するグローバリゼーションのダイナミズムを取り込むことにより，経済成長の実現を目指すものだった。

1．フィリピン経済の構造変化

1980年から2015年のGDP構成比の推移をまとめた表5-1から，フィリピン経済の構造変化が確認される。1970年代までのフィリピン経済は，製造業を中心に鉱工業部門が成長を主導していたが，1980年代の低迷期を転機として，その構造は大きく変化した。1990年代から2000年代における経済成長を牽引したのは，製造業ではなくサービス業だった。サービス業のGDPシェアは2000年代に入ると50％を超え，製造業のシェアは大きく後退した。

1980年から2000年にかけて，輸出入ならびに総資本形成のGDP比はFDIの流入増加と歩調を合わせる形で上昇した。しかし，フィリピンへのFDI流入は他のASEAN諸国に比べると低水準にとどまり，総資本形成もアジア通貨危機以降に大きく後退した。工業部門のGDP比が低迷していることからも

表 5-1　GDP 構成比の推移　(単位:％)

	1980	1985	1990	1995	2000	2005	2010	2015
農林漁業	21.9	21.5	19.1	18.9	14.0	12.7	12.3	10.3
工業	42.5	38.5	37.8	35.2	34.5	33.8	32.6	30.9
サービス業	35.6	40.0	43.1	45.9	51.6	53.5	55.1	58.8
家計最終消費支出[1]	60.9	71.8	68.1	71.3	72.2	75.0	71.6	73.8
政府最終消費支出	8.8	7.6	9.9	11.2	11.4	9.0	9.7	10.9
総資本形成	32.4	16.5	27.2	25.5	18.4	21.6	20.5	21.2
総固定資本形成	n.a	n.a	n.a	n.a	22.1	19.9	20.5	22.0
財・サービス輸出	19.4	20.1	22.9	30.7	51.4	46.1	34.8	28.4
財・サービス輸入	25.3	20.1	29.9	40.0	53.4	51.7	36.6	34.3
GDP	100	100	100	100	100	100	100	100
NPI[2]	-1.9	-10.0	-1.5	7.7	17.2	18.6	20.5	21.0
GNI	98.1	90.0	98.5	107.7	117.2	118.6	120.5	121.0
実質 GDP 成長率	5.1	-7.3	3.0	4.7	4.4	4.8	7.6	6.1
FDI inward（100万 $）	114	105	550	1,459	2,240	1,851	1,299	4,447

(注)　(1)　現在のフィリピンの国民経済計算（PSNA：Philippine System of National Accounts）は 2008SNA に準拠しているが，いくつかの点で独自の基準を採用している。2008SNA では家計最終消費支出に対家計民間非営利サービスと個人経営の数値が含まれている。
　　　(2)　PSNA における NPI（Net Primary Income）は，「海外からの雇用者報酬」と「財産所得」の純受取額を指す。
(出所)　Philippine Statistics Authority, *Philippine Statistical Yearbook*. FDI については UNCTAD, UNCTADStat（アクセス日：2018年7月16日）。

読み取れるように，貿易の拡大を通じた世界経済への統合は国内資本を動員することなく，この間の貿易の拡大は国内産業との連関を欠いたものであった。

　主要製造業部門に焦点を当て 1994 年と 2006 年の産業連関表（基本表）を再構成した表 5-2 からも，同様の傾向を確認することができる。まず GDP シェアを確認すると，食料品部門が 20％前後のシェアを占めており，製造業部門の中心となっている。ただし，伸び率では電気・電子機械部門などの機械機器関連部門が大きく上回っている。また，電気・電子機械部門の輸出額は 752 億ペソから 1 兆 2899 億ペソへと増加し，輸出全体に占める割合も 14.0％から 44.2％に上昇した。ところが同部門では，総需要に占める内需の割合が 24.7％から 2.6％へ大きく低下する一方，輸出の割合が 40.8％から 52.7％へ上昇しており，輸出向けの生産体制が強まっていた。2015 年のフィリピンの輸出品構成を確認すると上位 5 品目で全体の 7 割に達するが，エレクトロニクス関連製品だけで輸出総額の 6 割を占めていた。

表 5-2 製造業部門の産業連関表（1994 年・2006 年）

		一般機械	電気・電子機器	輸送用機械	精密・光学機械	石油・石炭	食料品	繊維
1994[1]	付加価値額[2]	-10	434	151	-0.6	30	3,638	619
	GDP シェア	-0.1%	2.5%	0.9%	0.0%	0.2%	20.8%	3.5%
	輸出シェア	0.2%	14.0%	4.8%	0.4%	1.1%	8.4%	11.9%
	輸入シェア	12.3%	12.1%	12.6%	2.1%	3.4%	5.2%	7.5%
	内需／総需要	93.2%	24.7%	43.9%	68.5%	15.1%	73.6%	25.6%
	輸出／総需要	1.3%	40.8%	16.2%	12.1%	4.8%	9.4%	35.2%
	輸入／総供給	95.7%	42.0%	50.6%	81.0%	17.5%	7.0%	26.5%
	付加価値率	44.9%	26.4%	19.1%	44.7%	26.0%	32.9%	35.7%
2006	付加価値額[2]	223	4,923	1,086	915	86	12,336	1,451
	GDP シェア	0.4%	7.9%	1.7%	1.5%	0.1%	19.7%	2.3%
	輸出シェア	0.5%	44.2%	2.0%	1.6%	3.5%	11.6%	4.2%
	輸入シェア	3.8%	28.4%	6.3%	1.5%	6.1%	8.6%	3.9%
	内需／総需要	84.7%	2.6%	78.5%	57.7%	15.2%	55.8%	36.1%
	輸出／総需要	10.2%	52.7%	19.4%	28.4%	16.8%	16.4%	31.9%
	輸入／総供給	79.6%	35.2%	62.5%	29.0%	30.6%	12.6%	30.4%
	付加価値率	34.4%	20.5%	22.3%	28.6%	25.8%	32.5%	40.7%

(注) (1) 1994 年の産業分類は "2009 Philippine Standard Industrial Classification" に基づき再分類した。
　　(2) 付加価値額の単位は「億ペソ」。
(出所) Philippine Statistics Authority, *Input Output Tables of the Philippines*.

　表5-2には記載していないが，電気・電子機械部門では部門内における中間供給のシェアが59.6％から78.1％へ，中間需要のシェアも72.9％から90.0％に上昇していた[5]。同一部門内での需要と供給の集中は，その生産が他産業との連関を欠いたものであることを示唆している。産業連関を欠いた輸出向け生産体制は，技術水準の高い製品を生産していることの理由としても考えられるが，付加価値率を確認すると26.4％から20.5％に低下している。このことは，グローバリゼーションの進展に伴って拡大した国際分業体制のもと，むしろ技術水準の低い加工・組み立て工程に特化した生産であることを示唆している。

　貿易と直接投資の自由化は，市場における競争を刺激することによって国内産業の効率性を促し，製造業を中心とする海外からの技術移転が輸出能力の改善につながることを期待したものだった。国内産業の成長を促すことで雇用を創出し，ひいては持続的な成長をフィリピン経済にもたらすと考えられていた。しかし，フィリピンの自由化政策は期待された成果をあげることはなかっ

た。輸出は直接投資の流入増加と符合する形で拡大したが,その大半は国内での産業連関の弱いエレクトロニクス製品を中心とするものだった。一部の製品に特化した輸出の拡大は,国内の産業構造に大きな変化を及ぼすことはなく,経済成長の牽引役としての役割も限られていた。フィリピンにおいて「外資依存輸出主導型経済成長」の成果は,限定的なものにとどまったといえる。

2. 経済成長の源泉

　自由化が期待された成果をあげられなかったにもかかわらず,2000年代に入るとフィリピン経済は成長を加速させるが,そのプロセスは近隣のASEAN諸国とは大きく異なるものであった。東アジア通貨危機に見舞われたASEAN諸国では,景気の低迷による輸入の減少と自国通貨の切り下げによる輸出の改善が進み,危機の翌年には貿易黒字を記録した。その後,2000年代に入ってからもタイやマレーシアは中間財の調達先を日本やNIESからASEAN域内に切り替えることで貿易構造の転換を進め,貿易黒字を維持しつづけた。一方,フィリピンでは危機以降も貿易構造が大きく変化することはなかった。フィリピンは独立以降,一貫して経常収支の赤字を記録し,対外バランスの改善は歴代政権のマクロ経済運営上の課題であった。ところが2003年以降,フィリピンの経常収支は黒字に転換した。その最大の要因は経常移転収支の黒字の増加,とりわけその大半を占める海外送金によるものであった。

　フィリピン経済は,「海外からの純要素所得 (Net Primary Income：NPI)」を含めて算出されるGNIがGDPの規模を上回るという,途上国としては特異な構造を有している（表5-1）。一般に途上国では,対外債務の返済をはじめとする各種の対外支払いのためにNPIがマイナスを計上することから,GNIはGDPを下回る傾向にある。フィリピンのNPIも独立後1980年代までは,ほぼ一貫してマイナスを記録していたが,1991年にプラスに転じるとGNIがGDPを上回る構造が定着した。

　NPI増加の背景には,海外出稼ぎ労働者 (Oversea Filipino Workers：OFWs) からの送金が大きな役割を果たしていた。2006年に100万人を超えたOFWsの新規出国者数は2015年に184万人に達した。海外送金額もOFWsの増加とともに増大し,フィリピン中央銀行 (Banko Sentral ng Pilipinas：

Ⅲ．グローバリゼーション下の経済開発

表 5-3　海外送金額と世帯当たり 1 カ月平均所得の推移（送金額：億ペソ，所得：ペソ）

	1994	1997	2000	2003	2006	2009	2012	2015
送金額（実質）	130.7	227.4	290.5	403.2	545.7	593.2	578.6	686.2
世帯所得（名目）	5,638	8,295	9,917	10,333	12,250	14,667	16,083	17,901
世帯所得（実質）	13,669	16,555	15,754	14,527	14,417	14,786	15,053	15,722

（注）1 カ月送金額（ペソ）は，年間送金総額（ドル）×月平均ドル・ペソレート÷CPI÷12 カ月によって算出．実質化は 2006 年＝100 とする CPI を用いて算出．
（出所）BSP HP（アクセス日：2018 年 8 月 29 日）．Philippine Statistics Authority, *Family Income and Expenditure Survey*, various issues.

BSP）の推計によると，2015 年には 256 億ドルを記録した[6]。1990 年に貿易赤字の 3 割に過ぎなかった海外送金は 2002 年に貿易赤字額を上回ると，2012 年には 2 倍を超える規模にまで拡大した。フィリピンは輸出構造や産業構造の転換を進めることなく，海外送金によって対外バランスを改善することに成功したのである[7]。

　海外送金は対外バランスの改善をもたらしただけでなく，フィリピン国内に購買力を供給し，家計消費を刺激した。表 5-3 は 1 カ月当たり送金額と一世帯当たり 1 カ月平均所得の推移を示したものである。海外送金のペソ換算実質額は 2012 年にサブプライムローン問題によるペソ高の影響から一旦減少したものの，期間中に 15 倍もの伸びを示している。一方，平均世帯所得は実質額で，ほとんど変化していない。平均世帯の実質所得額が低迷するなか，海外送金の受け取りが国内消費を刺激し，内需主導の経済成長を下支えしてきたのである。GDP の 7 割以上を占める家計最終消費支出が成長を牽引し，2001 ～ 2010 年の平均成長率は 4.4％とタイ，マレーシアを上回り，2010 年には ASEAN4 のなかでも最高の 7.6％を記録した。その立役者となった OFWs はフィリピン国内において"National Hero"と敬称され，「海外送金依存内需主導型」経済成長と呼びうる構造が，2000 年代のフィリピン経済を特徴づけていた。

3．海外送金依存内需主導型経済成長の課題

　人口増加率が高いフィリピンでは，労働力市場に対する供給圧力を緩和するため，マルコス政権期の 1970 年代初頭から海外への労働力送出が政策的に

表 5-4　労働力の推移とシェア （単位：千人，％）

	1990	1995	2000	2005	2010	2015
総人口	60,703	68,617	76,504	88,548	92,335	100,979
労働力人口	24,244	28,040	30,908	36,213	38,893	41,343
就業者数	21,212	25,698	27,775	33,560	36,035	38,741
失業者数	2,032	2,342	3,133	2,653	2,859	2,958
不完全失業者数	4,964	5,552	5,527	6,746	6,738	7,180
OFWs	662	719	734	1,205	1,644	2,083
就業率	91.6	91.6	89.9	92.7	92.7	93.0
失業率	8.4	8.4	10.1	7.3	7.4	7.0
不完全失業率	23.4	19.8	19.9	20.1	18.7	18.5

（注）値は Philippine Statistics Authority が年3回実施する労働力調査（Labor Force Survey：LFS）の平均値。
（出所）Philippine Statistics Authority, *Philippine Statistical Yearbook*, various issues.

推し進められてきた。推計によると OFWs として海外で働くフィリピン人の累計者数は2010年に400万人を超えた。労働力人口には含まれない彼ら／彼女たちが，仮に国内労働力市場に加わり職を得られなかった場合，失業率は16.6％へと跳ね上がる。そのため，海外への労働力送出政策は失業率の緩和に一定の役割を果たしてきたといえる。しかし，国内には OFWs の潜在的予備軍とも呼べる不完全失業者が大量に存在し，2000年代に入っても増加を続け，2015年には出国した OFWs の3倍を超えた（表5-4）。つまり，OFWs の増加は国内にディーセントな雇用が生み出されてこなかったことの裏返しともいえる[8]。

産業部門別就業者数の推移を示した表5-5を確認すると，農林漁業部門は絶対数で増加しているが，1990年から2015年までの平均伸び率は2.1％にとど

表 5-5　産業部門別就業者数の推移 （単位：千人，括弧内％）

	1990	1995	2000	2005	2010	2015
農林漁業部門	9,891 (44.5)	11,147 (43.4)	10,181 (37.1)	11,628 (36.0)	11,956 (33.2)	11,294 (29.2)
鉱工業部門	3,422 (15.4)	4,139 (16.1)	4,455 (16.2)	5,025 (15.6)	5,399 (15.0)	6,276 (16.2)
サービス業部門	8,809 (39.7)	10,391 (40.5)	12,818 (46.7)	15,661 (48.5)	18,682 (51.8)	21,171 (54.6)
総数	22,211	25,677	27,453	32,313	36,035	38,741

（出所）Philippine Statistics Authority, *Yearbook of Labor Statistics*, various issues.

表 5-6　職種別就業シェアの推移（％）

	2006	2007	2008	2009	2010	2011	2012	2013	2014	2015
政府・関連職員，民間経営者，管理職	11.7	11.8	12.7	13.5	13.8	14.0	14.9	16.2	16.0	16.2
専門職	4.3	4.3	4.5	4.6	4.7	4.7	4.8	4.9	5.0	5.1
技術者，準専門職	2.7	2.7	2.6	2.7	2.6	2.6	2.7	2.6	2.6	2.7
事務員	4.6	4.9	5.0	5.3	5.6	5.7	5.6	5.9	6.2	6.4
顧客サービス，販売員	9.6	9.7	10.0	10.5	10.7	11.1	12.1	12.3	12.6	12.7
農家・林家，漁師	18.8	18.1	17.6	16.7	15.9	15.4	14.1	13.1	13.5	12.9
卸売仲買業者	8.6	8.4	8.0	7.6	7.7	7.4	6.7	6.8	6.8	6.7
機械操作，組立工	7.6	7.7	6.9	6.3	6.3	6.0	5.4	5.2	5.2	5.4
肉体・未熟練労働	31.7	32.0	32.3	32.5	32.3	32.6	33.4	32.5	31.9	31.6

（出所）Philippine Statistics Authority, *Yearbook of Labor Statistics*, various issues.

まり，就業者総数に占めるシェアも44.5％から29.2％へ低下した。鉱工業部門における就業者平均伸び率は4.3％のマイナスを記録し，増加する労働力人口を吸収したのはサービス部門であった。1990年にサービス部門の就業者数は農林漁業部門を下回っていたが，2015年には就業者総数の半数を超える2117万人に増加した。業種別には「小売，卸売，修理業」の686万人がサービス業就業者の中心を占め，全就業者数に占める割合でも2割に達する。

さらに表5-6の職種別就業構成からは，「肉体・未熟練労働」がフィリピンの労働力市場の中心を占めていることが見て取れる。また，「農家・林家，漁師」や「機械操作，組立工」などの第一次産業や第二次産業に属する職種のシェアが低下する一方，「顧客サービス，販売員」など，サービス業関連のシェアが拡大してきたことも確認できる。2000年代の成長局面における雇用の増加は，職種別には「顧客サービス，販売員」と「肉体，未熟練労働」によるものであり，業種別には小規模零細事業者を中心とする「卸売，小売，修理業」であったといえる。

つぎに，表5-7から業種別職種別実質平均賃金（日給）の推移を確認していく。世帯の実質平均所得が成長局面にあってもほとんど変化していなかったことは先述した通りだが，実質賃金はほぼすべての分類において低下している。職種別では「政府及び関連職員，民間経営者，管理職」と「専門職」，業種別では「電気，ガス，水道業」の賃金が高水準に位置するが，「政府及び関連職員，民間経営者，管理職」を除けば，いずれの就業者数も全就業者の5％以下

表 5-7 業種別職種別平均実質賃金の推移（日給，ペソ）

		2001	2003	2005	2007	2009	2011	2013	2015
業種別	全職業部門	275.1	271.1	258.8	259.1	250.4	251.7	260.6	267.6
	農林漁業	136.7	132.5	128.9	128.9	125.0	125.5	127.1	137.4
	製造業	279.9	279.6	260.1	269.4	258.3	251.0	256.7	253.5
	電気，ガス，水道	413.7	410.2	444.7	447.7	401.1	430.2	–	–
	建設業	259.6	258.4	248.8	248.9	238.3	235.5	238.1	241.0
	卸売，小売，修理業	246.4	248.3	229.4	235.7	222.0	218.7	218.7	222.1
	宿泊，飲食業	251.0	247.8	234.0	235.7	227.8	222.1	220.3	230.4
	運輸，倉庫業，通信業	284.7	279.5	300.0	334.5	319.8	314.8	–	–
	金融，保険業	481.9	481.7	470.6	460.1	444.1	419.2	447.1	424.3
	行政サービス	414.5	435.3	417.9	400.0	373.3	395.0	417.8	411.4
職種別	政府・関連職員，民間経営者，管理職	604.9	627.9	612.6	626.1	592.4	593.7	629.2	612.0
	専門職	593.0	579.7	532.1	519.3	507.3	538.3	569.4	571.3
	技術者，準専門職	398.2	401.7	379.9	380.6	374.0	365.8	378.0	367.4
	事務員	318.7	315.7	310.5	328.2	319.1	326.3	332.6	335.0
	顧客サービス，販売員	240.7	241.3	223.9	222.7	215.8	212.1	211.8	214.8
	農林家，漁師	141.2	136.9	143.1	172.7	151.2	155.3	218.5	218.1
	卸売仲買業者	245.8	249.2	241.4	245.0	234.9	231.2	232.9	238.7
	肉体・未熟練労働	149.6	149.3	143.9	144.7	138.5	139.9	145.4	154.1

（注）2006年＝100とする実質賃金。2012年以降，「電気，ガス，水道」は「電気，ガス，蒸気及び空調供給業」と「水道」に，また「運輸，倉庫業，通信業」は「運輸，倉庫業」と「情報・通信業」にそれぞれ分類が変更されたことから，2013年，2015年の数値は掲載していない。
（出所）Philippine Statistical Authority, *Yearbook of Labor Statistics*, various issues.

を占めるにすぎない。一方，それぞれ雇用の3割前後を占める農林漁業と「肉体・未熟練労働」の賃金は全業種平均の半分程度にとどまり，就業者数が増加している「卸売，小売，修理業」と「顧客サービス，販売員」の賃金は平均を下回っている。

2000年代の内需主導の経済成長は，「卸売，小売，修理業」といった業種をはじめとするサービス業の雇用を拡大してきたが，そこでの雇用は低賃金に特徴づけられていた。結果，不完全失業率の改善は捗らず，その数も増加しつづけている。海外送金による内需主導の経済成長は，潜在的失業者に特徴づけられた労働力市場の構造を改善することなく，むしろ潜在的失業者を再生産し，OFWsを生み出す低賃金雇用を構造化してきたのである。

その結果，歴代政権が政策の最優先事項として掲げてきた貧富の格差は

依然としてフィリピン社会の構造的課題となっている。フィリピン統計局（Philippines Statistics Authority：PSA）の家計調査（Family Income and Expenditure Survey：FIES）によれば，フィリピンでは上位20％の所得層が下位20％の所得層の8倍以上を支出し，国民所得の1/3以上が上位10％の富裕層によって占められる状況にある。ジニ係数についても1985年の0.4104から2012年の0.4649へと悪化している。政府が発表する貧困ライン以下の世帯割合は，C・アキノ政権下の30％前後からラモス，エストラーダ，アロヨ政権を経て，ベニグノ・アキノ（Benigno Aquino III）政権期に16.5％の水準まで低下したものの，フィリピンの民間調査機関「ソーシャル・ウェザー・ステーションズ（Social Weather Stations：SWS）」（SWS 2018）によれば，自身が「貧困状態にある」と評価する人々の割合は依然として50％を超えている。海外送金の増加により，フィリピン人の消費水準は増加しているが，拡大する格差のために人々の意識は20年前とほとんど変わらない状況にある。

おわりに

フィリピン経済は「失われた10年」とも呼ばれるマルコス政権下の深刻な景気後退から抜け出し，1990年代から2000年代にかけて，その成長を加速させた。しかし，社会的流動性の停滞と拡大する経済格差は成長からの疎外と政治不信が絡み合って貧困層の不満を増長させ，ポピュリズム的なエストラーダ政権を誕生させた。また，2016年には歯に衣着せぬ発言で物議を醸すロドリゴ・ドゥテルテ（Rodrigo Duterte）元ダバオ市長が大統領に選出された。犯罪者や犯罪者と疑われる人間に対する超法規的対応が国内外からの強い批判を受けているが，エストラーダ大統領を退陣に追い込んだ大衆抗議行動へと発展することはなく，むしろ広範な支持を集めている。SWSの調査によれば，ドゥテルテ大統領の支持率は依然7割を超える水準にある。また，同じくSWSが実施している「民主主義の働きに対する満足度調査」でも，エストラーダとアロヨ政権期に急落した値はB・アキノ政権期を上回り史上最高を記録している（SWS 2018）。

法を蔑ろにするかのようなドゥテルテ大統領の発言や行動を受け入れている国民の反応は，ともすれば民主主義の後退とも受け取れる事態である。だが，経済成長の実現にもかかわらず，成長の果実が国民の間に広く分配されることなく所得格差の拡大を招いた結果，政治に対する期待が経済成長ではなく犯罪対策や治安対策など人々の日常生活にとってより切実な問題に向けられるようになったことが，ドゥテルテ大統領に対する支持の背景にあるだろう。

1986年2月のピープル・パワーによって独裁者を追放して実現された民主化の実態は，マルコス以前の伝統的な寡頭支配体制への復帰にすぎず，民主化の前後で経済政策に断絶や変化はほとんど見られなかったとされる。民主化はあくまで政治的領域に限られ，社会経済的領域には及ばない変化だったのである（藤原 1992, 326）。したがって，フィリピンの社会状況のなかで民主主義が果たしてきた役割は社会改革の面での有効性ではなく，むしろイデオロギー機能による政治的安定効果に求められる（田巻 1993, 265）。民主主義に対する国民の信頼は，民主体制が「国民の意思を政治に十分反映させるものでなく，社会改革に対する効力も乏しい状況下でも，合法性という点から国家支配の正当化の論拠として政治的安定に貢献する」ことを示している（田巻 1993, 255-256）。

民主化以降のフィリピンの経験は，経済成長が格差の是正など社会改革の面での有効性を果たしえず，民主主義の安定を促す役割が限られているなかでも，フィリピンの人々の心に今なお深く刻み込まれているピープル・パワーという政治経験が，「腐敗した権力」に対する国民の政治的抵抗を正当化する「神話」として，人々の民主主義に対する信頼の基盤として根付いていることを示している（矢野 2003a, 333）。

（森元 晶文）

注
1　ただし，15世紀後半頃から16世紀前半にかけて，カリマンタン・スマトラ・ジャワ・マラッカなどの南方諸地域や中国南部との交易が盛んになり，ホロ島やマニラなど海上交通の要衝には交易港が開かれていた。スルー諸島では14世紀後半頃からイスラム社会が形成され，15世紀中頃にはスルタンを頂点とする部族国家が成立していた（池端・生田 1977, 15）。
2　フィリピン社会における伝統的な価値観として，「恩義の念」あるいは「義理」とも訳される，

「ウタン・ナ・ロブ（utang na loob）」はフィリピン人なら誰もがわきまえているものとされている。恩恵を受けている人々の恩義に対して，できるだけのことをして報いなければならず，それを怠った場合，その人物は「ワラン・ヒヤ（walang hiya）」すなわち「恥知らず」と呼ばれ，強い非難と社会的制裁を受けることになる。

3　例えば，藤原（1988），浅野（1991），田巻（1993），矢野（2003a, b, c, d；2004）がマルコス体制崩壊過程を詳細に論じている。また，体制崩壊に重要な役割を果たした市民社会の複雑な役割を分析したものとしては，五十嵐（2011）を参照。

4　1987年オムニバス投資法（共和国法第226号）は，優遇措置を伴う外国及び内国の投資に関する基本的な法律で奨励措置を規定している。1991年外国投資法（共和国法第7042号）は優遇措置を伴わない外国投資に関する基本的な法律で，ネガティブリストに記載された分野以外への外資は100％認められる。1995年特別経済区法（共和国法第7916号）は，輸出加工区及び特別経済区（Special Economic Zones）に関する総括的な法律で最も多くの奨励措置を規定している。

5　電気・電子機械部門内での供給額と需要額が，それぞれ同部門の中間供給総額と中間需要総額に占める割合。2006年の場合，電気・電子機械部門内での中間供給総額9,860億ドルに対して，同部門の中間供給総額は1兆2,626億ドルであった。

6　フィリピンでは海外送金についてフィリピン中央銀行（Banko Sentral ng Pilipinas：BSP）が公表する統計と，フィリピン統計局（Philippine Statistics Authority：PSA）の「海外フィリピン人調査（Survey on Overseas Filipinos：SOF）」による統計がある。BSPの統計は銀行を介した送金を集計したものであり，また移民も含めた海外に居住するフィリピン人（Overseas Filipino：OF）による送金額であるため，フィリピン海外雇用庁（Philippine Overseas Employment Administration：POEA）の認可を受けたOFWsによる送金だけではない。一方，SOFの海外送金統計にはOFからの送金は含まれないが，毎年4月1日から9月30日までの間に海外で雇用契約を結んでいる人を対象としている。そのため両統計とも，OFWsによる送金額を正確に反映したものとはなっていない。ただし，SOFはOFWsが受け取った給与総額を聞き取っていないことから，送金額が過小評価されているとの指摘がPSA自身によってなされている。また海外送金の集計にはOFWsとしての正確な出国者数や銀行を介さない送金の把握など，さまざまな困難が指摘されている（PSA, Technical Notes on the Survey on Overseas Filipinos (SOF), January 8, 2005）。以上の制約を念頭におきつつ，本章ではBSPの海外送金統計を用いていく。

7　フィリピンをはじめ，途上国に流入する海外送金の急速な拡大を受け，2006年にはIMFと世界銀行がそれぞれの『世界経済見通し』のなかで，海外送金が途上国経済に及ぼす影響を分析した。いずれの分析においてもマイナス面があるものの，海外送金は途上国の経済成長，さらには世界経済全体の拡大にとってプラスの影響をもたらすものと評価している（The World Bank 2006；IMF 2005）。

8　労働力調査はPSAが年4回（1月，4月，7月，10月）実施する標本調査である。全国から調査対象世帯が抽出され，統計局から派遣された調査員が対象世帯で聞き取り，質問票を埋めていく。調査の実施日から1週間前までの世帯構成員の就業状況について確認する。10月に実施される労働力調査では，同時に世帯構成員の海外就労状況について聞き取りが行われるが，対象期間が4月1日から9月30日までの半年間であることから，OFWsの総数を把握することはできない。一方，POEAが公表している数値は海外への就労契約の許認可機関によるものであることから，OFWsの総数を把握する上では，こちらの数値の方が実態に近い。ただし，POEAでもOFWsの帰国者については調査していないため，契約者数と実際のOFWsの総数が完全に一致しているとは限らない。

参考文献

日本語文献：

浅野幸穂（1991）『フィリピン：マルコスからアキノへ』アジア経済研究所。
浅野幸穂（2002）「フィリピン—現代史のサイクル再考」末廣昭編『岩波講座　東南アジア史 9』岩波書店。
五十嵐誠一（2011）『民主化と市民社会の新地平—フィリピン政治のダイナミズム—』早稲田大学出版部。
池端雪浦・生田滋（1977）『フィリピン・マレーシア・シンガポール』山川出版社。
岩崎育夫（1994）「ASEAN 諸国の開発体制論」岩崎育夫編『開発と政治—ASEAN 諸国の開発体制』アジア経済研究所。
岩崎育夫（1998）「開発体制の起源・展開・変容　東・東南アジアを中心に」東京大学社会科学研究所編『20 世紀システム 4　開発主義』東京大学出版会。
岩崎育夫（2009）『アジア政治とは何か—開発・民主化・民主主義再考』中央公論新社。
太田和宏（2005）「未完の社会改革—民主化と自由化の対抗」川中豪編『ポスト・エドサ期のフィリピン』アジア経済研究所。
風間信隆（2001）「東アジア自動車産業の発展と変容—アジア経済危機の影響を中心として—」『明大商学論叢』第 83 巻第 3 号。
川中豪（1996）「フィリピンの官僚制」岩崎育夫・萩原宜之『ASEAN 諸国の官僚制』アジア経済研究所。
川中豪（1997）「フィリピン—「寡頭支配の民主主義」その形成と変容」岩崎育夫編『アジアと民主主義—政治権力者の思想と行動—』アジア経済研究所。
川中豪（2018）『後退する民主主義　強化される権威主義』ミネルヴァ書房。
日下渉（2013）『反市民の政治学　フィリピンの民主主義と道徳』法政大学出版局。
清水一史（1998）『ASEAN 域内経済協力の政治経済学』ミネルヴァ書房。
末廣昭（1998）「発展途上国の開発主義」東京大学社会科学研究所編『20 世紀システム 4　開発主義』東京大学出版会。
末廣昭（2002）「総説」末廣昭編『岩波講座　東南アジア史 9』岩波書店。
助川成也（2010）「FTA 時代を迎える ASEAN と変わる各国産業・企業の競争環境」『RIM 環太平洋ビジネス情報』日本総研、Vol. 10, No. 38。
高橋彰（1992）「フィリピン—混迷と希求と—」東京大学社会科学研究所編『現代日本社会　第 3 巻　国際比較 [2]』東京大学出版会。
滝川勉（1976）『戦後フィリピン農地改革論』アジア経済出版会。
田巻松雄（1993）『フィリピンの権威主義体制と民主化』国際書院。
田巻松雄（2001）「政治社会の連続性と変容　国家・中間層・市民社会」中西徹・児玉徹・新津晃一編『アジアの大都市 [4] マニラ』日本評論社。
永井善子（1989）「フィリピンの農村社会」北原淳編『東南アジアの社会学』世界思想社。
早瀬晋三（2009）『未完のフィリピン革命と植民地化』山川出版社。
平川均（1994）「NIES の経済発展と国家」萩原宜之編『講座現代アジア 3　民主化と経済発展』東京大学出版会。
平川均（1998）「権威主義体制と民主化」佐藤元彦・平川均編『第四世代工業化の政治経済学』新評論。
平川均・河合伸（2010）「東アジアにおける自動車産業の発展と国際分業の変容—タイとフィリピンを中心にして—」平川均ほか編『東アジアの新産業集積：地域発展と競争・共生』学術出版会。
藤原帰一（1988）「フィリピンにおける「民主主義」の制度と運動」『社會科学研究』第 40 巻第 1 号。

藤原帰一（1989）「フィリピン政治と開発行政」福島光丘編『フィリピンの工業化　再建への模索』アジア経済研究所。
藤原帰一（1992）「「民主化」の政治経済学」東京大学社会科学研究所編『現代日本社会　第 3 巻　国際比較〔2〕』東京大学出版会。
藤原帰一（1998）「ナショナリズム・冷戦・開発　戦後東南アジアにおける国民国家の理念と制度」東京大学社会科学研究所編『20 世紀システム 4　開発主義』東京大学出版会。
矢野秀徳（2003a）「伝統的エリート民主主義の「復権なき復活」（1）―戦後フィリピン政治体制変動に関する一試論―」『北大法学論集』第 54 巻第 1 号。
矢野秀徳（2003b）「伝統的エリート民主主義の「復権なき復活」（2）―戦後フィリピン政治体制変動に関する一試論―」『北大法学論集』第 54 巻第 3 号。
矢野秀徳（2003c）「伝統的エリート民主主義の「復権なき復活」（3）―戦後フィリピン政治体制変動に関する一試論―」『北大法学論集』第 54 巻第 4 号。
矢野秀徳（2003d）「伝統的エリート民主主義の「復権なき復活」（4）―戦後フィリピン政治体制変動に関する一試論―」『北大法学論集』第 54 巻第 5 号。
矢野秀徳（2004）「伝統的エリート民主主義の「復権なき復活」（5）―戦後フィリピン政治体制変動に関する一試論―」『北大法学論集』第 55 巻第 1 号。
山根健至（2014）『フィリピンの国軍と政治－－民主化後の文民優位と政治介入』法律文化社。
ユベール・エスカット・猪俣哲史（2011）『東アジアの貿易構造と国際価値連鎖　モノの貿易から「価値」の貿易へ』独立行政法人日本貿易振興機構。
尹春志（2008）「東南アジア経済統合の現状と課題：地域化と地域主義の論理から見た ASEAN」『東亜経済研究』第 67 巻第 2 号。

外国語文献：
Anderson, Benedict (1988) "Cacique Democracy in the Philippines: Origins and Dreams," *New Left Review*, No. 169, May/June.
Dahl, Robert A. (1971) *Polyarchy: Participation and Opposition*, Yale University Press, New Haven.（ロバート・A・ダール著／高畠通敏・前田脩訳『ポリアーキー』三一書房，1981 年）
Huntington, Samuel P. (1991) *The Third Wave: Democratization in Late Twentieth Century*, University of Oklahoma Press, Norman.（S・P・ハンチントン著／坪郷實・中道寿一・藪野祐三訳『第三の波―20 世紀後半の民主化』三嶺書房，1995 年）
International Monetary Fund (2005) *World Economic Outlook: Globalization and External Imbalances*, International Monetary Fund, April.
Lipset, Seymour Martin (1960) *Political Man: The Social Bases of Politics*, Heinemann, London.（S・M・リプセット著／内山秀夫訳『政治のなかの人間』東京創元新社，1963 年）
Philippine Statistics Authority (2005) *Technical Notes on the Survey on Overseas Filipinos* (*SOF*), January.
Philippine Statistics Authority, *Family Income and Expenditure Survey*, various issues.
Philippine Statistics Authority, *Philippine Statistical Yearbook*, various issues.
Philippine Statistics Authority, *Yearbook of Labor Statistics*, various issues.
Social Weather Stations (2007) "June 2007 Social Weather Survey," *National Survey*, June.（www.sws.org.ph，2018 年 11 月 17 日閲覧）
Social Weather Stations (2015) "Fourth Quarter 2015 Social Weather Survey," *National Survey*, December.（www.sws.org.ph，2018 年 11 月 17 日閲覧）
Social Weather Stations (2018) "Third Quarter 2018 Social Weather Survey," *National Survey*,

September (www.sws.org.ph, 2018年11月17日閲覧)
The World Bank (2006) *Global Economic Prospects 2006: Economic Implications of Remittances and Migration*, The World Bank.

第 6 章

太平洋郵船外輪船図・考
―― アジアにおける経済発展と民主化との関連で ――

はじめに

　21世紀社会を変化させる最大の要因は移民の流入・流出になろう。世界大的に言えることはアジアについても言いうる。中国の場合，早くも20世紀初頭の清朝改革や辛亥革命において東南アジア華僑が一定の役割を果たしたが（Godley 1981），1970年代末の改革開放政策への転換以来，東南アジアから中国本土に乗り込んだ華僑資本，たとえばタイのCPグループの先進的な役割がよく知られているし，今日の中国の経済発展においても国外の中国人移民の役割は決して小さくない。

　移民の影響はこのような中国本国へのブーメラン効果だけではない。中国人移民はその受入国にも大きな影響を与えた。もちろん移民は近代に始まったのではなく，タイのように古くからの中国人の移動が存在する。しかし，移動が大規模化したのは19世紀に欧米海運会社による汽船航路が開かれてからである。たとえば汕頭・バンコク間の北ドイツ・ロイド社の航路開設により増大した潮州人のタイへの流入はタイにおける潮州グループの優位をゆるぎないものとしたし，アメリカ太平洋郵船の香港・横浜・サンフランシスコ間の外輪船による定期航路開設は北米における中国人移民コミュニティの形成を促進したのである。

　移民先コミュニティの様相は，独立を保ち王制を保持したタイにおける中国人の高い同化傾向や，シンガポール中国人移民指導者のイギリスとの密接な関係（リー・クアンユーはイギリス植民地政府の官吏であったという過去を持ち，イギリスに留学している），アメリカのカリフォルニアでは中国人移民の

出身地別同郷団体であるシックス・カンパニーズが形成されたなどという相違がありながらも，中国人としての価値観をも相当程度に共有しており，この相違と共通性の双方が中国人移民を受容した社会のシステムに影響を与えたと考えられる。

　中国系の人々は勤勉で商才に恵まれ，現地に根付いた人々は経済的な繁栄を手にする者が多かったが，19世紀に海運の航路が開かれたことで彼らの経済的発展が実現し，移民という出自がそれぞれの地域の民主主義の発展に独特の影響をもたらしたと言えよう。本研究では太平洋郵船外輪船図を詳細に考察することで，中国人移民運搬における輸送実態の資料を提供したいと考えている。

　表題の太平洋郵船とは Pacific Mail Steamship Company のことで，略称はP. M. S. S. Co. である。日本では，太平洋海飛脚船會社，PM社，あるいはパシフィック・メール社とも呼ばれ，幕末・明治初期日本の貨客輸送に携わり，激動の日本に大きな影響を与えたアメリカの海運会社である。

　1867年，従来アメリカの沿岸航路に従事していた太平洋郵船は太平洋横断航路の開設に乗り出し，同年1月1日に第1船コロラド号をサンフランシスコから出港させたのを皮切りに，いずれも4000トン前後の大型外輪船6隻（うち1隻は後に投入）をサンフランシスコ・横浜・香港間の主航路に投入し，そのローテーションによる定期運航を開始した。また，この主航路に連絡する副航路として，横浜を南下して瀬戸内海に入り，兵庫・長崎・上海に至る沿岸航路と，少し遅れて横浜から北には箱館に至る沿岸航路とを開設し，この副航路にはトン数で半分程度の同社の中型外輪船を投入した。

　当時の横浜居留地の外国人は主航路の大型外輪船の快適さを大いに気に入り，太平洋往還に利用するようになったのだが，福沢諭吉，高橋是清，岩倉使節団や新島襄（帰路）たち多くの日本人も，サンフランシスコとの往還の際に乗船したのである。太平洋郵船の大型外輪船は，アメリカ（とヨーロッパ）との安定した交通を確立することによって，近代日本の発展に海運面から大きな寄与をしたということができる。

　主航路の大型外輪船だけではない。副航路に就航していた太平洋郵船の中型外輪船も，幕末・明治初期の動乱の日本において大きな役割を果たしたのであ

る。本章では紙幅の関係で詳述することはできないが，たとえば近時の報道が伝えたように，1869年に新政府軍が借り上げた太平洋郵船の外輪船ハーマン号が熊本藩の兵士を乗せたまま和歌山沖で沈没し，その調査が水中考古学者たちによって行われているのである（読売新聞 2018/8/8）。これは同郵船の中型外輪船が日本の戊辰戦争にも兵員輸送の面から参加していたことを意味する。

　横浜を中心とする太平洋郵船外輪船団のこのような活躍は，横浜市山手の外人墓地に1867〜1873年の幕末・明治初期に埋葬された太平洋郵船の乗組員の多さからも分かる。

　1980年に横浜市が編集・出版した『市民グラフ ヨコハマ』No. 33には，外人墓地に埋葬されている人々の氏名・死亡年・死亡理由・職名がひとつずつ解説されており，大変興味深いのだが，そこから筆者が太平洋郵船の乗組員と思われる人をピックアップして合計すると，同郵船の大型外輪船・中型外輪船の船員は合わせて13人にも達している。この多さは幕末・明治初期の日本において，太平洋郵船所属の外輪船団の横浜を中心とする活躍がいかに大きかったかを物語っている（『市民グラフ ヨコハマ』No. 33, 1980, 4, 7-8, 14-16, 18-19, 22, 24, 30-31, 35)。

　13人の船員のうち，主航路の大型外輪船に乗り込んでいたのは6人。うち2人は「PM汽船コロラド号（職名なし），1867年」「PM汽船グレート・リパブリック号3等航海士，1871年」と墓碑銘に記されている。その他1872年に横浜寄港中に火事になったアメリカ号の船員が4人。いずれも1872年アメリカ号で死去，職名は同号の機関士・コック・操舵見張り員・肉屋と各墓碑に記されている。

　船名から中型外輪船の乗組員と分かるのは5人で，「PM汽船コスタリカ号1等機関士，1870年」「PM汽船コスタリカ号2等航海士，1870年」「PM汽船コスタリカ号舵取り，1871年」「PM汽船ゴールデン・エイジ号船大工，1872年」，「PM汽船ゴールデン・エイジ号水番，1874年」である。この他，墓碑に「PM汽船の船大工，1873年」「PM汽船機関士，1873年」とのみ記載され，船名が不明のため，乗り組んでいた船が大型外輪船（主航路）だったのか中型外輪船だった（瀬戸内海・上海間副航路）かという区別がつかない方が2人いる（なお，この他「PM汽船グレート・リパブリック号上で死去，1871

年」と記されている墓が1つあるが，職名が記されておらず，太平洋郵船の乗組員か乗客なのか不明のため数値には含めていない）。

　同郵船の太平洋横断定期航路の開設が大きな影響を与えたのは日本の近代だけではない。後に見るように同郵船は定期航路開始以降，香港からサンフランシスコに向かう中国人移民運搬をほぼ独占するようになり，中国人移民が太平洋を横断する主な交通手段となったのである。

　よく知られているように，今日の中国の経済発展は1979年以来の改革開放政策への転換に伴い流入した外資によるところが大きい。その中でも東南アジア華僑と並び在アメリカ中国人移民もまた一定の役割を果たしたのであるが，その基礎は，この時期に香港から太平洋郵船の大型外輪船でサンフランシスコに渡った大量の中国人移民によって築かれたということができる。

　このように，太平洋郵船は今日につながる日本と中国の近代に大きな影響を与えたにもかかわらず，日本ではその実態が明らかになっているとは言い難い。たとえば次に述べるように，岩倉使節団が横浜から乗船した太平洋郵船の大型外輪船アメリカ号を一昔前の帆船のような鋭角のクリッパー（快走帆船）型船首に描いた時代錯誤の絵画が今日でもまかり通っているのは，当時のアメリカ太平洋郵船の実態が歴史学においてなお十分には認識されていないためであろう。

　筆者は前稿「描かれた外輪船と太平洋認識——聖徳記念絵画館所蔵岩倉大使出立図によせて」において，1871年に岩倉使節団が横浜から乗船した太平洋郵船の外輪船アメリカ号の実際の船首は同号の他の僚船と同様にほぼ直角であったにもかかわらず，山口蓬春作聖徳記念絵画館所蔵岩倉大使出立図では鋭角に描き変えられた理由について考察した（藤村 2018a）。その後も筆者は調査を続行してきたのだが，以下の疑問はなお消えない。

① 　山口蓬春画伯が参考にしたとされる三の丸尚蔵館所蔵岩倉公絵巻物の外輪船絵画は「アメリカ号」と題されている。しかしその絵の外輪中に描かれている船名は，研谷紀夫・上野秀治（2014, 92）が指摘したように，"GREAT REPUBLIC" となっており，絵のモデルはアメリカ号の僚船グレート・リパブリック号と思われる。なぜアメリカ号と誤認されたのか。

② 上記の三の丸尚蔵館「アメリカ号」の船首はほぼ直角（約90度）に描かれているのに，これを参考にしたはずの聖徳記念絵画館所蔵山口蓬春作岩倉大使出立図中の「アメリカ号」は船首が鋭角（約45度）になっている。なぜ描き変えられたのか。

③ 上記三の丸尚蔵館所蔵の岩倉公絵巻物の下絵は，京都市歴史資料館所蔵の「具視公御一代絵巻15巻（岩倉具視関係資料）」とされる。筆者は確認のため京都市所蔵の外輪船の絵を歴史資料館から送付していただいたのだが（同資料館のご親切に改めて感謝したい），その絵の外輪中に描かれている船名は"GREAT REPUBL"で，語尾は2文字欠けているが，この外輪船もアメリカ号の僚船グレート・リパブリック号と思われる。この船首も三の丸尚蔵館の「アメリカ号」と同様にほぼ直角（約90度）に描かれているが，何をモデルとしたのか。

④ グレート・リパブリック号の実際の船首は，筆者が前稿に掲載した同号の写真のように直角であった（藤村 2018a, 35（図6））。したがって三の丸尚蔵館所蔵岩倉公絵巻物と京都市歴史資料館所蔵「具視公御一代絵巻15巻（岩倉具視関係資料）」の両外輪船のモデルがグレート・リパブリック号なら，両図の直角船首は実物を忠実に描いたものということができる。では両図はグレート・リパブリック号の実物写生なのか，それともグレート・リパブリック号を忠実に写生した他の絵の模写なのか。

上の問いの他にも，1934年に山口蓬春が描いた岩倉大使出立図は聖徳記念絵画館に所蔵されたのち，数年を経て戦前の日本史教科書に掲載され，しかも戦後の日本史教科書にも掲載され続けている。時代考証はなぜ無かったのであろうか。それはなぜ受容し続けられたのであろうか。また実体を示す証拠や実態を重視する歴史学は，古く新しい問題で言い古されてはいるが，絵画や芸術作品・物語・言説とどのように向き合えばよいのだろうかという大きな問題も残る。

本章では上記①～④の疑問で焦点となっている2つの外輪船，すなわちグレート・リパブリック号とアメリカ号とに絞り，今日でも得られる具体的な資料を整理しておくことが将来の研究にとって有益と思われたので，とりあえず

両船に関わる運航状況と絵画とを提示しておくことにしたい。

運航状況の資料は，香港政庁報告（HK *Gazette*：*The Hongkong Government Gazette*）中の各年港務局長報告（HK *Harbour*：*Harbour Master's Reports*），横浜の英字新聞ジャパン・ウィークリー・メイル（*JWM*：*Japan Weekly Mail*），サンフランシスコ市政報告（*SFMR*：*San Francisco Municipal Reports*）と同地の新聞デーリー・オールタ・カリフォルニア（*DAC*：*Daily Alta California*）とに主に依拠したが，スミスの客船事典（*Passenger Ships of the World Past and Present*）（Smith 1978），ケンブルの論文「太平洋横断外輪船」"Side-Wheelers Across the Pacific"（Kemble 1942），およびアメリカ汽船歴史学会の『アメリカ外洋汽船写真集』（*Photographic Portraits of American Ocean Steamships 1850-1870*）（The Steamship Historical Society of America 1986）をも参照した。

グレート・リパブリック号とアメリカ号の2外輪船についての絵画については，①「アメリカ号」と題された宮内庁三の丸尚蔵館所蔵岩倉公絵巻物中の外輪船図，②「アメリカ号」の下絵とされる京都市歴史資料館所蔵「具視公御一代絵巻15巻」（岩倉具視関係資料）中の外輪船図，③アメリカのハンティントン・デジタル・ライブラリー（Huntington Digital Library）所蔵グレート・リパブリック号の3図を掲げておこう。

以下，目次のように「Ⅰ」節で太平洋郵船の外輪船運航全体の概略，「Ⅱ」節でグレート・リパブリック号の運航実態，「Ⅲ」節でアメリカ号の運航実態，「Ⅳ」節で絵画3点の掲出の順に論を進めよう。

Ⅰ．太平洋郵船の外輪船運航（1870～1871年）

本章では後に同郵船の大型外輪船グレート・リパブリック号とアメリカ号の運航実態を紹介するが，その前に表6-1で1870年～1871年の2年間についてのみ，太平洋郵船の大型外輪船が香港・サンフランシスコ間を往復していた概略を簡単に見ておきたい（藤村 2015, 62）。表は香港着発記録のみで，その前後の横浜寄港などについては記されていないけれども，グレート・リパブリッ

表6-1 香港・サンフランシスコ間太平洋郵船外輪船（1870-1871年）

1870年 香港からサンフランシスコへ

月	日	船名	トン数	中国移民
1	12	ジャパン号	4352	253
2	12	チャイナ号	3836	722
3	12	アメリカ号	4454	1154
	23	Wm. Wilson	858	381
	28	Malay	812	278
4	5	Niagara	1359	532
	12	ジャパン号	4352	1276
	14	Panther	1185	401
	26	Henry Reed	888	351
	30	Witch of the Wave	1020	418
5	7	F. A. Palmer	1626	825
	12	グレート・リパブリック号	3881	1231
	31	Sardis	1249	287
6	11	チャイナ号	3836	558
7	12	ジャパン号	4352	267
8	12	アメリカ号	4454	116
9	12	グレート・リパブリック号	3881	100
10	12	チャイナ号	3836	72
11	12	ジャパン号	4352	67
12	12	アメリカ号	4454	105
		運搬移民計		9394

1870年 サンフランシスコから香港へ

月	日	船名	トン数	中国移民
1	7	ジャパン号	4352	565
2	9	チャイナ号	3836	288
3	7	アメリカ号	4454	78
4	6	ジャパン号	4352	168
5	7	グレート・リパブリック号	3881	140
6	1	チャイナ号	3836	146
7	4	ジャパン号	4352	140
8	8	アメリカ号	4454	182
9	5	グレート・リパブリック号	3881	318
10	4	チャイナ号	3836	380
11	4	ジャパン号	4352	525
12	6	アメリカ号	4454	672
		運搬移民計		3602

1871年 香港からサンフランシスコへ

月	日	船名	トン数	中国移民
1	12	グレート・リパブリック号	3881	139
2	11	ジャパン号	4352	61
3	13	アメリカ号	4554	291
4	12	グレート・リパブリック号	3881	1115
	19	Helen Morris	1285	87
5	1	Edward James	528	195
	12	Otago	895	302
	12	チャイナ号	3836	966
6	12	アメリカ号	4554	363
7	12	ジャパン号	4352	284
8	12	チャイナ号	3836	198
9	12	アメリカ号	4554	130
10	12	ジャパン号	4352	235
11	11	グレート・リパブリック号	3881	229
12	12	アメリカ号	4554	253
		運搬移民計		**4848**

1871年 サンフランシスコから香港へ

月	日	船名	トン数	中国移民
1	6	グレート・リパブリック号	3881	549
2	4	ジャパン号	4352	350
3	7	アメリカ号	4554	130
4	6	グレート・リパブリック号	3881	73
5	6	チャイナ号	3836	83
6	3	アメリカ号	4554	114
7	5	ジャパン号	4352	120
8	2	チャイナ号	3836	190
9	2	アメリカ号	4554	231
10	3	ジャパン号	4352	256
11	4	グレート・リパブリック号	3881	475
12	5	アメリカ号	4554	620
		運搬移民計		3191

(注) 1. 出港側タイトルは，"RETURN of EMIGRANT SHIPS cleared by the Emigration Officer. during the Year ending 31st December." 1870-1871 各年。
2. 帰港側タイトルは，"RETURN of VESSELS bringing CHINESE PASSENGERS to the Port of Victoria. Hongkong. from Places out of China. during the Year ending 31st December." 1870-1871 各年。
3. 1871年帰港者合計は筆者集計では表のように3191であるが，原本では3378となっている。理由は不明。

(出所) HK *Harbour*, 1870-1871．（藤村 2015，61-62）

ク号とアメリカ号だけでなく,他の外輪船をも含む同郵船の外輪船運航の全体的状況を大まかに把握することができよう。

なお表6-1の(注)1に記したように,香港政庁は20人以上の中国人移民を運んでいた船を移民船と呼び,出港側統計のタイトルは"RETURN of EMIGRANT SHIPS cleared by the Emigration Officer, during the Year ending 31st December"となっている。香港・サンフランシスコ間の中国人移民運搬に圧倒的なシェアを誇るようになっていた太平洋郵船の外輪船も香港政庁にとっては「エミグラント・シップ」の1つであり,同郵船の収入の大きな部分を占め(Kemble 1942, 28, 31),外輪船は移民運搬船という性格を持っていたのだが,この性格が今日でも日本でほとんど認識されていないのは,横浜寄港時には,サンフランシスコに向かう移民の大部分が沖合の船中に残っていたので,日本人の目に触れなかったためであろう。

たとえば表6-1左側の最下段には,1871年12月12日にアメリカ号が253人の中国人移民を乗せて香港を出港したと記録されている。このアメリカ号こそ岩倉使節団を乗せた当の外輪船で,横浜の *JWM* の記録では,同号は,香港出港後,同年12月20日に横浜に到着,同月23日に岩倉使節団を乗せて横浜を出港してサンフランシスコに向かったのである(旧暦でなく新暦であることに注意されたい)。船中の中国人移民の数は,上のように香港の記録では253人であったが,横浜 *JWM* の "shipping intelligence"では「サンフランシスコ行き255人」とわずかな誤差があるけれども,移民たちはアメリカ号の格安のステアリッジ(大部屋)空間に寝泊まりしながら,岩倉使節団とともにそのままサンフランシスコに向かったことに間違いなかろう(藤村 2015, 64, 表4および(注)4)。

II. グレート・リパブリック号の運航

1. グレート・リパブリック号の進水

図6-1は,1866年11月8日にニューヨークの造船所を進水したグレート・リパブリック号のイラストで,ニューヨークの週刊誌ハーパーズ・ウィーク

図6-1 グレート・リパブリック号の進水

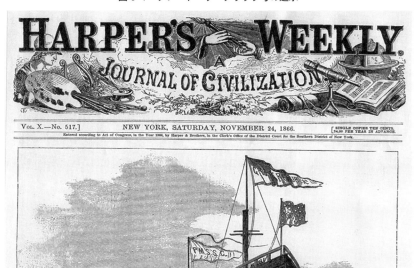

(出所) *Harpar's Weekly*, November 24, 1866.(本の友社復刻版 2001)

リーの表紙に掲載されたものであるが (*HARPER'S WEEKLY*, November 24, 1866)，表紙に掲載されたことを考えても，太平洋郵船の大型外輪船の進水はニューヨーク市民の大きな関心を集めたと思われる。

同誌はこのイラストついて，「太平洋郵船のマンモス汽船グレート・リパブリック号の進水」というリードに続く記事で，ニューヨークのヘラルド紙の解説を次のように引用している。

　巨大で荘厳な汽船グレート・リパブリック号はグリーンポイントのヘンリー・ステアーズ造船所から成功裏に進水した。大勢のご婦人方を含む約 2000 人の人々が集まり，その多くはこの機会を利用してその船に同乗した。[中略] 太平洋郵船のために建造されたグレート・リパブリック号はカリフォルニアのサンフランシスコと中国・日本の商業都市の間に就航することになっている。当市のウィリアム・H・ウェッブ造船所は，グレート・リパブリック号の正確な複製のような汽船を現在建造中で，工事は相当に進捗し，同じ航路に配備される予定である。

　グレート・リパブリック号をサンフランシスコ・神奈川（日本）・香港（中国）間の同航路での定期運航に遅滞なく配備できるとなれば，来年の初め頃に運航されることになるが，同号は早春には海に乗り出す準備ができている。サンフランシスコ出港から帰港までの往復航海には約 2 ヶ月かかる。[中略] グレート・リパブリック号はこれまでに合衆国，おそらくは世界で建造された最も大きな商業用木造汽船であろう。[後略]（*HARPER'S WEEKLY*, November 24, 1866（本の友社復刻版 2001，742））

グレート・リパブリック号の建造に並行してウェッブ造船所で造られていた同型の外輪船とは，建造年・造船所名から推してチャイナ号あろう。というのも太平洋郵船の 6 つの大型外輪船のうち，ウェッブ造船所で造られたのはコロラド号（1865 年）とチャイナ号（1867 年）だけで，残りの 4 船は全てヘンリー・ステアーズ造船所で，グレート・リパブリック号が上記のように 1867 年，ジャパン号 1867 年，アラスカ号 1868 年，アメリカ号は最後の 1869 年に建造されたからである（藤村 2015，57）。

Ⅱ. グレート・リパブリック号の運航　145

　このうちコロラド号は1867年から始まる太平洋郵船の太平洋横断航路の第一船となった栄誉を担うのだが，それは太平洋郵船とアメリカ政府との契約により，同郵船が1867年1月から航海を開始する必要があり，それに間に合うように大型外輪船ではあったが，沿岸航路に従事していたコロラド号をサンフランシスコの埠頭で改装し，いわば間に合わせに投入したのであり (Kemble 1942, 14-15)，太平洋郵船がサンフランシスコ・横浜・香港航路の主力と想定したのは他の5つの大型外輪船であった。

　5つの大型外輪船が造られた1867年から1869年のわずか3年間はまさにニューヨークにおける巨大外輪船の建造ラッシュということができ，南北戦争後のアメリカ東部資本の太平洋進出への熱気が感じられるのだが，外輪船団の主力船のうち，チャイナ号を除く他の4船（グレート・リパブリック号，ジャパン号，アラスカ号，アメリカ号）を建造したのは上述のようにニューヨークのロング・アイランドにあったヘンリー・ステアーズ造船所であった。今日では歴史地区となっているグリーンポイントのこの造船所こそ日本の幕末・明治に海を越えてやってきた巨大外輪船団の主要な建造者であったということができる。

　ハーパーズ・ウィークリーの表紙に掲載されたように，グレート・リパブリック号はヘンリー・ステアーズ造船所から進水の後，1867年5月14日に試運転を行った後，同月18日に出港し，南アメリカ南端のマゼラン海峡に南下し，ホーン岬を越えて北上，サンフランシスコに向かった。同号が太平洋横断に携わったのは，1867年9月3日からである (The Steamship Historical Society of America 1986, 34)。

2．グレート・リパブリック号の運航実態

　グレート・リパブリック号の運航状況を，香港の各年港務局長報告 (HK *Harbour*)，横浜の英字新聞 (*JWM*)，サンフランシスコ市政報告 (*SFMR*) と同地の新聞 (*DAC*) に主に依拠しながら後掲の表6-2で見ることにしよう。

　航海②が比較的に詳しくなっているのは，カリフォルニアの新聞デーリー・オールタ・カリフォルニア (*DAC*) が利用できたからである。括弧内の人数はグレート・リパブリック号が運搬した中国人移民数（合計）を示し，「サ」

はサンフランシスコである。

　なお表6-2はグレート・リパブリック号の運航に限定され，他の外輪船は記載されていないので，簡単に補足しておくと，同号の香港到着に先立って，上述のようにこの年の1867年1月1日に太平洋郵船の第一船コロラド号がサンフランシスコを出港し，同年1月31日には香港に到着している。同コロラド号の2回目の香港到着は同年5月7日，3回目の香港到着は同年8月5日であった。このように1867年に太平洋を渡った初船のコロラド号の3回の航海の頃には，太平洋郵船の大型外輪船による運航は，後の月一回の定期的な運航にはなお整えられてはいなかったのである（藤村 2015, 61）。ちなみにコロラド号1回目の航海の帰路には福沢諭吉が，3回目の航海の帰路には高橋是清が，横浜から乗船してサンフランシスコに向かっている。

　これに続いて10月4日にグレート・リパブリック号が香港に到着したので，太平洋郵船外輪船の最初の太平洋横断3航海はコロラド号が担い，4回目に初めてグレート・リパブリック号が登場したことになる。グレート・リパブリック号は2番手だったのである。続く同年11月14日にはチャイナ号が到着しているので，チャイナ号は3番手ということになる。

　さて表6-2に戻ろう。表6-2の航海①〜⑦に横浜発着情報がないのは，横浜の *JWM* 紙が利用できず香港の HK *Harbour* しか利用できなかったためである。上述のようにグレート・リパブリック号はニューヨークから南アメリカ南端を越えた後に北上し，サンフランシスコに到着した後，香港に向けてサンフランシスコを1867年9月3日に出港しているが（The Steamship Historical Society of America 1986, 34），その後，同号は1867年10月4日に660人の帰国中国人移民を乗せて香港に着いたことが表6-2航海①から分かる。サンフランシスコ・香港間の横断はほぼ1カ月で，概ね予定通りだった。

　なお表のように，グレート・リパブリック号の航海は①〜㉘で，合わせて28回である。この航海数は，筆者が HK *Harbour* その他の海事情報の収集に基づいているが，同号の航海が全部で28往復であったというアメリカ汽船歴史学会の記述とも一致し（The Steamship Historical Society of America 1986, 34），表6-2の信頼性は高いといえる。

Ⅱ．グレート・リパブリック号の運航　147

表6-2　グレート・リパブリック号の運行実態

①	1867年10月4日香港着（660人）			
②	1868年1月14日香港着（1,200人）←1月6日横浜発←1868年1月3日横浜着←1867年12月4日サ発			
	1868年1月16日香港発→1868年1月23日横浜着→1868年1月26日横浜発→2月16日サ着（375人）			
③	1868年8月4日香港着			
④	1868年11月6日香港着（675人）→11月16日香港発（290人）→			
⑤	1869年2月12日香港着（486人）→2月19日香港発（230人）→			
⑥	1869年5月10日香港着（105人）→5月19日香港発（1,249人）→			
⑦	1869年8月6日香港着（150人）→19日香港発（479人）→			

航海	香港 [HK Gazette]	横浜 [JWM]	横浜 [JWM]	サンフランシスコ
⑧	5月7日着（140人）←	1870年4月29日発	1870年4月28日着	←発
	5月12日発（1,231人）→	1870年5月20日着	1870年5月22日発	→着
⑨	9月5日着（318人）←	1870年8月27日発（280人）	1870年8月26日着	←発
	9月12日発（100人）→	1870年9月20日着	1870年9月23日発（100人）	→着
⑩	1871年			
	1月6日着（549人）←	1870年12月30日発	1870年12月29日着	←発
	1月12日発（139人）→	1871年1月20日着	1871年1月23日発	→着
⑪	4月6日着（73人）←	1871年3月29日発	1871年3月27日着	←発
	4月12日発（1,115人）→	1871年4月20日着	1871年4月22日発	→着
⑫	11月4日着（475人）←	1871年10月27日発	1871年10月25日着	←9月30日発
	11月11日発（229人）→	1871年11月19日着	1871年11月23日発	→着
⑬	2月14日着（422人）←		1872年2月7日着	←発
	2月17日発（206人）→	1872年2月25日着（276人）	1872年2月28日発	→着
⑭	着（n.a.）←	1872年5月3日発	1872年5月1日着	←4月5日発
	5月15日発（1,208人）→	1872年5月21日着	1872年5月25日発	→着
⑮	8月3日着（139人）←	1872年7月26日発（137人）	1872年7月24日着	←7月1日発
	8月12日発（249人）→	1872年8月20日着	1872年8月22日発	→着
⑯	11月4日着（407人）←	1872年10月29日発	1872年10月26日着	←10月1日発
	11月12日発（306人）→	1872年11月21日着	1872年11月24日発	→着
⑰	7月18日着（81人）←	1873年7月10日発	1873年7月9日着	←発
	7月26日発（104人）→	1873年8月2日着	1873年8月6日発	→着
⑱	10月18日着（250人）←	1873年10月11日発	1873年10月10日着	←発
	10月23日発（104人）→	1873年11月1日着	1873年11月2日発	→11月23日着
⑲	1874年			
	1月8日着（656人）←	(n.a.)発	1873年12月29日着	←12月1日発
	2月12日発（265人）→	1874年2月22日着	1874年2月24日発	→3月19日着
⑳	5月5日着（180人）←	1874年4月28日発	1874年4月27日着	←発
	5月13日発（1,030人）→	1874年5月21日着	1874年5月23日発	→6月15日着
㉑	8月1日着（312人）←	1874年7月20日発	1874年7月20日着	←発
	8月5日発（464人）→	1874年8月13日着	1874年8月14日発	→9月4日着
㉒	11月6日着（645人）←	1874年10月29日発	1874年10月28日着	←発
	11月11日発（481人）→	1874年11月21日着	1874年11月23日発（500人）	→12月18日着
㉓	2月15日着（296人）←	1875年2月7日発	1875年2月5日着（295人）	←発
	3月1日発（938人）→	1875年3月9日着	1875年3月11日発（938人）	→4月4日着
㉔	6月7日着（239人）←	1875年5月29日発	1875年5月28日着（239人）	←発
	6月13日発（938人）→	1875年6月22日着（938人）	1875年6月24日発（938人）	→着
㉕	9月6日着（267人）←	1875年8月28日発	1875年8月27日着	←発
	9月15日発（491人）→	1875年9月23日着	1875年9月26日発	→着
㉖	3月11日着（76人）←	1876年3月3日発	1876年3月2日着	←発
	3月15日発（1,074人）→	1876年3月24日着	1876年3月26日発	→着
㉗	7月8日着（242人）←	1876年6月30日発（233人）	1876年6月29日着	←6月1日発（243人）
	7月15日発（134人）→	1876年7月23日着	1876年7月25日発（140人）	→着
㉘	10月9日着（153人）←	1876年9月30日発（253人）	1876年9月27日着	←発
	10月16日発（196人）→	1876年10月24日着	1876年10月7日発（196人）	→着

（注）②は*DAC*，⑫⑭⑮⑯⑲㉗のサンフランシスコ出発日は*JWM*，⑱～⑳のサンフランシスコ到着日は*SFMR1873-4*，㉑～㉓の同到着日は*SFMR1874-5*．
（出所）HK *Gazette*；*JWM*；*SFMR1873-4*；*SFMR1874-5*．

III. アメリカ号の運航

　1869年にニューヨークのヘンリー・ステアーズ造船所で竣工した外輪船アメリカ号は，上述のグレート・リパブリック号のように南アメリカ南端を越えてサンフランシスコに北上し，サンフランシスコから西に向かったのではなく，つまり地図でいえば右から左へ来たのではなく，下のニューヨーク・タイムズ紙の記事のように，大西洋からシンガポールを経て香港へ，つまり地図でいえば，左から右にアジアへやってくることになる。

1．アメリカ号の処女航海
　1869年4月29日付ニューヨーク・タイムズ紙は「新汽船アメリカ号の試運転」("Trial Trip of the New Steamer America")と題して次のような記事を掲載した。

　　昨日午前8時すぎ，太平洋郵船［Pacific Mail Steamship Company］の素晴らしい新汽船アメリカ号（セス・ドーン船長）はノース・リバー43番埠頭から試運転に出て［中略］午後5時に同埠頭に戻った。同船の賞賛すべき海洋航行能力は十分に証明され，分速14回転の推進力も容易に維持した。カリフォルニア・日本・中国間の郵便ルート用に造られた4隻の蒸気船のなかで，アメリカ号が最後である。同船の建造は，外輪が張り出していることを除き［except that she has "overhung" wheels］，同船に先だつグレート・リパブリック号，チャイナ号，ジャパン号と全ての点で同じ計画に沿っていた［中略］。アメリカ号は4400登簿トン，5300貨物容積トン，太平洋郵船会社のためにヘンリー・ステアーズ（アラン・マクレイン会長）が建造し，エンジンはノベルティ・アイロン・ワークスが作った。［中略］同船は間もなく世界周航に出発する予定で，喜望峰，ポイントデガル［スリランカ南西部の港］，シンガポールから香港へ向かう。香港で同船はサンフランシスコへの合衆国郵便航路を担うのだが，1869年9月18日に香港を出発すること

Ⅲ．アメリカ号の運航　149

になっている［後略］（*New-York Times*, April 29, 1869）。

　この記事はアメリカ号がニューヨークから香港に出発する約5カ月も前に書かれたのだが，同号は，次の表6-3の最上段に記されているように，1869年9月にシンガポールからの中国人帰国移民153人を乗せて香港に着き，ニューヨーク・タイムズ紙が報じた日程通り9月18日に中国人出国移民710人を乗せて香港を出港し（航海①），サンフランシスコに向かったのである（HK *Gazette*, March 12, 1870, 115-17）。

　同号のサンフランシスコ到着は同年10月20日で，到着の翌10月21日付デイリー・オールタ・カリフォルニアの新聞は"Arrival of the New Steamer America"との見出しで次のように報道している。

　　太平洋郵船の汽船アメリカ号は中国・日本から昨日到着したが，通常と異なる大量のニューヨーク向け直航船荷を運んできた。その8000箱ものパッケージ中には7000以上の茶箱がある。中国人・日本人船客は約800人を数え，［中略］。

　　アメリカ号が当港に現れるのは初めてなので，大きな注意を集めたのは当然で，［中略］同号は特に太平洋郵船の中国貿易のためにニューヨークで前の冬に建造され，5月27日に同市を離れた。［中略］アメリカ号はグレート・イースタン号というただ一つの例外を除き，浮かんでいる最大の旅客船である（*DAC*, 21 October 1869）。

　アメリカ号は太平洋郵船所属の大型外輪船のなかで4454トンと最大であったが（藤村 2015, 57），上記より，同号が太平洋郵船の定期航路往還の任に就航したのは，ニューヨークからシンガポール経由で香港に着いたのち，1869年9月18日に香港からサンフランシスコに向けて出港してからということになる。

2．アメリカ号の運航実態

　ではその後のアメリカ号の運航ダイヤを主に香港政庁港務局と横浜の英字新

150　第6章　太平洋郵船外輪船図・考

表6-3　アメリカ号の運行実態

航海	香港 [HK *Gazette*]	横浜 [*JWM*]	横浜 [*JWM*]	サンフランシスコ
	シンガポールから 1869年9月着（153人）			
①	9月18日発（710人）→ （太平洋航路参入）	1869年9月26日着 （横浜初寄港）	1869年9月29日発	→10月20日着
②	12月9日着（1016人）← 12月18日発（668人）→	1869年12月2日発（1008人） 1869年12月26日着	1869年11月30日着 (n.a.) 発	←11月4日発 →(n.a.) 着
③	3月7日着（78人）← 3月12日発（1154人）→	1870年2月27日発 1870年3月20日着	1870年2月24日着（78人） 1870年3月23日発	←(n.a.) 発 ←(n.a.) 着
④	8月3日着（182人）← 8月12日発（116人?）→	1870年7月26日発 1870年8月19日着	1870年7月24日着 1870年8月22日発（330人）	←7月1日発 ←(n.a.) 着
⑤	12月6日着（672人）← 12月12日発（105人）→	1870年11月28日発 1870年12月20日着（105人）	1870年11月25日着（661人） 1870年12月23日発	←(n.a.) 発 ←(n.a.) 着
⑥	3月7日着（130人）← 3月13日発（291人）→	(n.a.) 発 1871年3月21日着（300人）	(n.a.) 着 1871年3月24日発	←(n.a.) 発 ←(n.a.) 着
⑦	6月3日着（114人）← 6月12日発（363人）→	1871年5月26日発 1871年6月20日着	1871年5月25日着 1871年6月23日発（358人）	←(n.a.) 発 ←(n.a.) 着
⑧	9月2日着（231人）← 9月12日発（130人）→	1871年8月26日発 1871年9月20日着（137人）	1871年8月23日着（227人） 1871年9月23日発	←(n.a.) 発 ←(n.a.) 着
⑨	12月5日着（620人）← 12月12日発（253人）→	1871年11月28日発 1871年12月20日着（255人）	1871年11月26日着 **1871年12月23日発** （岩倉使節団が乗船）	←(n.a.) 発 ←(n.a.) 着
⑩	3月14日着（107人）← 3月16日発（1223人）→	1872年3月6日発 1872年3月24日着	1872年3月5日着 1872年3月26日発	←(n.a.) 発 ←(n.a.) 着
⑪	(n.a.) 着← 6月12日発（957人）→	1872年5月27日発 1872年6月20日着（982人）	1872年5月24日着 1872年6月22日発	←(n.a.) 発 →(n.a.) 着
⑫			**1872年8月24日着（175人）** （着いた日の夜に出火）	←8月1日発

（注）①横浜発日は *JTOM*，サンフランシスコ発着日については①が *DAC*，②は *JTOM*，④⑫は
　　　JWM に依拠した。
（出所）HK *Gazette* ; *JWM* ; *JTOM* ; *DAC* より筆者が抽出・整理。

聞から見ることにしよう。

3．アメリカ号の火災

　1872（明治5）年8月24日，サンフランシスコから香港に向かう途中，横浜港に停泊中の大型外輪船アメリカ号に火災が発生。表6-3の航海⑫のように同号が横浜に着いたその日の午後11時ごろのことで，横浜の夜を照らしたこ

の火事について，ある居留地外国人は後に次のように回想している。

　　［前略］。横浜経由で香港・サンフランシスコ間を運航していたP. M. S. S. Co.［太平洋郵船 Pacific Mail Steamship Company の略称］の外輪汽船はとても快適な客船で，太平洋を25日から30日間で横断していた。往復とも多くの中国人苦力を乗せた。1872年8月，その汽船アメリカ号がサンフランシスコからの通常の航海の後に当地に到着した。24日午後11時ごろ港に投錨中のアメリカ号から出火，同船は木造で甲板に［on the upper and hurricane decks］木造部がたくさんあり，瞬く間に船全体が一つの大きな火炎となり，夜を照らしたので，本牧を見下ろす山手さえも火事で明るくなり，時計の文字盤も容易に読めたほどだった。中国人の乗組員や船客の多くが死亡し，なかには稼いだアメリカの金貨や銀貨を身につけて飛び降りたため，泳げなくなって水死した者も出た。［中略］。米船ラカワンナ号が大砲を撃って燃えるアメリカ号を沈めようとしたが，この「外洋航海」船［"outside walkee" ship］は頑丈にできすぎていたのでまったく効果がなかった。古城［Old Fort］近くの神奈川に曳航されて浜に引き上げられたが，沈む前にほとんど燃えつきてしまった。残骸は売却され，最後には解体された。［後略］。（筆者は匿名で "ESTO SOL TESTIS." Japan Gazette 1909, 15-16）。

　上掲の回想は，1982年，横浜市は上述のジャパン・ガゼットが1909年に組んだ特集 *Yokohama Semi-Centennial. Specially Compiled and Published to Celebrate the Fiftieth Anniversary of the Opening of Japan to Foreign Trade* ［「開港記念日特集，外国人が見た幕末・明治の横浜─全訳『ジャパン・ガゼット横浜50年史』」（半沢正時監修，バーナード恭子・小玉敏子訳）『市民グラフヨコハマ』（No. 41）］に掲載されている。特集には上掲匿名回想の他にもマリア・ルース号事件に関する叙述なども掲載され，大変参考になった。特集の原文は，今日では国立国会図書館サーチで検索できる（筆者の場合は同国会図書館の提携図書館である神奈川大学図書館で原英文をプリントアウトさせていただいたが，改めて神奈川大学図書館に感謝しておきたい）。

　アメリカ号の火災は日本の写真家下岡蓮杖が写真に撮り，またイギリス海兵

図 6-2 外輪船アメリカ号の火災

(出所) *The Illustrated London News*, Nov. 9, 1872, p. 202.

隊の士官ブリッジフォードが精細なイラストと説明とを『イラストレイテッド・ロンドンニュース』に残している。筆者は下岡の写真とブリッジフォードのイラストを前稿ですでに紹介したが（藤村 2018a, 41），ここではブリッジフォードの臨場感のあるイラストを前稿よりも拡大して上の図 6-2 に再掲しておこう。

Ⅳ．外輪船 3 図

表 6-2 と表 6-3 の運航実態から，グレート・リパブリック号とアメリカ号の日本における目撃可能期間は，グレート・リパブリック号が 1867 年 9 月〜1876 年 10 月，アメリカ号は 1869 年 9 月〜1872 年 8 月ということになる。グレート・リパブリック号の目撃可能期間が約 10 年であるのに対して，アメリ

カ号は火事のためにわずか4年であった。

次の3つの外輪船図は，図6-3が宮内庁三の丸尚蔵館所蔵の『岩倉公画伝草稿絵巻』中の「太平洋郵船アメリカ号」と題された外輪船の絵画で，制作年は1890年（明治23年）頃，田中有美が制作したとされる（宮内庁三の丸尚蔵館編 2014，26，101）。図6-4はその絵の下絵とされる京都市歴史資料館所蔵「具視公御一代絵巻15巻」（岩倉具視関係資料）中の外輪船図である。日本にあるこの2つの外輪船図はアメリカ号とみなされているけれども，本稿「はじめに」で述べたように，外輪の中央に描かれた船名が，図6-3（宮内庁三の丸尚蔵館所蔵）では"GREAT REPUBLIC"，図6-4（京都市歴史資料館所蔵）では"GREAT RPUBL"となっているので，ともにグレート・リパブリック号と思われる。

図6-5はアメリカのハンティントン・デジタル・ライブラリー（Huntington Digital Library）所蔵のグレート・リパブリック号の図である。

1．「アメリカ号」——三の丸尚蔵館図と京都市歴史資料館図

まず図6-3と図6-4は日本で「アメリカ号」とされてきた外輪船図であるが，上述のように，図6-3と図6-4の外輪船中の英語船名から両船のモデルはグレート・リパブリック号と思われる。ただ，その由来については錯綜しており，筆者はなお解明できていないため，図の提示のみにとどめておきたい。

図6-3 「アメリカ号」と題された外輪船

（出所）宮内庁三の丸尚蔵館編（2014）26頁。

図6-4 「アメリカ号」の下絵とされる外輪船

(注) 資料等特別利用許可書(歴史第121号,平成30年8月12日)。
(出所) 京都市歴史資料館所蔵「具視公御一代絵巻15巻」(岩倉具視関係資料)。

2．グレート・リパブリック号
　　——ハンティントン・デジタル・ライブラリー図

　図6-5はハンティントン・デジタル・ライブラリー(ハンティントン図書館)所蔵のグレート・リパブリック号図であるが,同デジタル・ライブラリーには,これと同じ太平洋郵船のグレート・リパブリック号の図が他にも2つ存在する。その他にも,本章図6-1のハーパーズ・ウィークリー誌の表紙に掲載されたグレート・リパブリック号の進水の絵が1枚ある。4図とも制作者はチャールズ・パーソンズ(Charles Parsons)と記されている。なおいずれの

図6-5 グレート・リパブリック号

(出所) Huntington Digital Library.

図も制作年が1867年と記されているので，グレート・リパブリック号が進水した1867年に制作されたと思われる。詳細は不明であるが，船の前部マストには日の丸の旗が掲げられ，背景に富士山のような山が描かれているので，日本が想定されているようであるが，ハンティントン・デジタル・ライブラリーの解説では，ボート（船の下に描かれているが，本図では省略してある）上の「中国服を着た人々が同船の船客に手を振っている」と記されている。

画家による実物の写生が可能なのは，同号が運航されていた1867〜1876年の10年間であるから，図6-5のハンティントン・デジタル・ライブラリー所蔵のグレート・リパブリック号図が1867年制作となっているのはうなずける。

しかし図6-3と図6-4の，ともにアメリカ号とされてきた日本に所蔵されている外輪船（グレート・リパブリック号）の図は，実物の写生なのか，他の絵の模写なのかを含め，いつ，誰が，どのように描いたのかは謎のままである。今後の課題としたい。

おわりに

1867年1月1日，アメリカの海運会社太平洋郵船の大型外輪船コロラド号は，サンフランシスコを出港し，横浜経由で香港に到着した。これを皮切りに，「はじめに」で述べたように，同郵船の6隻の大型外輪船がローテーションを組みながらサンフランシスコ・横浜・香港間の主航路に就航し，後には横浜・兵庫・長崎・上海間，さらに横浜・箱館間に副航路が中型外輪船を中心に連結されることになる。

主航路の外輪船団は，多くの中国人移民を運搬していたところから，香港政庁からエミグラント・シップと呼ばれ，また，日本各地に中型の外輪船の絵画や写真が残っているのは，副航路におけるアメリカ外輪船団登場の表現でもあった。

北米・北太平洋・アジア間に就航していた当時の船は，大まかには，①船首がクリッパー型（clipper bow，鋭角的船首）の帆船，②外輪船ではあるが船首は帆船のようなクリッパー型，③外輪船で船首はほぼ直角，④スクリュー船

で船首はほぼ直角という順序をたどったのである。

「はじめに」で述べた筆者の疑問はなお解けていないのだが，グレート・リパブリック号とアメリカ号の運航実態を確定し，実物の写生が可能な時期を絞り込むことができ，将来の解明に向かって一歩を進めることができたと思う。

太平洋郵船の外輪船については，1870年代にスクリュー船に代わった後，日本郵船の台頭によって航路の多くを失い，その活躍期間は長いとはいえない。また社名も曲折を経てダラー社から現在ではアメリカン・プレジデント・ライン（APL）へと変わったために，日本人の記憶からは薄れている。しかし同郵船の外輪船が，日本の幕末・明治初期という変革期に果たした役割も，また中国人移民運搬に当時中心的な役割を果たしていたことを考慮に入れると，現在の中国・日本につながる近代の太平洋郵船の役割は，産業革命期の鉄道と同様，決して小さくなかったと考えられ，調査は今後も続ける必要があろう。

（藤村 是清）

参考文献

略語一覧：
HK：Hong Kong Government
HK *Harbour*：*Harbour Master's Reports* 各年版。
HK *Gazette*：*The Hongkong Government Gazette* 各号。
JTOM：*The Japan Times' Overland Mail* 各号。
JWM：*The Japan Weekly Mail* 各週号。
SFMR 1873-4：*San Francisco Municipal Reports for the Fiscal Year 1873-4*, ending June 30, 1874.
SFMR 1874-5：*San Francisco Municipal Reports for the Fiscal Year 1874-5*, ending June 30, 1875.
DAC：*Daily Alta California* 各号。

日本語文献：
宮内庁三の丸尚蔵館編（2014）『明治天皇を支えた二人　三条実美と岩倉具視――一代絵巻が物語る幕末維新』（三の丸尚蔵館展覧会図録 No. 56）宮内庁。
久米邦武編（1997（1878［明治10］））『米欧回覧実記』1（田中彰校注）岩波書店。
聖徳記念絵画館（1932［昭和7］）『聖徳記念絵画館壁画集解説（乾）』明治神宮奉賛会。
研谷紀夫・上野秀治（2014）「「贈太政大臣岩倉公画伝草稿」の成立にみる幕末・維新史の図像化」宮内庁三の丸尚蔵館『三の丸尚蔵館年報・紀要』19，平成24年度。
日本近代史研究会（代表服部之総）編（1951［昭和26］）『画報近代百年史1――1850-1872』国際文化情報社。
日本近代史研究会（色川大吉等）編（1965［昭和40］）『国民の歴史第4巻――文明開化の諸相』国

文社.
藤村是清(2015)「太平洋郵船外輪船中国人ステアリッジ船客の統計的再検討(1867-1871年)」『神奈川大学アジア・レビュー』Vol. 2, 56-68頁.
藤村是清(2017a)「19世紀後半中国南部・イギリス諸島移民統計に見る出入国パターン」『神奈川大学アジア・レビュー』4号, 44-57頁.
藤村是清(2017b)事典項目「華僑送出港の旅客統計にみる移民サイクル」,「華僑華人と移動に関する統計,中国出入国の統計」(付録2),「移民航路と運航ダイヤ」(付録3)『華僑華人の事典』丸善出版.
藤村是清(2018a)「描かれた外輪船と太平洋認識——聖徳記念絵画館所蔵岩倉大使出立図によせて」『神奈川大学アジア・レビュー』5号, 31-44頁.
藤村是清(2018b)「移民サイクル再考 ―― 国際学会報告"The Migration Effects of Chinese Returnees on Emigration in the Late 19th Century as Compared to European Migration"について」.
横浜市(1980)「全ページ特集 山手外人墓地 社会文化『人名事典』」『市民グラフ ヨコハマ』33.
横浜市(1982)「開港記念日特集,外国人が見た幕末・明治の横浜――全訳『ジャパン・ガゼット横浜50年史』」(半沢正時監修,バーナード恭子・小玉敏子訳)『市民グラフ ヨコハマ』41.
読売新聞(2018年8月8日付)辻本芳孝(文化部)「戊辰戦争の考古学3,勝浦沖に眠る新政府軍の船」.

外国語文献:

Chandler, Robert J. and Stephen J. Potash (2007) *Gold, Silk, Pioneers & Mail, The Story of the Pacific Mail Steamship Company*, San Francisco: Friends of the San Francisco Maritime Museum Library.

City of New York and Edward J. Koch (Mayor) (1982) *Greenpoint Historic District, Designation Report*.

Godley, Michael R. (1981) *The Mandarin-capitalists from Nanyan 1893-1911*, Cambridge University Press, Cambridge.

Harper's Weekly (November 24, 1866) 本の友社復刻版 (2001) *Harper's Weekly* ⑳, Vol. X, July-December, 1866.

Japan Gazette Yokohama Semi-Centennial. Specially Compiled and Published to Celebrate the Fiftieth Anniversary of the Opening of Japan to Foreign Trade. (1909)

Kemble, John Haskell (1942) "Side-Wheelers across the Pacific," *The American Neptune, A Quarterly Journal of Maritime History*, American Neptune, Incorporated Salem, Massachusetts.

Lindsay, W. S. (1965 [1874, London edition]) *History of Merchant Shipping and Ancient Commerce*, vol. 4, New York: AMS Press Inc.

New-York Times, April 29, 1869.

Smith, Eugene W. (1978) *Passenger Ships of the World, Past and Present*, Boston: George H. Dean Company.

Steamship Historical Society of America, Inc., (1986) *Photographic Portraits of American Ocean Steamships, 1850-1870*, Providence Rhode Island: The Steamship Historical Society of America, Inc.

Tate, E. Mowbray. (1986) *Transpacific Steam, The Story of Steam Navigation from the Pacific Coast of North America to the Far East and the Antipodes*, 1867-1941, New York: Cornwall Books.

ウェブサイト：
Huntington Digital Library（2011）http://cdm16003.contentdm.oclc.org/cdm/search/searchterm/pacific%20mail/mode/all/order/nosort/page/1（2018年10月31日閲覧）
University of Hong Kong Libraries, *Hong Kong Government Reports Online*（1853-1941）（HKUL Digital Initiative）http://lib.hku.hk/database/（2008年12月28日閲覧）

第7章

現代タイにおける政治的対立の歴史的背景
——2014年のクーデターにいたるまで——

はじめに

　現代タイは，特に1980年代末からの経済的な飛躍の一方で，1997年のアジア通貨危機を経て，2006年以降は国家を分断するような政治社会的な対立の根をかかえている。この近年の混乱は，2006年9月，前年の総選挙で圧倒的多数を占めていたタイ愛国（タイラックタイ）党[1]の党首タクシン・チナワット首相[2]が軍部のクーデターによって政権の座から引きずり下ろされたことがひとつの端緒となっている。その後，タクシンを軸とするタクシン派と反タクシン派の政治・社会運動を大きな焦点とする対立の構図が生み出され，国内に大きな混乱を引き起こすこととなった。対立と混乱は，2007年と2011年の総選挙を間にはさみながら，特に首都のバンコクにおいて，その時々の政権に対する大規模な反政府デモを引き起こし，攻守を入れ替えながらも毎年のように死傷者を出す武力衝突にまでいたっている。

　こうしたバンコクを中心とする対立と緊張の中で，2014年5月20日，軍のプラユット・チャンオーチャー陸軍司令官[3]が，政治的混乱の収拾と秩序の維持を名目として全土に戒厳令を発令することになる。5月22日には，プラユットがテレビを通して演説を行い，軍が全権を掌握したとしてクーデターを宣言した。プラユットを議長とする国家平和秩序維持評議会（コー・ソー・チョー：NCPO）が設置され国政を担うことが示されたのである。その後，8月にプラユットは軍が中心となって選んだ立法議会から暫定首相として任命され，選挙を先延ばしにしながら19年1月現在にいたるまで首相の任に就いている。

　こうして14年クーデター後のタイは軍主導政府の統制下におかれ，表面上

は衝突がおさえられているが，むしろ対立が水面下に隠されたとも言える。更に16年10月には長らくタイ社会の秩序の要となってきたプミポン国王が逝去したことで，今後の行方が一層不透明となったとも言えるだろう。

　タイはかつて，特に80年代末からの経済発展と，選挙で選ばれた議会からなる政治制度が整えられ，他の東南アジア諸国と比較して，経済発展と民主化の優等生として認識されることも多かった。97年のアジア通貨危機に際しても，政治改革を進め，タイ史上で最も民主的な憲法と言われる97年憲法を制定してきたのである。しかしながら，06年クーデター以降のタイは，主に政治社会的な側面において対立と混乱にみまわれ，14年クーデター以後は，軍主導政府のまま19年1月まで選挙も先延ばしにされている。

　では，現代タイにおけるこのような状況はどのような歴史的背景の中で引き起こされるにいたったのだろうか。本章では，主として14年クーデターまでの対立と混乱にいたる歴史的背景を，政治・社会運動という側面に焦点を当て，中央首都のバンコクと地方農村部との関係にも着目しながら整理することとしたい。

　ここで，政治・社会的な運動と地方農村部との関係にも着目するのは以下の理由による。これまで基本的な構図としては，タクシン派の反独裁民主戦線（ノー・ポー・チョー：UDD）の赤シャツ側と，反タクシン派の民主主義市民連合（パンタミット：PAD）の黄シャツ側の各派の政治・社会的な運動と，その対立がクローズアップされている。また，赤シャツ側の支持層，特に北タイや東北タイの中下層住民に対して，黄シャツ側の支持層[4]，特にバンコクを中心とする中上層住民という大きな図式で語られてきた。これまでの政治的な分析では，首都バンコクを中心とする政治・社会運動の政治過程を軸に，現状で考えられる限りの資料をもとに緻密な整理と分析がなされている。そこで本章では，首都バンコクでの政治過程に加えて，その政治・社会運動の過程の中で地方農村部が歴史的にどのように位置づけられてきたのかにも注目していくことによって，現在の対立と混乱にいたる背景をまた別の角度からも照射する。いわば首都バンコクの視点から主に分析される政治史の中に地方農村部が如何に位置づけられてきたのか，その概観を整理しようとする試みと言えるだろう[5]。

I．タクシン政権誕生前まで—1970年代から2001年

　まずは，本章で特に1970年代からの動きに着目する理由を明らかにしておく必要があるだろう。それは，1973年における当時の軍事政権に対する学生などの運動から1976年までの約3年間に文民政権による民主化がもたらされた時期が，タイ現代政治史におけるひとつの大きな画期となると考えられるためである。また，この約3年間の民主化の時期に運動に身を投じた世代が，その後の政治・社会運動でも大きな役割を果たし，近年の混乱においても，各派に散らばりながらも運動の中心的存在として活動している人が多く存在するためでもある。この70年代の民主化の時期はそれ程大きな意味を持っていると考えられる。以下では，バンコクを中心とする政治史的な動きの中で，地方農村部との関係に着目しながら歴史的背景を追っていく。

1．3年間の民主化—1973年から1976年

　1960年代から1973年にいたる時期のタイは，冷戦環境下でベトナム戦争におけるアメリカ側資本主義陣営の橋頭堡となっていた。1957年のクーデターを経て首相の座に付いた陸軍司令官のサリット・タナラット[6]は，アメリカを中心とする資本主義陣営の支援を受けながら，軍事的な独裁政権を運営し，同時に開発の成果を強調するという開発独裁の政治運営を行った。その後を引き継いだ陸軍のタノーム政権も，軍による政治支配，反共産主義，開発体制を継承した。

　1970年代に入るとこうした軍による独裁体制への批判が高まり，特に都市部の学生や知識人などを中心に抗議行動が活発化し，73年になるとバンコクで数十万人規模の大規模デモにまで拡大する。結局，国王の支持もあって73年10月14日には，多くの犠牲者を出しながら軍事政権を崩壊させるまでにいたる。これは「10月14日政変」や「学生革命」と呼ばれ，現代タイにおける大きな画期となった。

　この後，76年10月までの約3年間は文民政権となり，新たな憲法が制定さ

れて，選挙が行われるなど，それまでに例を見ないほどの民主化が進展した時期とされる。特に，本章との関連で地方農村部における状況に注目してみると，この3年間の民主化の時期は，地方農村部においても農民運動が活発化した時期として特筆される（Kanoksak 1987, 33-56）。この時期，バンコクや都市部の学生が，学生運動の成果を手にして，地方農村部の村落コミュニティに入って民主主義の普及活動を行い，農民運動を支援したのである。具体的には，当時のタイ国学生センター（NSCT）が中心となって，地方農村部をめぐり，あるときには共に生活しながら，農民の運動に関わっていった[7]。

しかし，75年半ば以降はベトナム，カンボジアやラオスといった周辺諸国の共産主義化などを契機として，危機感を募らせたタイ国内の軍部や官僚，王党派などの保守層が徹底的な反撃に出ることとなる。保守層や右派が王室護持を旗印に反共産主義キャンペーンを展開し，学生運動や農民運動の指導者を暗殺していったのである（Surichai 1983, 53-57; Haberkom 2011, 105-128）。これによって，当時活発化していた学生や農民の運動は弾圧され，衰退期をむかえることとなる。そして，最終的には76年10月6日，バンコクのタマサート大学や王宮前広場に集まって抗議活動をしていた学生等に，武装した軍や警察，右派グループが無差別に攻撃を加え，軍部による反クーデターが引き起こされた。この「10月6日事件」によって，3年間の民主化は幕を下ろすこととなり，学生運動と共に展開した地方農村部での政治・社会的な運動にも終止符が打たれることとなったのである。

ここで着目しておきたいのは，当時の学生運動を担った10月14日世代，10月6日世代[8]とも呼べる人々が，この後の弾圧の時期を経ながら，現代にまでいたる政治・社会運動において非常に大きな役割を果たしていることである。また，地方農村部においてもこの3年間の民主化の時代に学生等と運動を経験した世代が，2006年以降の混乱の時代においても，政治・社会運動の一翼を担う存在として大きな影響を与えていることも，まずはここで指摘しておきたい。

2．反共的軍事政権と軍による上からの民主主義―1976年から1988年

1976年10月6日の軍部によるクーデターを経て，再び反共産主義的な軍事政権に舞い戻ることとなった。加えてこの時期は，政治・社会運動に対して非

合法の共産主義運動とのレッテルが貼られ，暗殺や刑務所への収監などの強権的な弾圧体制が敷かれることとなった。こうした弾圧を逃れるために，当時の学生運動や農民運動を担っていた指導者らは，社会の表舞台から身を隠す道を選択せざるを得なくなる。それまで活動していた社会から身を隠し，ラオス国境に近い森林地域に身を寄せて，その森（ジャングル）の中で，中国共産党の影響を受けたタイ共産党として地下活動を継続していった。森林地帯で共産主義的な地下活動を行うことを，タイ語で「森に入る」と表現するのは，このような背景があるためである。

　ここで注目しておきたいことは，3年間の民主化の時期に運動を担っていた人々が，地下活動とはいえ，共に生活し運動を継続していたということである。そこでは，バンコクなど都市部のエリートとも言える大学生と，地方農村でその運動を担っていた農民運動指導者らが，森の中で共に居住し，活動を続けていたのである。この点に着目するのは，後述する2006年以降の混乱の時期において，かつて森に入っていた経験を有する人々が，タクシン派，反タクシン派双方で，運動の中心的存在として活動している状況にあるためである。特に，近年の地方農村部における赤シャツの運動を先導する人々には，かつて70年代の農民運動を経験し森に入っていた経験を有する人々も多く見受けられる[9]。

　1970年代末になると，軍の武力による強硬な弾圧政策に対して批判の声も生じてくる。こうした時期に陸軍司令官の職にあり，軍事政権の首相を継いだのがプレーム・ティンスーラーノン[10]だった。プレームは，それまでの武力制圧一辺倒の路線を見直し，上からの軍の手によって民主主義的な手法を一部取り入れていく新たな政策を導入した。この手法は「半分の民主主義」と呼ばれる。つまり，限定的に総選挙は実施するものの，首相は軍から選出し，選挙による下院と同数の上院議員を任命制として，下院を監視させるという手法である。

　また，それまで森に入っていた70年代の学生運動，農民運動指導者らに対する強硬弾圧策を見直したのもプレームだった。具体的には80年に首相府令66/2523を公布し，従来の弾圧一辺倒の路線を見直し，武力よりも平和的な政治手段で対応した。かつて森に入って共産主義的な活動をした経験があって

も，その罪を問わないとしたのである。これによって森に入っていた人々が森から出てタイ政府に投降し，社会復帰することとなったのである。

3．残虐の5月事件と「中間層」による政治改革，通貨危機
―1988年から2001年

　プレームは限定的とは言え民主化の手続きを導入し，1988年の総選挙への道筋を整えて首相の座を退いた。その総選挙の結果，陸軍出身ながら政党政治家となっていたチャートチャーイ・チュンハワンが連立内閣の首相に就いた。こうして政党政治が復活したものの，80年代後半からのバブルとも言える好景気で得られた経済的利益が，政治的利権となっていくことで，チャートチャーイ政権は閣僚や政党幹部が利権を漁る「ビュッフェ内閣」と批判され，汚職と政治腐敗が大きな問題としてクローズアップされていく。結果，チャートチャーイ首相は，汚職と腐敗で批判にさらされ，91年2月，陸軍司令官のスチンダー・クラープラユーンによるクーデターで政権の座から引きずり下ろされるにいたる。

　このクーデターに対して，国民の多くは当初，無言の支持をしていた。しかし，自らが首相には就かないとしていた軍人のスチンダーが首相の座に就くと，92年5月にチャムローン・シームアン元バンコク都知事[11]を中心に首都バンコクの市民らによる大規模な抗議デモ集会が開催される。そこへスチンダーの命を受けた軍が無差別発砲を行い，多数の犠牲者がでた「残虐の5月事件」へといたってしまう。最終的には国王が調停に乗り出し，スチンダー首相が退陣し，民間出身のアーナンが暫定政権を担うこととなった。

　ここで注目しておきたいのは，軍人であるスチンダーの首相退陣を求めて，大規模な抗議集会を開催したのが主としてバンコクを中心とする都市「中間層」と呼ばれる人々だったことである。経済的なバブルを経て，経済余力を身につけたバンコクの都市市民が，軍事政権反対と民主化を求める「中間層」としてメディア等を中心に評価されるようになった経緯も指摘される（船津・籠谷 2002, 211-214）。但し，こうした市民社会論的な都市の「中間層」への評価には，一方で自らの地位の再生産のみを指向し，根底で平等主義を受け付けない階層と批判される側面も少なくない（Nithi 1993, 38-41）。この批判が，後に

2006年以降の混乱において，赤シャツ側から黄シャツ側に向けられる批判と重なりあうことにここでは注目しておく必要があるだろう。

また，反スチンダーの運動を中心的に担ったのが，10月14日政変で主導的役割を果たしたティラユット・ブンミー[12]らをはじめとする70年代の学生運動に参加していた世代であった点にも注目したい。ここで脚光を浴びる都市部「中間層」の多くが，この後の政治改革においては，地方の農村部での買収による腐敗を批判する勢力となり，また，2006年以降の混乱の時期においては，黄シャツ側の反タクシン派側に多くが位置付いていくことにもなるのである。

残虐の5月事件で，国王の調停によってスチンダーが退任したことを受けて，1992年9月には総選挙が行われ，民主党のチュワン・リークパイ[13]が首相となる連立政権が誕生した。民選の首相が選ばれた一方で，依然として選挙による票の買収と利権ポスト争い，利益誘導型の政治に対する批判も高まり，憲法改正や選挙制度の改正を含む政治改革を求める動きが強まっていった。

主にこうした政治改革運動を主導したのも，先の5月事件で都市部の「中間層」とされた人々だった。都市「中間層」の視点からすると，政治腐敗の根底には地方農村部の住民らによる票の買収があり，また，それを利用して政治的影響力を蓄積していく地方政治家の問題があると考えられているのである。そこには，都市「中間層」から見た地方の軽視，地方農民層に対する愚民観と，それを利用する農村部選出政治家への性悪説的な視点が垣間見える[14]。いわば都市の「中間層」がそうした地方の悪弊を取り除いて啓蒙していくことこそが，政治改革につながると考えたのである。

その後，この時期の政治社会情勢に大きな影響を与えることになるのが，97年7月に発生した通貨危機である。タイを震源地とした通貨危機が国内の経済危機へと進行していく中で，国家を揺るがす激震への危機感を背景に，逆に憲法改正と政治改革は大きく進展することとなった。当初は，既得権益層の反対で成立が危ぶまれていたタイ史上で最も「民主的」と言われる97年憲法が，経済危機を克服する手段と見なされて成立をみるにいたったのである。

この時期において，もうひとつ確認しておくべきことは，97年12月の国王誕生日講話で国王自らが語った「充足経済」の提唱である。そこでは，通貨危機への反省から，資本主義的な飽くなき消費社会の追究より，仏教的理念に基

づいた「小欲知足」、「足るを知ること」をタイの生きる道として重視している。具体的には、有機農法を取り入れた複合農業や、地域ごとの助け合いを重視するコミュニティ開発などが提唱された（末廣 2009, 132-139）。

　ここで注目しておきたいのは、国王が都市を中心とする資本主義的な利益追求と消費主義に反省を促していることであり、その代わりにもうひとつの道として提唱するのが良き仏教道徳的な価値観であるという点である。本章との関係で言えば、都市部の発展一辺倒の姿勢から地方農村部の農業へ視点を向けたことが指摘される。また他方で、資本主義的な消費主義に反省を促したことは、後述するタクシンが、まさに資本主義的な消費社会のまっただ中で身を立てて財をなしてきたことを考えると、後の反タクシン派によるタクシン批判に結びついて行く点も指摘できるだろう。さらに、国王は代替案として仏教的な道徳にもとづいた良き道として今後タイが取るべき道を示していることにも注目したい。それは、2006 年以降の混乱の中で、反タクシン派が国王を中心とする「良き人」による統治を主張していくことにも関係していくと考えられるからである。

II．タクシン政権期—2001 年から 2006 年

1．タクシンの政界進出

　1990 年代の政党政治による連立内閣の中で、それまで警察官僚から実業家に転身し成功をおさめていたタクシンが政界に進出することとなる。タクシンは、1949 年に北タイのチェンマイ市郊外のサンカムペーン郡に生まれ、予備士官学校を経て当初は警察官僚となった（MacCargo and Ukrist 2005, 1-23）。80 年代初めに警察の情報処理業務に関わった際にコンピューター関連の利権を得たことを契機として、87 年に警察を退職した後は、携帯電話会社、通信衛星などの事業に進出し、タイ最大の通信財閥を築き上げるまでとなった。こうして警察官僚から通信事業経営を経て、政界へと進出していくのである。

　90 年代の連立政権において相次いで閣僚を務めた後、98 年に自らの政党タイ愛国党を結成する。そこでは、財力を背景に主に東北タイなどの有力下院議

員を自らの政党に糾合して勢力を拡大している。ここで注目しておきたいのは，当初，元バンコク都知事で92年5月反政府デモの中心にいたチャムローンが設立したバンコクを地盤とするパランタム（仏法の力）党に属していたタクシンが，自らの政党を結成する過程で，東北タイなどの地方農村部の有力議員を取り込みながら，自らの勢力基盤の中に組み込んでいったことである。このことは，後にタクシンがバンコク以外に地方選出の政治家と地方有権者も重視していくひとつの契機になったと考えることができるだろう。

　そして，下院総選挙が2001年1月に行われ，ここでタイ愛国党は定数500のうち過半数に迫る248議席を獲得したのである。その後は中小政党を吸収合併して与党が過半数を超え，タクシン政権が誕生することとなる。

2．デュアル・トラック政策とタクシンへの批判

　タクシンはこうした圧倒的な数の論理を背景として，強力な首相のリーダーシップを発揮しようとした。首相は国のCEO（最高経営責任者）と位置づけ，矢継ぎ早に政策の策定と実行に取り組んでいく。中でも特に，デュアル・トラック（両路線）政策と呼ばれる戦略は，本章との関係においても重要である。ここで言うデュアル・トラック政策とは，都市部と地方農村部の双方，もしくは外資導入・輸出促進による発展と，内需振興・貧困対策による発展の双方を一方に偏することなく同時に達成しようと目論む戦略である。いわば，これまで70年代の民主化の時代を例外として，中央政府の視点からすれば，それほど重要視されてこなかった地方農村部が，このデュアル・トラック政策では，都市部と肩を並べて重要視されているのである。

　タクシン政権はこの地方農村部を主とする草の根経済振興策を具体的な9項目の緊急経済社会政策に置き換えて実行していった。その中には，1項目目に農民の負債返済3年間猶予，2項目目に村落基金として1村あたり100万バーツを支援，7項目目に一律30バーツで全国民が医療サービスを受けられる健康保険制度の創設などが含まれていた。特に，30バーツ医療政策は，地方農村部などの下層住民にとって，それまで高額な治療費のために医者に診てもらうことが出来なかった状況を大幅に改善し，全ての住民が30バーツという低額で医療を受けられる制度として圧倒的な支持を受けた[15]。

一方で、こうした地方農村部の特に下層の住民に益が多い草の根の経済振興策は、特に中央バンコクの「中間層」などの間で、選挙での票を目当てにしたばらまきの大衆迎合的人気取り政策、つまりポピュリズム（プラチャーニヨム）だとして大きな批判を呼ぶことにもなった（Anek 2006, 23-46；Pasuk and Baker 2008, 63-65）[16]。特に、これまで余り顧みられることのなかった地方の中でも、タクシンの出身地北タイと自党内に有力議員を取り込んでいた東北タイでは絶大な人気となっていった。こうした人気を背景にして、2005年2月に実施された総選挙で、タクシンのタイ愛国党は前回の勝利を更に上回り500議席中377議席という約4分の3を占める記録的な大勝利をおさめ、2期目の政権運営を担うこととなる。

草の根経済振興策以外にも、当初からタクシン政権では、様々な政策が次々と実施に移されていった。その中には、後の2006年クーデターに結びつくようなマイナスポイントとなる政権運営手法や政策も含まれている。まずは覚醒剤取り締まりや南部のテロ対策におけるタクシン政権の武力を含んだ強硬策にバンコクを中心とする多くのメディアで批判が高まった。

また、他方で親族や予備士官学校の同期生に対しては、政府の重要ポストに登用するという身内びいきのネポティズムに対しても大きな批判を呼んだ。特に選挙での圧倒的勝利という数の論理を背景に、トップダウン式に権力を集中させてきたタクシン政権に対して、批判の声が集中した。記者の間では皮肉と揶揄を込めて「神であられる首相」と呼ばれていたとされ（末廣 2009, 152）、またその後は、反タクシン派運動を担う70年代学生運動世代のティラユットらによって「タクシン制度」、「タクシノクラシー」[17]と命名されて、その手法や政策に対する批判が高まっていくことになる（Thirayuth 2004, 9-11）。ここで言う「タクシン制度」とは、大衆迎合的なばらまきの人気取り政策で、知識の少ない地方農民の票を集めて絶対多数をとり、その数の力で自らに有利な政策を強権的に実施し、身内を重用するネポティズムで、タイという国家をタクシン色に染め上げていくという批判を含意している。こうした視点はまた、「タイ国家のタクシン化」（McCargo and Ukrist 2005）という欧米研究者の造語にも見受けられる。

III. タクシン政権崩壊後の対立と混乱―2006年から2014年

1. 2006年クーデターとPADによる反タクシン運動
　　―2006年から2008年

(1) ソンティとチャムローンの反タクシン運動

　タクシンの政治運営への批判が高まっていく中，首都のバンコクではメディアを中心に具体的な対立が表面化していく。「プーチャットカーン（マネージャー）」[18]という経済誌を刊行していたメディアグループを率いていたソンティ・リムトーンクン[19]が，2005年8月から痛烈なタクシン批判をテレビ番組上で開始したのである。

　06年1月，タクシン一族が自社シン・コーポレーションの株をシンガポール資本に733億バーツ（約2,300億円）で売却したことが報道されると，批判はエスカレートする。この報道を契機として，反タクシン運動を担う組織「民主主義市民連合（パンタミット：PAD）」が結成されることとなり，バンコク中心部で多くのバンコク市民を集めた抗議デモ集会が開催された。06年に予定されていた国王在位60周年と時期が重なったこともあり，この抗議集会は国王祝賀を示す黄色のシャツを着た人で埋め尽くされた。こうして，反タクシン運動＝PAD＝黄シャツという図式が生み出されるのである。ここではより直截に「タクシン出て行け（辞任せよ）」とのかけ声が繰り返された。

　このPADによる反タクシン運動を担ったもうひとりの中心人物にチャムローンがいる。前述のように92年5月の反スチンダーのデモを率いた人物で，当初はタクシンの政界進出を支援した人物でもあるが，この時期からは決定的に袂を分かち反タクシンの先頭に立っていく。新興仏教のサンティアソークの中心的存在でもあり，バンコクの「中間層」と呼ばれる人々から敬意と人気を得ていた。サンティアソークは厳格に戒律を重んじ，資本主義的消費社会から距離をとって菜食などの質素な生活を旨とする仏教団体で，バンコクなどの都市「中間層」に信者が多い。

　ここで注目しておきたいのは，タクシン政権批判の先鋒として口火を切った

のが，首都バンコクのメディアグループを率いていた人物であり，またバンコクを主として宗教・道徳的な意味でも敬意と人気を得ていた人物だったことである。いわば，首都バンコクの「中間層」と言われる人々の中心からタクシン批判が噴出したのである。

また，ここでは特にチャムローンが反タクシン運動の先頭に加わったことの意味についても注目しておきたい。仏教的な意味で戒律を重んじ，消費社会から距離を取った質素さを重視することでバンコク「中間層」に敬意と人気を得ていたチャムローンが，資本主義的な消費社会の先頭を走ってきたタクシンを批判し，個人的な巨万の富を得る姿勢をやり玉に挙げていくことによって，特に都市「中間層」にとってはそれが重みと説得力のある批判と受け止められていったのである。同時に，仏教的な価値観を背景として，その批判が道徳的な意味を持つ批判としても受け入れられていくことにもつながっていく。

(2) 2006年クーデター

こうした批判に対してタクシンは2006年4月の総選挙に打って出る。が，野党の民主党などが選挙をボイコットした。結果，タイ愛国党が349議席を獲得した一方で，白票も投票者数の3割を超えた。これに対して，国王が最高裁判所判事らにむけて与党だけの選挙は「民主的ではない」と発言したことを受けて，5月には憲法裁判所が選挙の無効判決を下す。国王在位60周年の盛大な式典を6月に挟んで，10月にはやり直し総選挙が予定されていたが，政治的な膠着状態の中で9月に軍部によるクーデターが勃発することとなる。

ここで注目しておきたいことは，国王の発言を受けながら，裁判所という司法組織が選挙という政治の中核に介入してきたことである。国王の発言は，国民が国王祝賀に熱狂する中でなされ，しかもタクシンが断行した選挙を「民主的ではない」と評する内容だったのである。ここで出てきた司法の政治介入と，何が民主的かをめぐる議論は，この後の対立と混乱の中で繰り返されていく問題ともなっていく。

06年9月19日にクーデターを決行したのは，ソンティ・ブンヤラットグリン陸軍司令官を中心とする「国王を元首とする民主主義改革評議会」と称するグループであった。反タクシン派のバンコクでの運動と要求が，軍のクーデ

ターによってかなえられ，タクシン政権は崩壊へと導かれたのである。この後タクシンは海外での生活を余儀なくされる。

ここで注目しておきたいのは，クーデターの理由に，軍や反タクシン派が考える国王への不敬と民主主義というキーワードが使われていたことである。また，このクーデターの構図は，反タクシン運動が展開されタクシン側政権が司法からも追い詰められる中で最後に軍部が出てくるという意味で，2014年のクーデターと共通点があることも指摘しておきたい。

07年5月，タクシン派にとって更なる打撃となる事態が，司法によってもたらされることとなる。憲法裁判所が，タイ愛国党の解党と執行部111名の選挙権停止を命じると共に，資産調査委員会が疑惑追及のためとしてタクシン一族の銀行預金520億バーツの凍結を決定したのである[20]。これは，先の選挙無効判決に引き続いて，司法が政治に，特にタクシン派に不利な形で介入した事例[21]であり，タクシン派つぶしが目的との指摘がなされている。

(3) 2007年総選挙によるタクシン派政権の成立から崩壊へ

この憲法裁判所の判決を受けて，解党に追い込まれたタクシン派は，残された議員が国民の力党に移籍し，総選挙にのぞんだ。党首には「タクシンの代理人」と名乗ったサマック・スンタラウェート[22]が就いた。結果，07年12月の選挙では，タクシン派の国民の力党が480議席232議席を獲得する。

こうしてタクシン側のサマック政権が誕生し，08年2月にはタクシン首相が帰国すると，再び反タクシン派の黄シャツPADがバンコクで抗議集会を開始した。結局タクシンは，刑事裁判所が不正取引容疑で実刑判決を下す前に再びタイを離れることとなったが，チャムローンを指導者とするPADが，08年8月にはバンコクの中枢である首相府とその周辺を占拠し，サマック首相の退陣を求める実力行動に出ることとなる（写真7-1）。

08年11月，PADは更なる圧力をかけるために，バンコクのスワンナプーム国際空港を占拠するという行動に出た。結局，PAD側は勝利宣言を出し，民主党を中心とする連立内閣が誕生，民主党党首のアピシット・ウェーチャーチーワ[23]が首相に就くこととなっていく。

写真 7-1　反タクシン運動で首相府内を占拠した黄シャツ PAD

（出所）2008 年 9 月 3 日，筆者撮影。

(4)　反タクシン派 PAD の主張

　ここで，反タクシン派 PAD の主張を整理しておきたい。PAD は 08 年 7 月頃からタクシンの政治体制との対比を強調し，「新しい政治」ということを主張するようになる[24]。それによれば，PAD が目指す新しい政治とは，国王を真の元首とする民主政治であるとし，そのためには「良き人」が国を統治し，選挙で選ばれた政治家以外の国民代表も議会に参加する政治が必要であるとする。こうした主張の背景には PAD によれば，現在の選挙は金に支配されており，そこで選出された政治家は汚職にまみれ，タイ政治を悪くしているため，選挙以外の方法も導入する改革が必要となるという認識があるとする。従って PAD の主張する新しい政治を実現するためには，選挙の買収と汚職にまみれているタクシン派政権を退陣に追い込まなければならないと主張するのである。具体的には，選挙で選ばれた代表 3 割以外に，選挙によらない任命議員を 7 割選出することで，「良き人」による新しい政治が可能になるとしている。

　また，当時 PAD を主導していたチャムローンへのインタビューからも，この主張の背景となる認識がうかがえる。チャムローンは，「タイでは教育を受けた人が少ない。選挙で庶民はすぐに買収される。我が国で民主主義が分かる

人の数は限られているのだ」，「欧米や日本とは違う。民主主義の基準が違う」，「選挙をしてもタクシン派は金で票を売り買いするから無意味だ」と記者のインタビューに答えている（柴田 2010, 104-105）。

　ここで注目すべきは，教育を受けない庶民の買収による現在の選挙政治が悪だとするのに対比し，「良き人」による統治の必要性を強調していることである。政治が善悪という道徳的な価値で評価づけられている。そして，「良き人」の最たる存在として国王を引き合いに出しながら，教育を受けた都市「中間層」の PAD を「良き人」の側に位置づけるのに対し，敵対するタクシン派の主に地方農村部の人々は教育がない故に選挙で買収され，タイ政治を悪くしていると主張するのである。ここには，PAD=教育ある都市「中間層」=「良き人」に対し，タクシン派=地方農村部の教育がない人=買収（悪）という PAD 側による道徳的善悪による対比での図式化・序列化の意図が見て取れるだろう。こうした図式を背景にして，任命された「良き人」による代表を 7 割選出するという PAD の主張が出てくるのである。民主化過程における市民社会論的な議論では，都市「中間層」が率先して選挙を求めるという道筋が描かれることが多いが，タイの場合はそれが逆の図式になっているのである。こうした PAD 側の選良意識と特に地方農村部住民に対する愚民観は，この後の動きでも継続して見受けられる。

2．アピシット民主党政権とタクシン派による反撃—2008 年から 2010 年

(1) アピシット政権と対抗するタクシン派 UDD

　2008 年 12 月に誕生した民主党を中心とするアピシット連立内閣は，PAD の主張を背景にしながら，改めてタクシン派を排除して国家の対立を解消すること，及び，国王を元首とする政治を実現することを目指した。アピシット自身は，高学歴の都市部政治家の典型的な存在である。

　こうしたアピシット政権に対して，今度はタクシン派が反撃に出る。政権が変わって攻守の座を入れ替えただけで，対立と混乱は継続し更に深まっていくのである。反タクシン派の PAD に対して，タクシン派も「反独裁民主戦線（ノー・ポー・チョー：UDD）」という組織を核にしながら運動を展開した。08 年末頃からは PAD の黄シャツに対抗して，UDD の集会では赤シャツや赤

のスカーフの着用が目立ち，タクシン派 UDD ＝赤シャツと呼び習わされるようになった[25]。09 年 3 月から 4 月半ばにかけては，UDD がバンコクで大規模集会を継続し，4 月 11 日にはパタヤで開催されていた ASEAN 首脳会議会場へアピシット退陣を求める UDD の赤シャツが乱入，首脳会議を中断に追い込むことになる。

　ここで，赤シャツ UDD の組織のあり方に注目しておきたい。UDD は，特に当初は明確な理念に基づいて成員を組織していくようなものではなく，PAD や司法などによるタクシン排除やその手法に抗議・反対し，選挙で選出されたタクシン政権を支援するという目的に合致する限りで集合している運動体だと考えられた（村嶋 2009, 3-6；Nostitz 2014, 189）。赤シャツの主だったリーダーを見ても多様な背景を持った人々が参加している[26]。特に主要な赤シャツのリーダーには，バンコクや地方都市での集会で舞台に立ち，その演説の力で支援者を集めていくことで人気があったウィーラ・ムシカポン，チャトゥポーン・プロムパン，ナタウット・サーイクアという 3 名の名が挙げられる。彼らはタクシン派政権時に要職に就くなどしていた経験を有する。

　一方で，赤シャツの主要リーダーには，彼らと背景を異にする人々も存在する。その代表格は，1970 年代の民主化の時代に学生運動に加わり，その後「森に入」ってタイ共産党の地下運動を展開していた経験を有するウェーン・トーチラカーン医師とジャラン・ディターアピチャイの 2 名である（村嶋 2009, 7-8）。特にウェーン医師は，70 年代の学生運動の中で，地方農村部に医学生や医師を派遣する活動に関わっており，92 年 5 月には，チャムローンやティラユットなどと共に反スチンダー運動に加わった経験も有している。またウェーンの妻のティダー・ターウォンセートもかつての 70 年代学生運動の経験を持ち，赤シャツのリーダーの一人となっている。ここでは，かつて同じ運動を展開していた 70 年代学生運動世代のティラユットが反タクシン側の運動を展開して行くのとは，選択した道が異なっていたと言うことができるだろう。70 年代に学生運動と共産主義活動を経験した赤シャツの主要リーダー，ウェーンとジャランも，当初はタクシンの強権的な政策に批判的であった。しかし，特に 06 年の軍部によるクーデターに対して軍の政治介入を批判する過程でタクシン支持となっていったという。赤シャツの運動には，軍事政権への

反対と選挙による民主主義の擁護，その先に社会構造を変革するという意味において参加していったと考えられる。

このように赤シャツ運動の中心には，大きく見れば，演説の力で支持を獲得していく存在と，かつて70年代の学生運動と共産主義活動を経験した存在の少なくても2つの性格が混在していた。そして，赤シャツUDDの主張は次第に70年代学生運動・共産主義活動を経験したリーダー等の影響が強く表れたものへとなっていく。

(2) タクシン派UDDの主張

次に，2009年3月頃に表面化する具体的な赤シャツの主張を確認しておきたい。この時期，赤シャツの抗議集会において，フォーン・インやビデオ・リンクという現代メディアを駆使して大々的に語りかけられた内容が，アマートとアマータヤティッパタイという言葉を用いた反タクシン派への批判だった[27]。

アマートとは，歴史的にタイ社会の支配階層を担ってきた中央の官僚や軍を中心とする高官を意味する。そして，アマータヤティッパタイとは，そうした中央の官僚や軍などの高官によって独占されてきた政治体制を指す言葉で，プラチャーティッパタイ（民主主義）に対置される意味を持つ。タクシン派はここでこの2つの言葉をキーワードにしながら，PADと反タクシン派勢力がまさにこの2つにあたるとして痛烈な批判を加え，中央の官僚や軍を中心とする高官に牛耳られている現在の政治体制を根本的に変革しなければならないと訴えかけたのである。そして，アマートの最たるものとして中央の中枢に位置する枢密院を挙げて，その議長であるプレームを06年軍事クーデターの黒幕だとして名指しで非難した。この批判には，赤シャツUDDにおける70年代学生運動・共産主義活動を経験したリーダー等の思想的な影響が色濃く見られると言えるだろう。

また，ここで更に注目しておきたいことは，タクシン派UDDが主張するアマートと，反タクシン派PADが主張する「良き人」が，その評価では真っ向から対立するものの実質的には同じ対象を指していると思われることである。UDDが非難するアマートは，国王を補佐する枢密院を典型とする中央の軍や

官僚などの支配階層高官であり，PADが擁護・護持しようとする「良き人」は，国王を典型として道徳的にも良き統治・支配を続けてきたとする階層や，教育のある都市「中間層」をも含むのである。ここではこれまでタイ社会を主に支配してきた実質的に同じ対象を指して，それぞれアマート，「良き人」という言葉で名付け，象徴化しているのである。そして，その同じ対象に対して，タクシン派のUDD側は悪のレッテルを貼り，反タクシン派のPAD側では善のレッテルを貼っていく。ここでは，まさにそれぞれが善悪という道徳的な価値で対象を規定し，その道徳的な価値の力を利用して，自派優位の主張と敵対する他派非難の主張を展開していると考えられる。いわば，政治・社会運動が，道徳をめぐる政治やその象徴闘争の中で繰りひろげられていく事例と見ることができるだろう（高城2018，129-133）。

(3) UDD学校

こうして，2009年3月から4月上旬にかけて，赤シャツUDD側がアピシットの退陣を求める集会を拡大し，ASEAN首脳会議が一時中止に追い込まれるまでとなった。対して，非常事態宣言を出したアピシット政権はバンコク中心部の赤シャツデモ隊排除に軍の治安部隊を投入する。結果，多くの犠牲者を出す事態となり，最終的には赤シャツリーダーが投降することとなった。

赤シャツ側は，アピシット政権の反タクシン側に敗北したかに見えたが，その後は地方部などで地域の住民を集めた組織化を展開した。それが「UDD学校」と呼ばれるものである。学校と言っても定まった校舎があるわけではない。各地で1泊2日程のセミナー形式の研修を開催し，UDDの中心リーダーが講師となって講習を行うというもので，講習以外にも歌や踊りの娯楽も多く含まれていたという（高橋2010，58-62；村嶋2010，9-12）。その目的は，学校の研修に参加した者が地域に帰ってUDDが主張する民主主義や運動方針を地域に広め組織を拡大していくことであった。このUDD学校は地方都市で開かれ，農村部の住民を多く集めており，講師として参加したUDDの中核リーダーは，ウェーン医師や妻のティダー，ジャランなど70年代学生運動世代だったという。そこで語られる内容も，「真の民主主義を妨げているアマータヤティッパタイを打倒するために，経済・貧困問題解決闘争と政治闘争を結合

させる」(村嶋 2010, 10-11) といったかつての学生運動や共産主義活動の理念を彷彿とさせるものであった。

ここで注目しておきたいことは、かつて70年代に学生運動が農村に入って農民運動を活性化させていった経験が活かされて、時を隔てたこの時にも、中央の運動リーダーが地方農村部に直接入り込み共に運動を立ち上げていこうとしたという点である。

(4) 2010年赤シャツUDDの「最後の闘い」とアピシット政権による強制排除

こうして2009年後半に活発化したUDD学校を通じた地方での組織化を経て、10年3月に入ると、UDDは「最後の闘い」としてバンコクで再び抗議集会を開始した（写真7-2）。ここでは、アマートやアマータヤティッパタイの打倒というUDDの主張が更に深化していった。新たにプライという言葉が用いられたのである。プライとは本来、封建的な前近代の時代背景の中で、一方的な支配を受ける階層を示す言葉で平民と訳される[28]。含意としては、歴史的な支配階層であるアマートに常に虐げられて来た被支配階層とも捉えられる。こ

写真7-2　バンコクの民主記念塔前に集まって抗議集会をひらくタクシン派赤シャツUDD

(出所) 2010年3月14日、筆者撮影。

うした含意を元に，自らをプライと規定し，アマートに一方的に支配されてきた赤シャツ＝プライを，その支配から解放することが赤シャツ運動の目的だと主張するようになるのである。ここにも 70 年代の学生運動と共産主義活動を経験した UDD リーダーの思想的な影響がその度合いを増して見て取れるだろう。

　10 年 3 月から 5 月にかけて，赤シャツはバンコク市内の各所を集会で封鎖しながら運動を続けたが，政府側の対応も激しさを増した。最終的に 10 年 5 月 19 日，アピシット政権側による重装備の軍によって赤シャツ側の集会は強制排除に追い込まれることとなった。政府発表で死者が 90 名にのぼり行方不明者も多く，まさに大惨事となったのである。

3．インラック政権と政権打倒デモから 2014 年クーデターへ
── 2011 年から 2014 年
(1)　インラック政権による地方農村部振興策

　その後アピシット政権は，2011 年 5 月に下院を解散し，7 月 3 日に総選挙が行われた。しかし，ここでタクシン派タイ貢献党の選挙の顔として，タクシンの妹であるインラック・チナワット[29]の擁立が急遽発表されたのである。結果，反タクシン派の民主党が首都バンコクを中心に強さを見せた一方で，このインラックの登場によって，タクシン派のタイ貢献党側が農村部の北部と東北部を中心に圧倒的な票を得，500 議席中 265 議席を獲得し勝利した。

　タクシン派政党が選挙において特に北タイ，東北タイで常に強さを発揮してきた背景には，それまで軽視され続けてきた地方農村部への振興策がやはり大きな意味を持って存在していたと考えられる。11 年 8 月に発足したインラック政権でも，地方農村部振興策の目玉として「米担保融資制度」を再導入した。この制度は，他に担保がない地方農村部の農家のために，収穫した籾米を担保に資金を融資する制度である。インラック政権では，融資額をトン当たり 1 万 5,000 バーツと当時の国内価格より約 40％ も高く設定することとしたのである。米生産地域である北部，東北部，中部を中心とする地方農村部の農民は当制度を利用することで，11-12 年の農家所得が上昇することとなった（江川 2014, 289-303）。少なくても当初は，この政策がまさに農村部農民の支持を更

に確実にすることに大きな役割を果たしたと言えるだろう。但し，後述するように，後にこの政策が綻びを見せ始めて批判の的ともなっていく。

(2) 2011 年大洪水と米担保融資制度の綻び

インラック政権が発足した時期，タイでは 2011 年雨季の多雨による大洪水被害に見舞われることとなった。11 年 10 月には中部の工業団地も冠水し，日本企業のサプライチェーンにも大打撃を与え，11 月にかけての被害で死者 813 名，被災者 950 万人，被害損失見積もりで約 1 兆 4,250 バーツという事態にまでいたったのである（CRED 2012, 16-17）。

本章との関係で注目したいのは，ここで洪水という自然災害とそれへの対応が，これまでの政治・社会的な対立と混乱の中で，ある意味で政治化されていった側面が見られることである。例えば，公共のメディア上でも「チャオプラヤー川が赤シャツに罰を下した」との視聴者からの SNS メッセージが繰り返して流された事例もあったという（玉田 2013, 124）。

更に，洪水対策がインラック政権側とバンコク都との関係の中で政治化され，政治・社会運動的な文脈で捉えられていった。タクシン派のインラック政権に対して，当時のバンコク都知事は反タクシン派民主党のスクムパン・ボリパット[30] だったのである。特にスクムパン都知事のバンコク都庁は，上流から流れてくる水をバンコクを迂回して放水することでバンコクを死守するという基本方針で，都内の運河も利用しながら排水を行うという政府側の洪水対策とは相容れない側面も見られた。

民主党スクムパンの都側は，バンコクにめぐらされた国王提唱による堤防を境として，その内側の特に中心部を守るべき地域として固執していた。その輪中化対策によって，守るべき内側の王都中心と，洪水の犠牲になってもよい外側の地域とが，まさに堤防を境界線として明確に可視化されたと指摘することができる。それは，民主党側のバンコク中心王都が国王堤によって守られ，一方でその外側のバンコク中心部から遠い地域は，更なる洪水被害に見舞われていくという文脈の中で捉えられ，政治・社会運動における対立図式として読み換えられていったのではないだろうか。ここでは，堤防で守られるところがバンコクを中心とする中上層であり，逆に赤シャツ側の認識からすればアマート

を想起させる文脈に読み換えられていくのである。

　そうした中，2012年末には，インラック政権の重要政策として導入した米担保融資制度が抱えていた問題が表面化してきた。つまり，政府のトン当たり融資額が割高に設定されていたため，担保としての米が流され，結果，実質的に米の買い取り制度となったのである。また，政府に持ち込まれる米の在庫がふくれあがり，市場価格より割高で買い取ることとなった政府には，巨額の財政的損失と，割高になって輸出競争力を失った籾米の在庫が残されたのである。

　このように，洪水問題と米担保融資制度の綻びという問題を抱えながらも，インラック政権は新たな政治上の問題をあえて議題に取りあげることになる。それが，2013年8月上旬から国会で開始されたタクシンらへの恩赦法案審議である。こうして，恩赦法案審議をきっかけとして再びタクシン派と反タクシン派の対立が深まり，その対立が路上のデモに持ち込まれる状況へとなっていった。

(3)　ステープのPDRCによるインラック政権打倒デモへ

　反タクシン側は，インラック政権の打倒を目的とし，バンコクで抗議デモを展開した。ここで反タクシン・反インラックのデモの中心に立っていたのは，かつてアピシット政権副首相で2010年5月の赤シャツデモの強制排除を指揮した民主党のステープだった。

　13年11月，ステープは反政府デモの受け皿として新たな運動体を立ち上げた。それが「国王を元首とする完全な民主主義改革のための国民委員会（コー・ポー・ポー・ソー：PDRC）」というものであり，反タクシン派のPADや民主党支持者らを糾合して政権打倒圧力を強めようとしたのである。ここで，注意しておくべきは，かつて反タクシン派を担っていたチャムローンやソンティ・リムトーンクンらを中心とするPADから，ステープを中心とするPDRCに反タクシン運動の主体が移ったことである。但し，かつての反タクシン派支持者が多くPDRCの運動に移行して参加しており，バンコク「中間層」や南部，民主党からの支援を受けていることは基本的に変わっていない。また，名称に示されているように国王を理想とする「良き人」による統治体制の重視など，その大きな枠組みにおいてもPADの考えを引き継いでいると言える。

写真 7-3　バンコク市内パトムワン交差点を封鎖した PDRC デモ集会会場

(出所) 2014 年 1 月 24 日，筆者撮影。

　14 年 1 月，PDRC の反政府側は，バンコク中心部の主要な交差点 7 カ所を 7 万人規模で占拠し，道路交通を遮断した（写真 7-3）。PDRC のステープは，インラック首相の即時辞任と，「選挙の前の改革」を要求し，まずは選挙に拠らない各職種の代表からなる任命制の国民議会の設置が必要だと訴えたのである。まさに選挙は買収にまみれていると批判し，「良き人」による統治を理想とする考えを背景にした要求であった。特に，この PDRC のデモにおいて，舞台上で演説をしたデモ中心人物の一人は，「タイ人，特に地方の赤シャツ側農村部の住民は選挙での買収にまみれ，真の民主主義を理解していない」と度々指摘し，集まったバンコク住民から喝采を浴びていた[31]。まさに，地方農村部住民への愚民観が表れている事例であろう。

　こうしてインラック政権が，反タクシン派の PDRC のデモによって追い詰められていく時期に，司法や独立機関が反タクシン派寄りの判断を下していくことになる。14 年 5 月 7 日，最終的に憲法裁判所は，11 年にインラック政権下で行われた国家安全保障会議事務局長人事が，首相の職権を乱用した不当な人事介入にあたるとし，違憲とする判決を下したのである。これによって，インラック首相は即時に失職する事態となった。

（4）プラユット陸軍司令官による 2014 年クーデターへ

　こうしたバンコクを中心とする対立と緊張の中で，2014 年 5 月 20 日，軍の

プラユット・チャンオーチャー陸軍司令官が，政治的混乱の収拾と秩序の維持を名目として全土に戒厳令を発表することになる。5月22日には，プラユットがテレビを通して演説を行い，軍が全権を掌握したとしてクーデターを宣言，夜間外出禁止令を出した。プラユットを議長とする「国家平和秩序維持評議会（コー・ソー・チョー：NCPO）」が設置され国政を担うことが示されたのである。

また，軍のNCPOは，PDRCとUDD幹部や政党の代表者以外にも，かねてから注視していた活動家や言論家，大学教員，知識人にも軍施設への出頭命令を出し，今後は政治活動に関わらないとする念書（MOU）に署名を求めた。このように軍が危険視する個人を対象として，各派の政治的集会や活動，言論の自由を規制した以外に，メディアに対してもより厳格な統制を行った。

プラユットは文書による国王の裁可を受けた後，クーデターを行ったNCPOの正当性を語った[32]。そこでは，対立と混乱が深まっている現状況では，まず国民の「和解」が必要だと強調した。そして，和解のプロセスを経たあとで，選挙制度改革など政治改革を含む憲法を制定し，その後に民政移管の選挙準備に入るという行程を発表したのである。また，プラユットは個人の民主主義の主張の前に，国家・民族の団結が重要だとして，対立を和解に導くために軍のNCPOに問題解決の時間を与えてくれるよう国民に訴えた。

(5) 軍のNCPOによる政治

2014年7月には，軍が選んだ立法議会議員200名が国王に任命される。この立法議会の議員には政治家や政党関係者が含まれず，過半数が軍関係者であり，8月には暫定首相としてプラユット自身が選出された。その後の政権運営は，19年1月にいたるまで軍主導で進められており，予定された選挙も何度か延期されている。

ここで軍主導政府による政治が，ステープのPDRCで反インラックデモの際に主張していた「選挙の前の改革」という内容におおかた合致していることに注目する必要がある。また，任命された「良き人」を中心にまずは政治改革と政治運営を進めるべきだとする反タクシン派がこれまで主張してきたことが，軍NCPOの政権運営に色濃く表れているとみることができるだろう。

表面上は中立を主張するプラユット自身だが，かつて11年4月のタクシン派UDD集会でなされた発言を不敬だと批判し，11年7月の総選挙前には，「幾人かの政治家の行動は適切ではない。『良き人々』への投票を求めたい」[33]とタクシン派を批判して「良き人」による政治を求める発言をするなど，反タクシン派寄りの言動で知られていた。

　このプラユットによるNCPOの政治運営に関して，ここでは次の2点に注目しておきたい。まず第1は，軍が当初進めた和解キャンペーンに関することである。NCPOは，メディアを徹底的に規制・統制する一方で，自らの統制下においたメディアを使って，大々的な和解と団結に向けたキャンペーンを展開した。特にプラユット自身が作詞したとされる歌「タイに幸福を取り戻す」はネット上でも拡散され，国民の感情に訴えかけようとした。その歌詞には「国家，国王，国民が安定し安全となる日まで，皆さんを我々の誠意で護らせて下さい。国家は激しい対立で危機に瀕しています。手遅れになる前に，私たちに皆さんを助ける人とならせて下さい。どうか我々に国民，国家への幸福を取り戻させて下さい」とあるように，我々（軍NCPO）が，その誠意で，危機に瀕したタイの国家，国王，国民を護り，幸福を取り戻すことが主張されている。ここでは，対立の危機にある国家や国王を護り幸福を取り戻す軍側の正義という情緒的でかつ道徳的な訴えかけがちりばめられているのである。

　軍部NCPOの政治運営で注目したい2点目は，国民が守るべき道徳的な価値観を強調していることである。特に教育の現場において国民の義務や守るべき12の価値がことさらに強調されている[34]。そこでは，国王を敬い調和を愛する良きタイ人としての価値が失われた結果が政治・社会的な対立と分裂だとして，特に12の価値を守るべきとして学校などで毎日復唱させるというNCPOの方針が示されているのである。12の価値の中には例えば，民族，宗教，国王を護持すること，道徳を守り寛容であること，国王を元首とする民主主義を理解すること，国王の言葉に沿った行動をし，質素を旨とすべきことなどが提唱されている。いわゆる長く国家側によって繰り返され教え込まれてきた伝統的な価値観が並べられ，国王の重要性が強調されている。こうした道徳的価値観が復唱されることにより，まさに軍部側が理想とする良き国民を創り上げようとする意図が見て取れるだろう。

その後，16年8月の国民投票を経た新たな憲法が制定されているが，あくまでも軍主導政府によってその意向のもとに策定されたものであり，特にタクシン派赤シャツ側の鬱屈は非常に高まっていると見える。対立は表面上押さえられながらも，16年10月には長らく秩序の要として位置付いてきたプミポン国王が逝去したことで，今後の行方はさらに不安定化した状況にあると言えるだろう。

おわりに

本章では，現在のタイにおける対立と混乱にいたる歴史的背景を，政治・社会運動という側面に焦点を当て，中央首都のバンコクと地方農村部との関係にも着目しながら整理を試みてきた。ここでは，全体の注目点を次の3点に絞って整理しておきたい。

まず第1に，2006年クーデター以降の対立と混乱の背景には，1970年代の民主化の時代において学生運動，農民運動に関わった世代が大きな影響を与えていることが指摘できるだろう。70年代世代は，当時学生・農民運動に関わっていたが，その後は時を経て2006年以降，タクシン派，反タクシン派の双方に分かれながら，それぞれの運動において中心的な役割を果たす存在として位置付いていった。

特に赤シャツUDDの運動には，70年代学生運動とその後の共産主義活動を経験したリーダー等の思想的な影響が色濃く見られるようになっていた。本来は資本家の代表でもあるタクシンとこうした70年代世代のリーダー等が結びついた背景には，当初はタクシンにとって票田としての重要性を持っていた地方農村部が，70年代世代にとっても支援し拠って立つべき地方農村部の貧困層という意味で，両者の共通する地盤・基盤と位置付いていったことが考えられる。つまりここでは，地方農村部と貧困層という共通の基盤・地盤が本来異なる方向を向き目的も異なっていた二者を，運動における共通の敵に向かう限りで結びつけたと言える。06年以降の近年の対立と混乱の背景には，この70年代世代とタクシンというかけ離れたふたつの存在が，結びついたところにひ

とつの特徴があると考えられる。

　そして，この結果として，06年以降の赤シャツ運動のリーダーが地方農村部に改めて直接入り込み，農村部の住民等と共に運動を立ち上げていこうとした経験が，本章との関係で言えば，大きな意味を持つことになる。つまりここでは，70年代を例外として軽視され続けてきた地方農村部に光が当てられたというばかりか，タクシン側政党の票田としての重視という意図をも超えて，運動の主体としての地方や農民がクローズアップされていったと考えられるのである。いわば，軽視されるか，注目される場合でも，支配や統治の対象，あるいは票田として，またある時は中央の住民から施される啓蒙の対象として，つねに中央から見た対象であり，ターゲットであり，客体で有り続けてきた地方農村部とその住民が，この近年の運動においては，主体として地方から運動を立ち上げていく位置に立つことにもなり得たということである。この点は，14年クーデター後の統制の中にあっても，今後の成り行きを注視すべきポイントと言えるだろう。

　注目点の2点目として，特に近年の混乱と対立の中で，善悪に関する情緒的な感情を背景にしながら，道徳的な価値を前面に出す象徴化の動きが多く見られたことを指摘したい。例えば，対立する運動において，「良き人」やアマートというキーワードでそれぞれ他派を差異化しながら攻撃していった事例がこれにあたる。そこでは，実質的には同じ対象である従来の支配者層を指して，それぞれアマート，「良き人」という言葉で名付け，象徴化していたのである。そして，その同じ対象に対して，タクシン派のUDD側は悪のレッテルを貼り，反タクシン派のPAD側では善のレッテルを貼っていた。そこでは，まさにそれぞれが善悪という道徳的な価値で対象を規定し，その道徳的な価値の力を利用して，自派優位の主張と敵対する他派非難の主張を展開していると考えられる。いわば，政治・社会運動が，道徳をめぐる政治やその象徴闘争の中で繰りひろげられていった事例と見ることができるのである。

　また，14年5月クーデター後はこの道徳的な価値の利用がより露骨な形で行われていた。対立の危機にある国家や国王を守り幸福を取り戻す軍側の正義という情緒的でかつ道徳的な訴えかけをちりばめた軍政の歌がその事例であり，また国民が守るべき12の価値観の提唱は，道徳をめぐるより直截な政治

の導入と考えることができるだろう。

　本章全体で注目したい3点目は，タクシン派側も反タクシン派側も，双方共に，一枚岩ではなく多様な背景と多様な目的・意図を持った人々や組織が，運動という意味において集まっている存在であるという点である。特にタクシン派の赤シャツ側は，例えば中心的な組織のUDD幹部からして，非常に多様な存在から構成されていた。かつて下院で与党として議席を得ていたタクシン派政党の議員らをはじめとして，地方農村部や下層に人気があると言われるUDD，自派独自のメディアやそれを支えるタクシン派系ビジネスマン，70年代学生・農民運動を経験した左派系知識人，敵対する民主党側の政権に不満を持つ人々，30バーツ医療政策などの草の根振興策で恩恵を受けた地方や下層の住民など，実に多様な人々や勢力が，それぞれの目的・背景の中で赤シャツの運動に参加していったのである。そうした多様な人々や勢力が，各派の運動という意味において結びつきながら，政治的な対立が生みだされてきたという点が，本章で確認された重要な側面であると言えるだろう。

　本章では，地方農村部にも着目しながら対立の歴史的背景を探ってきたが，紙幅の関係もありその地方農村部の具体的な運動の動きまでは十分な究明がなされているとは言い難い。従って，本章の分析の先には，さらに地方農村部のコミュニティにも分析の視座を定めながら，この運動をよりミクロな行為の過程の中から具体的に描きだしていくことが，残された重要な視点となっていくだろう。

（高城　玲）

注
1　タイ愛国党は，タクシンが1998年に結党した政党である。その後の解党判決などにより，所属議員の多くが国民の力党，タイ貢献党へと移籍していくこととなるが，タクシン派の政党として継続している。
2　1949年チェンマイ県生まれ。警察官僚を経て，通信業界で財閥を築いた後，政界に進出する。2001年から06年まで首相を務めたが，06年クーデターで追われ，海外生活を余儀なくされている。
3　1954年生まれで，陸軍司令官に就任。2014年クーデター以降は軍主導政府の首相に就いている。
4　反タクシン派の黄シャツ側には，民主党が支援している関係で，その支持基盤である南タイの住民も支持層となっている。
5　本章は，拙稿（高城2015）を大幅に短縮，改稿したものである。

6 軍人出身で，1957年のクーデターで当時のピブーン政権を打倒，59年から63年まで首相の座に就いた。
7 この学生等の農村における運動支援に関しては，「全ての地方農民に民主主義の意味を説明し，農民の政治意識を向上させるためであった」とも分析される（Luther 1978, 85）。
8 Kanokrat（2017）では，Octoberists として現代史における役割に着目している。
9 例えば，チェンマイ県農村部における赤シャツ系コミュニティラジオ局の中心的存在には，かつて森に入っていた経験を有している人も多い（2013-2018年の筆者調査による）。
10 1920年生まれで，陸軍司令官を経て 1980-88年まで首相となる。特に前国王の信任も篤いと言われ，88年には王室を補佐する枢密院顧問となり，98年に枢密院議長に就いている。2006年以降の混乱においては，赤シャツ側から敵対勢力の黒幕として名指しされている。
11 陸軍出身で，1985-92年までバンコク都知事をつとめる。その後 92年 3月に国政へ進出し，新興仏教のサンティアソークの信者であることもあって，清廉さが人気を呼び，特にバンコク住民の間で圧倒的人気を誇っていた。2006年以降の混乱の時期においては，反タクシン派PADの運動で中心的な役割も果たした。
12 1973年の10月14日政変では中心的な役割を果たした。その後，現在にいたるまで政治・社会運動などに対する発言が注目されている。
13 南部の出身で，弁護士を経て政党政治家となった。1992年から95年と97年から2001年の2回にわたって首相を務めた。
14 政治改革のために設置された委員会に農民代表がわずか5％しか割り当てられなかったことが指摘され（末廣 2009, 90-92），「農村部や弱者に配慮する視点がすっぽりと抜け落ちて」いる（玉田 2003, 163）とも批判される。
15 例えば，北タイ，チェンマイ県農村部のある住民は，この30バーツ医療制度によって命拾いをしたとして，タクシンを命の恩人と語っていた。その後この住民は熱烈なタクシン支持となったという（2013年3月6日の筆者インタビューによる）。
16 外山・日下・伊賀・見市編（2018）では，東南アジアにおいて21世紀に登場した新しいタイプの権力基盤や統治スタイルを持った強権的な政治指導者を「ストロングマン」として注目する。その性格としてポピュリスト的側面を指摘し，タイのタクシンも位置づけている。
17 タクシノクラシーは，タクシンとデモクラシーを合わせた造語で批判的に用いられることが多い。
18 1983年からの月刊経済誌に続いて90年には日刊紙を発行。92年の反スチンダー運動で人気を集めた。2005年以降は反タクシン運動の代表的メディアとなり，衛星放送局ASTVと共に反タクシン派の広報媒体となった。
19 1947年生まれのジャーナリズム出身。プーチャットカーン・グループを率いたが，経済危機で破産する。一方で2005年から反タクシン運動の指導者となった。
20 Bangkok Post, 31 May 2007 などを参照。
21 司法が政治に影響を与える過程を，玉田（2017）は政治の司法化として批判的に整理している。
22 1935年生まれで，バンコク都議から下院議員となり，大臣を歴任する。2000年からはバンコク都知事も1期4年間つとめた。
23 1964年生まれで，英国の大学を卒業した名門と高学歴の出自を持つ。1992年に民主党から出馬し下院議員となり，チュワンの後を受けて民主党党首となった。
24 2008年9月発表のPAD声明（Phucatkan, 8 Sep. 2008）を参照。Nelson（2010, 128-142），重富（2010）なども参照。
25 国旗にも使われる赤は，タイを屋台骨として支える3つの柱（民族，宗教，国王）の中で民族を表すとされ，UDDの赤の使用にもこのことが関係するとも言われる。あるいは，反タクシン派運

動の阻止（赤信号）を意味すると言われることもある。
26　浅見（2010, 7-13）では，特に赤シャツ派の組織が一枚岩ではなく，利害と思惑が微妙に重なったり，ずれたりする，いくつかの異なったアクターによって構成されていると指摘する。
27　村嶋（2009, 15-18），Nostitz（2014, 185-186），UDD 集会でのタクシンのビデオ・リンク演説（28, 30 Mar. 2009）などを参照。
28　プライは前近代の身分制社会であるサクディナー（権威田）制において，田の面積で身分を示された被支配階層にあたる。プライは貴族官吏の支配下におかれ，その下にはタート（奴隷）がおかれた。
29　タクシン一族の基幹企業である携帯電話会社 AIS 社の社長などをつとめたが，それまで政治の世界にはほとんど関わっていなかった。
30　1990 年代はバンコク選出の民主党下院議員をつとめ，2009 年の都知事選でバンコク都知事となった。
31　2014 年 1 月 23 日，バンコクのパトムワン交差点における PDRC のデモ集会における筆者の調査による。
32　Bangkok Post 27, 30 May 2014，NCPO 発表の声明（National Broadcast by General Prayut Chanocha, 30 May 2014）などを参照。
33　Bangkok Post 15 Jun. 2011，朝日新聞 2011 年 6 月 21 日などを参照。
34　Prachatai 3 Sep. 2014，朝日新聞 2014 年 10 月 3 日などを参照。

参考文献
日本語文献：
浅見靖仁（2010）「プリンシパル＝エージェント理論から見たタクシン派の政治行動」『タイ国情報』44（4）1-23 頁。
江川暁夫（2014）「タイの籾米担保融資制度の社会的コストと農民への便益」『地域学研究』44（3）289-303 頁。
重冨真一（2010）「タイの政治混乱―その歴史的位置」アジア経済研究所 HP（http://www.ide.go.jp 2018 年 9 月 20 日閲覧）。
柴田直治（2010）『バンコク燃ゆ―タクシンと「タイ式」民主主義』めこん。
末廣昭（2009）『タイ―中進国の模索』岩波新書。
高城玲（2015）「タイの政治・社会運動と地方農村部―1970 年代から 2014 年までの概観」『神奈川大学アジアレビュー』第 2 号，4-39 頁。
高城玲（2018）「分断される国家と声でつながるコミュニティ―タイにおける政治的対立と地方コミュニティラジオ局」永野善子編著『帝国とナショナリズムの言説空間―国際比較と相互連携』お茶の水書房，125-152 頁。
高橋勝幸（2010）「政治学校からバンコク大集結へ，そして県庁燃ゆ―ウボン日記その 6」『タイ国情報』44（3）57-75 頁。
玉田芳史（2003）『民主化の虚像と実像―タイ現代政治変動のメカニズム』京都大学学術出版会。
玉田芳史（2013）「洪水をめぐる対立と政治」玉田芳史・星川圭介・船津鶴代編『タイ 2011 年大洪水―その記録と教訓』アジア経済研究所，123-160 頁。
玉田芳史（2017）「タイにおける司法化と君主制」玉田芳史編著『政治の司法化と民主化』晃洋書房，19-38 頁。
外山文子・日下渉・伊賀司・見市建編（2018）『21 世紀東南アジアの強権政治―「ストロングマン」時代の到来』明石書店。
船津鶴代・籠谷和弘（2002）「タイの中間層―都市学歴エリートの生成と社会意識」服部民夫・船津

鶴代・鳥居高編『アジア中間層の生成と特質』アジア経済研究, 201-234 頁。
村嶋英治（2009）「タクシン支持赤シャツ UDD の大攻勢，パタヤー ASEAN サミットの流会―2009 年 3 月 -4 月のタイの大政争」『タイ国情報』43（3）1-46 頁。
村嶋英治（2010）「2010 年 3 月 -5 月赤シャツ派（UDD）のバンコク市街占拠闘争―準備された政変・革命の挫折」『タイ国情報』44（3）1-44 頁。

外国語文献：

Anek Laothammathat (2006) *Thaksina-Prachaniyom*（タクシンのポピュリズム）, Bangkok: Matichon.
CRED (Centre for Research on the Epidemiology of Disasters) (2012) *Annual Disaster Statistical Review 2011: The Numbers and Trends*, Brussels: CRED.
Haberkom, T. (2011) *Revolution Interrupted: Famers, Students, Law and Violence in Northern Thailand*, Wisconsin: University of Wisconsin Press.
Kanokrat Lertchoosakul (2017) *The Rise of the Octoberists in Contemporary Thailand: Power and Conflict among Former Left-Wing Student Activists in Thai Politics*, Chiang Mai: Silkworm Books.
Kanoksak Kaewthep (1987) *Botwikhro Sahaphan Chaona Chaorai haeng Prathet Thai: Setthasatkanmu'ang waduai Chaona Yutmai*（タイ国農民連合の分析—現代農民の政治経済学）, Bangkok: Chulalongkorn University Social Research Institiute.
Luther, H. (1978) *Peasants and State in Contemporary Thailand*, Hamburg: Institut fur Asienkunde.
MacCargo, D. and Ukrist Pathmanand (2005) *The Thaksinization of Thailand*, Copenhagen: NIAS Press.
Nelson, M. (2010) "Thailand's People's Alliance for Democracy: From 'New Politics' to 'Real' Political Party?," in Askew, M. ed. *Legitimacy Crisis and Political Conflict in Thailand*, Chiang Mai: Silkworm Books, pp. 119-159.
Nithi Aeusrivongse (1993) "Wathanatham khong Khon Chan Klang Thai（タイ中間層の文化），" *Warasan Thamasat* 19 (1), pp. 31-41.
Nostitz, N. (2014) "The Red Shirts from Anti-Coup Protesters to Social Mass Movement," in Pavin Chachavalpongpun ed. *"Good Coup" gone Bad: Thailand's Political Development since Thaksin's Downfall*, Singapore: ISEAS Publishing, pp. 170-198.
Pasuk Phongpaichit and Baker, C. (2008) "Thaksin's Populism," *Journal of Contemporary Asia* 38 (1), pp. 62-83.
Surichai Wankaew (1983) "Phanha Sitthi Manutsayachon khong Kasetakon nai Saphawa kan Phatthana Patcuban（現代の開発状況における農民の人権問題），" *Warasan Thamasat* 12 (7), pp. 40-58.
Thirayuth Boonmi (2004) "4 pi Rabop Thaksin（タクシン体制の 4 年），" *Matichon Sapada* 27 (1250), pp. 9-11.

附記：本研究は日本学術振興会科研費 17H01648 の助成を受けた。

第8章

グローバリゼーションと後退する民主化
――アジア新興国に注目して――

はじめに

　今世紀に入って，世界的に民主主義，民主化の後退が顕著に見られるようになった。手続きとして民主主義的制度を採用する国であっても，多くの国でこれまでとは異なる強権的，権威主義的支配が広がっている。そうした現象は，ポピュリズム，強権政治，新型権威主義，「ストロングマン」，特に中国やロシアについては，「スマートパワー」，「シャープパワー」など，様々に表現されている。

　振り返ると，1980年代から90年代には民主化の波が世界を被った。発展途上世界に限らず，旧社会主義圏でも旧制度に代わって民主化が進んだ。経済成長を謳歌してきた東アジアでは，1987年に韓国と台湾で独裁体制が終焉を迎えた。同年6月，韓国では軍事政権が幕を閉じ，民選大統領が誕生した。その1カ月後には台湾で，36年続いた戒厳令が解除された。前年の1986年の2月には，フィリピンで20年以上続いた独裁体制が打ち倒されている。旧社会主義圏では，「ベルリンの壁」の崩壊が1989年である。1991年にソ連邦が消滅し，「民主化」の時代が到来した。旧社会主義国が「移行経済」と名付けられたのも，自由主義，民主主義への転換が前提になっての命名であった。フランシス・フクヤマはそれを「歴史の終わり」と表現した。1990年代が進むとともに，経済のグローバリゼーションは加速し，アジアでは成長が続いた。資本主義体制と民主主義，民主化が歴史的な終着点であるとの考えが，世界的に受け入れられるようになった。

　だが，21世紀に入ると，民主主義，民主化の流れが停滞あるいは後退する

現象が現れる。その動きは新興国に限らない。先進国でも見られるようになった。今日，欧米ではポピュリズム，排外主義が勢いを増し，反グローバリゼーションの動きが強まっている。そうした先進国での政治状況も新興国の政治スタイルに強い影響を与えているように思われる。いずれにせよ，今世紀に入って新興国に見られる統治形態は，これまで想定されてきた民主主義，民主化とは異なるものである。

こうした発展途上国や新興国の統治現象を，政治学や地域研究の研究者が様々なアプローチで捉えようとしている。筆者はこの間，世界経済の視点から東アジアで起こる急速な発展あるいは成長を追ってきた。その視点に立つとき，この政治現象はどう捉えたらいいのか。本章では，今世紀に入って現れた民主主義，民主化の停滞あるいは後退現象を，アジアの新興国に焦点を当てながらグローバルな視点に立って考えてみたい。

I．アジア新興経済と1980年代以降の民主化の波

1980年代後半，アジア新興国が発展途上世界の先頭を切って経済発展を遂げる中で，民主化論が盛んに議論された。振り返ると，当時のアジア経済研究を近代化論の立場に立ってリードしたのが渡辺利夫である。彼はおよそ次のように論じた。

韓国，台湾，シンガポールは「官主導型資本主義」であり，「この3つのNIEsでは『官』が強力に『民』を指導し，両者の間に効率的な連携関係が形成されてい（る）」。ASEAN諸国も新興工業経済（NIES）にかなり様相が似ており，「ASEAN諸国の場合，官僚の背後には軍部があり，また華人系大企業と軍部・官僚が結びついた『寡頭支配体制』，つまりオリガーキー体制が形成され，これがしばしば『開発独裁』などと呼ばれている」。だが，「こうした類の権威主義的な国家体制が無ければ，経済発展の初期条件を欠いてきたASEAN諸国が急速な工業成長を開始することはそもそもできなかった」。「主張されなければならないのは，そうした権威主義的システムのもとでの開発戦略が成功裡に進められるならば，その帰結として権威主義的政治体制それ自

体が『溶解』するという論理が存在している」ということである（渡辺 1989, 25-26, 86）。つまり，彼は，「開発独裁」あるいは権威主義体制によってのみ工業化が可能となるが，同時にその成長によって開発独裁は「溶解」し民主主義制度が生まれる，というのが成長するアジア諸国が示した経験則だというのである。

　他方，日本経済史を専門とする中村政則は1993年の著書『経済発展と民主主義』において，アメリカ政治社会学者シモア・M・リプセットに注目して，リプセットが富，工業化，都市化，教育水準の程度により世界の政治体制が順に，ヨーロッパの「水準の高い民主主義国」，次いで「水準の低い民主主義国」，「水準の低い独裁制」，「水準の高い独裁制」に序列化すると論じたことを紹介している。また中村はリプセットが「分厚い中産階層をもつ国では，穏健な民主主義が育つ」点を指摘したことに注目し，民主主義の定着では一人当たりGDPで2,000ドルの壁があるという。ただしこうした傾向は一般論であって，「所得水準と教育水準が高ければ高度の民主主義が実現しているかというと，かならずしもそうとはいえない」（中村 1993, 15）。日本の1960年代以降の高度成長は「占領期の非軍事化と民主化があって初めて可能になった」のであり，経済発展と政治体制との直接的関係はない（中村 1993, 143）。「経済発展は，たしかに民主主義実現の必要条件ではあっても，十分条件ではない。…したがって，経済発展と民主主義を『と』で結びつけるためには，すぐれて主体的な人間の行動（思想闘争，政治闘争，経済闘争）の介在」がある（同上，8）。経済発展水準は親和性を持つ政治体制がありうるが，日本の経験は戦勝国アメリカによる民主化政策があって，初めて戦後の発展と民主化が結びついたのであって，自動的に民主主義は生まれない。それを結び付けるのはあくまでも人々の行動であって，絶対的な法則性があるわけではないというのである。

　中村はこうした理解の下に，世界銀行のアトラスが提供する所得水準別の国の序列に注目し，1人当たりGNPで1000-6000ドル台の国々が東欧，アジア，ラテンアメリカに集中しており，「これらの中所得国が，経済の安定と民主化に成功すれば，世界の経済的・政治的安定に寄与するだけでなく，第3グループに属する低所得国の経済発展にも波及効果をもつはず」と期待を示していた（中村 1993, 230）。

筆者も，1990年代に権威主義体制とアジアの経済発展を直接的に結びつける見解に，異なる視点から疑問を呈した。アジアNIESの経済成長は「開発独裁」あるいは権威主義体制の国々で実現したとしても，これらの国は例外なく外資企業を受け入れ，輸出主導の開発政策を採用していた。発展途上世界の経験では，独裁体制であっても発展できない国がある一方，他方で伝統的な輸入代替型政策を採った国の成功事例は見られない。つまり，新興国は先進国の製造業企業の直接投資を受け入れることで発展したのであって，発展の決定的要因は開発独裁体制でなく，輸出主導型の発展政策の採用であった。ただし，民主主義あるいは民主化に関しては，発展が先進国市場への参入によってのみ実現するのであり，その意味で国際社会からの圧力を一層強く受けざるを得ない。発展政策の継続に当たって民主化の条件は強まっていると（平川1994）。

ところで，1980年代以前の発展途上世界にあって開発を目指す権威主義は，広範にみられる政治体制であった。これには，歴史的な冷戦構造が大きく関わっている。第二次世界大戦後の冷戦構造の成立の中で，アメリカは全体主義から自由主義を守るという大義名分のもとに，発展途上国の強権的政治体制を容認した。それは，自由主義陣営に組み込まれた発展途上国が民主化，共産主義化を求める民衆の圧力に晒されていたからである。韓国の研究者の金泳鎬は，韓国をはじめ発展途上国の政権がアメリカと自国の民衆の中間にあって「二重の相対的自立性」を獲得した点に注目する。発展途上国の国家・支配層は，一方でアメリカに頼りつつ民衆を抑圧し，他方で民衆の圧力を盾にアメリカに強権的政治体制を認めさせるという余地を持った。開発独裁体制は，こうした国内的要因と国際的要因の接点において成立する（金1993, 148）。戦後のアジアの発展途上世界ではこうした構造の下で，開発を掲げた開発独裁，権威主義体制が誕生したのである。

では，1980年代に民主化が勢いを増したのは何故か。2つの要因を指摘できる。一つは，発展途上世界では1970年代以降，狭隘な国内市場を前提にした輸入代替型発展政策を採った国々が停滞し，代わって逸早く先進国企業と安価な労働力を結合させた輸出主導型発展政策を採る新興工業経済（NIES）が成長したことである。それが労働者層と中間層を生み出したのである。

もう一つは，社会主義陣営の行き詰まりである。それは1989年のベルリン

の壁の崩壊，続くソ連邦の崩壊と社会主義陣営の解体となった。アジアの発展途上世界では1980年代以降の経済成長による自由を求める人々の誕生という内的な要因と，冷戦構造の消滅によって権威主義体制の必要性の消滅という国際的環境の変化があった。その傾向は，1990年代の情報通信技術（ICT）の劇的な発達により，経済発展で国際的な壁が低くなることで，いっそう強まった。国内的にも国際的にも民主化が強く求められるようになるのである。

　岩崎育夫はこの時期の民主化を政治・経済アクターの多元化によって説明する。すなわち経済発展により，「新しい経済アクターたる資本家集団や新しい政治社会アクターたる市民社会が登場した。市民社会の中核は，中産階層とか中間層とか新富裕層とか呼ばれる社会集団」である（岩崎 2000, 17-18）。

　この構造変化は NIES から ASEAN，そして南アジアにも広がる。フィリピン，タイ，インドネシア，中国はもちろん，インドでも中間層と呼ばれる人々の層が生まれ（古屋野・北川・加納編 2000），彼らが民主化を希求したのである。R・ロビソンとD・S・G・グッドマンも，アジアにニュー・リッチの人々，中間層（middle class）が誕生したことで生活スタイルが変わり，また政治体制の変革を求めるようになったことに注目する。彼らは1992年のクーデター指導者のスチンダー・クラープラユーンの首相就任に反対して軍隊と衝突（「暗黒（＝残虐）の5月事件」）し辞任させた市民の運動を「中間層の反乱」（middle class revolt）と位置付け[1]，同じ構造はフィリピンでの1985年のマルコス大統領を退陣に追い込んだ大衆運動，1987年の全斗煥大統領の退陣と盧泰愚大統領に民主化宣言を出させた韓国の民衆抗争（Robison and Goodman 1993, 8），同年の台湾における蔣経國政権の戒厳令の解除などにも見られる。インドネシアでは1997年のアジア通貨危機を契機に通貨の底なしの下落がもたらされ，反政府の民衆運動がスカルノ体制を崩壊させた。インドネシアでも新しく登場した中間層が新聞や雑誌などのメディアに進出し，報道を通じて市民を覚醒し独裁体制を打ち倒した。こうした国々では国際社会からの自由化の圧力とともに，国内に誕生した中間層，民主勢力の誕生が，国によりその役割に強弱はあるにしても，それぞれに民主化を求めるようになるのである。

　西側世界での民主主義，民主化への関心の高まりはF・フクヤマが「歴史の終わり」と呼んだように，西欧型の自由主義的民主主義制度を最終的な到達点

だとの理解が広がることで,「グローバル・スタンダード」と看做されるようになる[2]。民主主義は,体制を超えて発展した社会の政治体制だとの認識である。NIESなど成長を目指す新興国にとっても,指導者の資質の問題を別にすれば,成長と民主化は矛盾しなかった。発展途上世界で経済成長の先頭をきった韓国と台湾で民主化が相次いで実現したのは,以上のような国際的国内的環境変化を無視できない。

ちなみに,1989年,社会主義中国でも民主化を求めて天安門広場に集まった学生や市民を人民解放軍が武力で鎮圧する天安門事件が起った。この事件も国際社会では,中国が経済成長を進める限り民主化は避けられないとの理解を広めた。既掲の渡辺は,「権威主義体制下での経済発展の成功は,権威主義それ自体を溶かしていくというある種の『弁証法』を,私は中国の将来に予感している」と述べている(渡辺1994, 244)。

1992年に鄧小平は,武漢,深圳,珠海,上海などを視察し「南巡講話」と呼ばれる重要談話を発する。彼は,中国が外資企業を大胆に受け入れ,経済建設を推進しなければならないとする講話を発し,中国の経済成長路線を大胆に進めた。しかし,民主化問題は,中国政府にとって依然として解決すべき最重要課題であり続けたのである。

ところが,今世紀に入ると自由主義的民主主義制度や民主化が求めていたものとは異なる権威主義的統治がみられるようになる。民主主義は停滞または変質し,国によっては逆流が起こる。中国の一党支配体制は揺るがないばかりか,強化されてさえいる。なぜ民主主義,民主化は停滞あるいは変質の傾向を強めたのか。次にそれを考えてみよう。

II. 新たな権威主義体制と民主主義の停滞・後退

今世紀に入って,経済成長に伴って民主主義はいまや「グローバル・スタンダード」と捉える見方が広がる一方,他方で新たな権威主義的な強権的政治が登場し,民主化の逆転現象が見られるようになる。それは世界的現象でもある。アジアでは,ASEAN諸国や中国でその傾向をはっきりと確認できる。社

会主義体制の中国については後述し，その前に東南アジア諸国についてみることにしよう。

アジア地域研究者の外山文子，日下渉，伊賀司，見市健らは，今世紀に入ると以前の「開発独裁」とは異なる，新しいタイプの強権政治が東南アジアにおいて登場したとして，政治指導者に焦点を当てた研究を行っている。そこではタイのタクシン元首相（2001～2006年），マレーシアのナジブ前首相（2009～2018年），インドネシアのジョコ・ウィドド大統領（2014年～現在），フィリピンのドゥテルテ大統領（2016年～現在）が取り上げられ，彼らの統治における共通の特徴を探っている。

彼らは，これらの指導者がポピュリスト的性格をもち，「人民」のための犯罪の除去などを名分にして人権侵害をもものともせずに強権的統治スタイルをとっているという（外山 2018a, 9）。特に麻薬撲滅対策で，多かれ少なかれ強硬策が採られていることを指摘する。タイのタクシンの麻薬討伐では，2013年に約2500人が当局により殺害された（外山 2018b, 62）。フィリピンのドゥテルテ大統領は麻薬犯罪対策で公然と強硬措置をとり，彼が政権についた2016年6月末から翌年1月末までの間に7080人以上が「合法的」あるいは「超法規的」に殺害されている。インドネシアでも同様の傾向が窺われる。ジョコ大統領は政権につくと2014年12月に「麻薬非常事態」宣言を出し，翌年の1月と4月，2016年の7月に合わせて18人の麻薬密売人に死刑を執行した。その数はユドヨノ大統領時代の10年間の死刑執行数の5人の3倍を超えている（見市 2018, 228）。非合法で人権をないがしろにした措置，さらに合法であっても死刑の執行については欧米や国内の一部の人々からの批判があるものの，住民からの圧倒的な支持がある。

民主主義，民主化の赤裸々な後退現象もみられる。1990年代後半に民主化を果たしたと思われたタイでは，タクシン政権およびそれを引き継いだ後継者やタクシンの妹インラックの政権を排除するため，2006年と2014年に2度にわたり軍事クーデターが起きている。

2018年もアジア政治では，民主化問題で衝撃的な出来事が続いた。中国では，習近平国家主席が，彼の2期目の主席就任に合せてこの年の3月，国家主席任期2期を上限とする憲法の規定を改正し，長期政権に道を開いた。カンボ

ジアでも同じ 2018 年 7 月末，1985 年から政権を握るフン・セン首相が彼の政権を脅かす野党を解党させ排除したうえで総選挙を行い，議席の圧倒的多数を占めて独裁者になりつつある。視野をさらに広げれば，トルコでは 2017 年の国民投票で大統領制に憲法を改正させたエルドアン大統領が，2018 年 6 月の任期前倒しの大統領選挙に勝利し，独裁者の地位を固めつつある。

　こうした動きに抗うのがマレーシアの総選挙結果であろう。2018 年 5 月に行われた総選挙では，ナジブ首相（当時）の汚職を非難した野党が彼を政権の座から追い落した。勝利を導いたのは 92 歳のマハティールであり，彼は 15 年振りに政権に復帰した。だが，こうした民主化の事例は多くない。

　民主化の停滞または後退とは何だろうか。アジアでの新しい強権政治の特徴は既述のように，強権的指導者が形式的ではあっても民主主義的な手続きを経ており，しかも国民の圧倒的と言っていいほど多数の支持を得て誕生していることである。特に麻薬対策は，強硬であることが逆に指導者が支持を集める傾向をもつ。反麻薬強硬策をとるタクシンへの支持率（2003 年初頭調査）は 90％，ドゥテルテへの支持率は 2 つの調査（2017 年 9 月）でそれぞれ 67％と 80％であった。ジョコの麻薬密売人に対する従来にない強い対応も，国民から「強い大統領」のイメージを与えるものとして好意的に捉えられている（外山 2018b，62；日下 2018，110；見市 2018，227-228）。中国では，習近平国家主席が進める反腐敗運動は，西側世界では政敵を排除する方便として捉えられるのが一般的であり，また民主化を求める人々に加えられる圧力は弾圧として非難される。だがそれにも拘らず，習近平体制は国内で高い支持を集める。

　アジアの新興国での新たな権威主義体制は，国際社会からの強い批判があっても，多数の国民が指導者を支持する現実がある。言うまでもなく国によりその現れ方は様々であるが，この現実はどう理解すべきか。それには国内的要因と国際的要因がともに深く関わっている。これをタイとフィリピンを事例に考えてみよう。

III. タイとフィリピンにおける民主主義の後退

　タイでは，今世紀に入って再び軍によるクーデターが復活した。タイは1997年のアジア通貨危機で甚大な影響を受けながら，その後，再び成長を取り戻し，東南アジア最大の自動車産業の集積地となっている。しかも，政治面では，1997年に「民主的」な憲法が制定され，民主主義が定着したと思われた国である。その国で民主的な選挙によって誕生した政権が，軍により排除されている。

　タイでは1991年に，前政権の汚職批判を口実にクーデターを引き起こしたスチンダー陸軍総司令官が翌年の総選挙後に首相に就任すると，それに抗議する運動が起った。そして，そうした人々に軍が発砲し多数の死傷者を出す事件が起きる。「暗黒（＝残虐）の5月事件」である。結局，スチンダーは国王の調整で退陣し，民主化の時代が訪れる。1997年には，主に中間層の人々が「最も民主的」と「自賛」する憲法が制定され（山本 2016, 89），1990年代の民主化の時代が到来した。

　だが，1990年代の民主化で注目された「都市中間層」の性格について，当初からタイ社会で貧しい「農民を排除したがる傾向」を持つ個人主義的性格の強い都市のエリートの層である，との指摘がなされていた。船津鶴代と籠谷和弘は2002年の共著で，1993年にタイを代表する知識人のニティが，タイ中間層を「農民からも支配者からも拘束されない個人主義者であり，地位の再生産指向と根底で平等主義を受け付けない文化を持つ階層と規定した」と記している（船津・籠谷 2002, 212）。

　確かに，タイ中間層はそうした性格をもっていた。1997年憲法は，被選挙権の条件を学卒以上とすることで，貧困層の国政への参加を制限した。それにも拘らず，農民層，貧困層の政治への参加は，タイの政治を変えた。それは，タクシンが「国民の大多数を占める貧民を票田にかえ（る）」ことで実現した。タクシンは貧困層に向けた政策を重視し，「それまでのタイ憲政史上存在しなかった強固な政治基盤を築きあげ（る）」ことに成功したのである（山

本 2016，90）。

　タクシン政権は圧倒的な国民，農民を味方につけ，彼らの支持を得て，政敵に対しては強権的措置に訴えながら分断されたタイ社会の改革を推し進めようとした。だが，結論的に言えば，農民層を味方に付ける政策は，1990 年代の民主化に共鳴した中間層を離反させ，彼らを伝統的な支配層に合流させた。山本博史は，2001 年の総選挙でタクシンのタイ愛国党が，30 バーツ医療制度の創設，農民負債 4 年間の凍結，全タンボン（郡の下の行政組織）への 100 万バーツ交付金による地場産業の育成と雇用機会の創出の公約を出して勝利したことを次のように書く。

　　タクシン政権の誕生後，農民の投票行動は一変する。・・・このことがバンコクの中間層のポピュリズム批判を招くことにもなる。／（ただし）タクシンの経済政策はポピュリズム的大判振る舞いで財政悪化を招いたかのようにみえるが，実際は徴税方法の効率化や捕捉率の向上で財政赤字は減少し，公的財務残高も縮小，タクシン政権後半では黒字に転換している（山本 2016，91）。

　2005 年の選挙でもタクシンのタイ愛国党は圧倒的な勝利を得た。だが，翌 2006 年にはそれに不満を持つ「黄シャツ」によるタクシン追放運動が始まった。2006 年 9 月には軍のクーデターが発生し，翌 2007 年には憲法裁判所がタイ愛国党の解党を命じる。バンコクの中産層は王党派，官僚，軍，マスコミなどが一体となってタクシン派の排除を試み，彼を支持する「赤シャツ」と，黄シャツの対立は過激の度を増す。2008 年に黄シャツがバンコク・スワンナプーム空港の占拠事件を起こすと，翌 2009 年には赤シャツが東アジア首脳会議の会議場になだれ込んで首脳会議を延期させている。それでも，タクシン派の政党は 2011 年の選挙まで勝利し続ける。こうして，2014 年 5 月，戒厳令とクーデターの勃発に至る。王党派，中間層，軍などが一体となり，タクシン派の追い落としに不敬罪が多用され，貧困層中心のタクシン派との対立は泥沼化するのである。

　重冨真一は，「こうした民主主義の後退は，じつは国民の政治参加の拡大に

よってもたらされた面がある」という。タイでは都市中間層と農村や都市下層の人々との間には「経済的社会的に大きなギャップがあり，2000 年以降，経済的格差が政治の対立軸」となり，これが軍部の介入を招くことになったと分析する（重冨 2016, 15）。タイの都市中間層は，経済格差の大きい農村部の人々の政治参加に反対し，自己防衛に走ったのである。タイは 1932 年の立憲革命によって王権への制限が加えられた立憲君主制国家となった。しかし，貧困層の人々の選ぶ政権を拒否するために，王制の権威の再強化が再び進んでいる。

　ドゥテルテ大統領を生んだフィリピンはどうか。1986 年，独裁政権に抗議するフィリピンの「ピープルパワー」がアジア新興国の民主化の先頭に立っていた。コラソン・アキノが立候補した大統領選挙の不正をきっかけに，反マルコスで決起した軍を守ったピープルパワーが 21 年間のマルコス独裁政権を倒した。「1986 年エドサ革命」である。コラソン・アキノは 1983 年にマルコス大統領の政敵として暗殺されたベニグノ・アキノの夫人であるが，この革命にはあらゆる層の人々が参加した。こうして誕生したアキノ政権の下で翌 1987 年，国民投票による新憲法が制定され，民主主義体制が生まれた。

　だが，アキノ政権は幾度もクーデターに直面し，農地改革は進められず，貧困問題，汚職，犯罪撲滅などで成果を上げられなかった。アキノの支持者には中間層や社会の構造変革を求める勢力と，そうした意識の希薄な勢力の両者が参加しており，民主主義の回復だけではフィリピンが抱える深刻な社会問題を解決できなかったのである（田巻 1993, 220-221）。1990 年代以降，フィデル・ラモス，ジョセフ・エストラーダ，今世紀に入ってはグロリダ・アロヨ，2010 年からはベニグノ・アキノ 3 世が大統領に就任する。だが，経済では一定の成長を達成しながらも，貧困，犯罪，麻薬問題などの深刻な社会問題は未解決のままできた。

　こうして 2016 年の大統領選では，元ダバオ市長のロドリゴ・ドゥテルテがマニュエル・ロハスのほか，グレース・ポーとジェジョマール・ビナイの 3 人の候補者を破って当選した。ドゥテルテは大統領選で，国民の敵である腐敗や犯罪に対する「規律」を訴えた。これに対して，ロハスは「民主化後，大統領の中でもっとも安定して高い支持率を維持した」アキノ 3 世の後継者として，腐敗と闘う「誠実な道」を訴えた。孤児の生い立ちをもちアメリカの一流大学

を出た清廉なイメージのポーは「有能で優しい」を，ビナイは貧者への医療無償化，減税を約束して「貧者への優しさ」を訴えて選挙を戦った。だが，ドゥテルテに及ばなかった（日下 2018, 115-117）。

過去には「規律」を掲げ，断固とした犯罪対策を行った政治家はいた。だが，彼らは大統領選や副大統領選では常に惨敗であった。ところが，ドゥテルテは勝利を手にした。日下渉は，ケソン市のスラム地区であるペッチャイアンの住民たちが，「自由と民主主義が金持ちに喰い物にされた結果，物価は上がり続け，富も一部に独占され，やけくそになった者たちが犯罪や麻薬に走っている。これらを正すためには，家父長の鉄挙が必要だ」といっていることに注目する。彼は，次のようにまとめる。長年の蔓延する汚職，腐敗による「法治主義に基づく公式の制度浸食」が起る中で，階層を超えてドゥテルテの訴える「規律」への期待が高まったと（同上，119-120）。次のようにも書く。

　より多くの人々が，海外出稼ぎや海外旅行を通じて法規制が厳しく施行されている諸外国の生活を知る中で，変わらぬ母国への不満を蓄積させた。経済成長が続き，「新興国」への仲間入りを果たしつつあるなか，これまでしょせん「途上国」とあきらめてきた問題に耐えられなくなったといえよう。こうした現状に対して，ドゥテルテの支持者は，彼が腐ったシステムを破壊し，厳格な規律でもって公式の制度を再生させてくれると期待を寄せた。ドゥテルテの「規律」が勝利した背景には，いまこそまともな国民国家を築きたいという人々の渇望があったのである（日下 2018, 121）。

「規律」を訴え，法を遵守しないドゥテルテは高い支持率を獲得し続けている。このことは，ドゥテルテの支配の正統性が「国家の合法性の外側にあることを意味する」。ドゥテルテは 1980 年代，マルコス独裁政権の支配と新人民軍のゲリラ闘争が闘われたダバオの市長として治安を回復した実績を持つ。彼は国軍と人民軍の間で内戦状態に陥ったダバオに両者の縄張りを認める方法で，法律を超えて治安を回復した。日下は，ドゥテルテには「義賊」の側面がある，ドゥテルテ新政権の成立から僅か 10 カ月間に全国で 162 万人もの麻薬関係者が警察に自首したのは，ドゥテルテの強権的統治に共存する義賊的道徳を

信じてのことだと解説する（日下 2018, 126-7, 142）。そうだとすると，フィリピンにおけるドゥテルテ大統領の誕生と強権政治の受容は，この国の民主主義制度が貧困，汚職，犯罪など社会問題を解決できないできたことへの絶望がもたらした現象となる。貧しい人々は，ドゥテルテの強権にフィリピンがまともな民主主義国家になるという希望を託しているのである。

　タイとフィリピンの事例には，従来の近代化論，民主化論の解釈が通じない。タイでは中間層が保守化し，国民の多数派を占める農民層の政治参加に敵対しクーデターをも受け入れ，そこでは王権の強化に向かっている。ところが，フィリピンでは，民主化を達成しながら，民主主義制度が空洞化する中で深刻な社会問題に直面し，最後の望みを強権的なドゥテルテ大統領に託している。

Ⅳ．経済のグローバル化と国際社会の変容

1．新興国と潜在的大市場経済（PoBMEs）

　眼を世界に転じると，過去半世紀以上にわたるアジアの成長は世界経済の構造をも変えている。この構造変化も新興国の民主化の後退，逆流と深く関わっているようにみえる。

　今世紀に入ると世界経済のもとで，新興国の発展構造は本質的に変化する。半世紀前までは貧困の最大の指標とみなされた人口が，今では逆に成長の源泉と考えられるようになった[3]。20世紀最後の四半世紀の成長では，NIESが主役であった。だが，今世紀になると主役が代わる。巨大な人口を擁する新興国が経済成長を始める。アメリカの投資会社ゴールドマン・サックスのジム・オニールは2001年，こうした国としてブラジル，ロシア，インド，中国に注目し，それらの国の頭文字をとってBRICsの造語をつくった。彼は，それらの国が今世紀の前半に主要な先進国の経済を追い越すと予測した（O'Neill 2001）。BRICsは，世界経済における新たな資本活動の場であり，有望市場となるはずである。

　1970年代から1980年代に注目されたNIESの主要な市場は先進国にあり，

輸出競争力の源泉は低賃金であった。それは安価な労働力が新興国の発展の源泉だとの認識を導く。さらに，その供給能力が成長の決定要因だとの解釈に行き着く。アジアでは中国とインドが共に大量の労働力を提供できる。中国は1990年代，沿海部に輸出向け産業を勃興させ，NIES型の発展段階を経てやがて国内市場を生み出した。それが，今度は引続き世界から資本，企業を引きつける。中国は2009年，自動車販売台数でアメリカを超え世界一に，翌2010年にはGDPで日本を超え，アメリカに次ぐ世界第2位の大国となった。インドも1990年代から，ICTの発達によるサービス役務のオフショアリング先としてICTサービス関連産業とサービス輸出を急増させ，内需も拡大させている。世界的なICT企業がインドに殺到している。ある推計では，インド経済は2020年代の末には日本もドイツも超えて世界第3位に浮上する。

　ところで，成長の潜在力を有する国はBRICs 4カ国に限らない。造語からは成長の潜在力が何かも示せない。アジアではタイ，ベトナム，フィリピン，インドネシアなどが成長潜在力を持つ。それらの国が加盟するASEANも，1990年代から経済統合を進める。1992年にはASEAN自由貿易地域（AFTA）を締結し，その試みは2015年のASEAN経済共同体（AEC）の創設となった。AECは地域として新たな巨大経済となる可能性を秘める。筆者はこうした国や地域，すなわち豊富な人口を擁した新興国または地域を「潜在的大市場経済」（ポブメス，PoBMEs）と呼ぶ（Hirakawa 2011；平川2013）。

　以上の発展形態の変遷を段階として概念化したものが図8-1である。図では，発展途上世界が第二次世界大戦後に最初に採用した正統的な発展政策を採った輸入代替型工業化段階も加えてある。輸入代替政策が陥った停滞を打ち破ったのが，NIESの輸出主導型工業化政策であった。

　だが，新興国の発展はいまやNIESからPoBMEs段階に移行しつつある。そして巨大な人口を有する大国に一層大きな成長と発展の可能性が生まれている。実際，UNCTADの対外直接投資データで見ると，1980年代から今世紀初めまで，世界の対外直接投資の受入れ地域は60～80%の圧倒的な割合を先進国が占め，その構造は先進国間の相互投資であった。それが今では大きく変わっている。2010年代には世界の直接投資のほぼ半分が新興国に向かっている。2014年の新興国への直接投資シェアは55%にもなった。しかも，投資企

図 8-1　新興国の発展段階　概念図

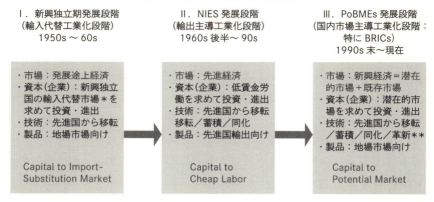

（注）NIES：Newly Industrializing Economies，新興工業経済；PoBMEs：Potentially Bigger Market Economies，潜在的大市場経済。
　＊ M.ポーター：多国籍企業の国際競争をマルティ・ドメスティック（Multi-domestic）とグローバル産業の形態に分ける（『国の競争優位』1992年）。Ⅰ段階のFDIはマルティ・ドメスティックな競争，ⅡとⅢ段階はグローバル産業の競争（平川1997, 22）。
　＊＊丸川知雄（2014）キャッチダウン型技術発展は一例，プロダクト・イノベーションの可能性。
（出所）Hirakawa, H. and T. T. Aung（2011, 56），平川（2013）ほかを修正している。

業の新興国への投資目的は，今では新興国の単なる単純労働力，不熟練労働力ではない。高度な技術を持つ熟練労働力や市場である。PoBMEsがそうした企業の受け入れ先として成長を実現する。中国はその先頭に立っている。

2．先進資本主義経済・アメリカ社会の危機

　国際社会に眼を転じよう。先進資本主義経済は今日，デフレ傾向を強め成長の模索の中にある。社会の分断は過去数十年にわたって進行し，今世紀に入って先進資本主義各国が景気対策として打った金融緩和の刺激策は過剰資本化を生み，その結果グローバルな金融危機を勃発させた。

　2008年の世界金融危機は，新興国の民主主義，民主化に関わる事態を根本的に変えた。それは新興国の指導層，とりわけ中国の指導層に自由主義的資本主義を万能でないと確信させる契機となったように思われる。自由主義的資本主義への信認が大きく揺らいだのである。フィナンシャル・タイムズのチーフ

政治コメンテーター，フィリップ・スティーブンスは最近の新聞紙上で次のように書いている。

　未来の歴史は 21 世紀の転換点を 2008 年の夏と初秋の 2 つの出来事にみいだすだろう。／8 月に開催された北京五輪で，中国は世界の列強の一角に名乗りを上げた。数週間後，米金融大手リーマン・ブラザーズが破綻し，世界における欧米諸国の覇権が地に落ちた。・・・／中国指導部は金融危機以前，経済成長を続けるにはどれだけ自由資本主義に近づく必要があるか確信を持てずにいた。民主化圧力の高まりに対して，国家統制を維持できるか否かも自信がなかった。／欧米が逆境に陥ったことで自己不信は消え去った。習（近平）氏は国家主導の経済運営について，もはや悪びれる様子はない（日経新聞 オピニオン，2018 年 9 月 17 日）。

　2008 年の世界金融危機はあえて言えば，中国の自由主義的資本主義への幻想を断ち切った。振り返れば，NIES の経済成長をはじめ中国の経済成長も，「産業政策」と輸出主導型貿易政策が結びつく中で実現した（Amsden 1989；平川 1992；スティグリッツ 2015；デイビス 2018）。社会主義陣営は確かに 1990 年代には消滅した。しかし，その同じ時期にアジア諸国は，国家の介入によって経済を発展させていた。中国も「社会主義市場経済」の下で過去数十年にわたる成長を実現していた。

　ところが，西側の国際社会では，自由な資本活動が新興国を成長させたと解釈する新自由主義経済学が正統派として君臨し，民主主義と自由主義的資本主義制度の採用を求めてきた。中国には「国家資本主義」などと呼んで批判してきた。アメリカや国際金融機関と圧倒的に力の差がある新興国は，とにかくそうした要求を受け入れるしかなかった。その自由主義的資本主義が，グローバルな金融危機によって世界に危機をもたらしている。

　他方，2000 年代後半以降，中国の外貨準備高は日本を超えて断トツで世界第 1 位にある。それどころか，中国は 2008 年の世界金融危機による国内経済の減速に対して 4 兆元の国内景気浮揚策を打って，世界経済の不況を救っている。2010 年には GDP も日本を超えて世界第 2 位となった。中国を含む新興国

が米欧の自由主義的資本主義を無批判に受け入れるには，先進資本主義経済の現実はあまりに説得力に欠ける。

　加えて，アメリカをはじめとして 21 世紀に入って深刻化する先進資本主義国内の社会問題の深刻化が，新興国に民主主義，民主化への疑念を生んでいる。先進国，特にアメリカにおける所得格差は，過去半世紀近く劇的に拡大してきた。それは，2013 年にトマ・ピケティが資本主義諸国における長期的な所得格差の研究を深めることでいっそう関心を集めた。ピケティは先進資本主義諸国の家計所得統計を基に，資本主義には資本の収益率が産出と所得の成長率を上回る歴史的傾向があること，同時に，20 世紀の先進国の所得格差の縮小が「2 度の世界大戦とそれに伴う激しい経済政治的ショック」によって達成されたことを実証した。経済学は，クズネッツの逆 U 字曲線，つまり近代化の初期には所得格差が広がるが発展に伴ってやがて自然に縮まる，とする仮説を定理として受け入れている。しかし，クズネッツが考察した時期は，政治的な要因によって所得格差がたまたま縮まる時期であったに過ぎない（ピケティ 2015, 17）。彼は，アメリカの格差が 1 世紀前の水準に戻っていることを受けて，次のように書く。

　　アメリカの国民所得で所得階層のトップ 10％ が占める割合は，1913－1948 年には劇的に低下するが，1980 年代に格差が急激に高まり，2000 年になると，国民所得の 45－50％ あたりの水準に戻っている。この変化の規模は驚異的なものだ（ピケティ 2015, 26）。

　ノーベル経済学賞受賞者のジョセフ・スティグリッツも，ピケティの研究にも注目しながら，「今日のアメリカの実態は，不平等を創出すべく設計された"えせ資本主義"と説明する方がぴったりする」（スティグリッツ 2015, 172）と富裕層，ビジネス界，政界の癒着するアメリカの支配層を痛烈に批判する。賃金格差の実態については，次のように書く。

　　たとえば過去 30 年間で見ると，賃金の低い人々（下位 90％）は，賃金の伸びがおよそ 15％ だったのに対し，上位 1％ の伸びは約 150％，上位 0.1％

の伸びは300％以上に達した（スティグリッツ 2012, 44）。

　現在アメリカ人の上位1％は，毎年，国民所得のおよそ4分の1以上をふところに収めている。所得でなく資産でみると，上位1％は総資産の40％を支配している。彼らは分け前を大きく増加させた。今から25年前，上位1％の分け前は，所得で12％，資産で33％だった。／アメリカの政治と経済は，今や悪循環にはまり込んでしまっている。経済の不平等が政治の不平等を招き，政治の不平等がルールを書き換え，経済の不平等をさらに拡大させる。結果は？　アメリカ民主主義に対する幻滅だ（スティグリッツ 2015, 124, 194）。

このようにアメリカ社会の支配層と政治を批判しながら，彼は2012年にはトランプ誕生の可能性も指摘していた。

　幻滅がもたらす即効性の症状は，政治プロセスへの参加が少なくなることだが，つねに警戒すべきなのは，有権者たちが大衆迎合主義と過激主義にひきつけられる事態だ。大衆迎合主義と過激主義は，不公平な制度の創造主であるが体制派（エスタブリッシュメント）を攻撃し，非現実的な改革を約束するからである（スティグリッツ 2012, 198）。

2016年のアメリカ大統領選でトランプを大統領に就けた主要な支持者は，かつてアメリカの重工業，製造業の中心地帯であったラストベルト（錆びた地帯）やアパラチアの没落した白人の中間層といわれる。彼らは，これまでの政治を担ってきたエスタブリッシュメントの政治に幻滅し，今までの政治を打ち破る強い大統領に希望を託したのである。
　トランプは大統領選で，移民が雇用を奪った，メキシコとの国境に壁をつくる，中国や日本は不公正な貿易によってアメリカに損害を与え続けてきた，貿易赤字はその証拠だ，アメリカを再び偉大な国にする，アメリカ第1だ，と扇情的に彼らに訴えた。トランプは，自らに批判的なメディアは国民の敵だ，フェイクニュースだ，と声高に叫ぶ。そして，彼を支持する人々は，トランプ大統領を堅く信じて支持を惜しまない。彼らのメディアへの不信感は極めて強

い。メディアの今までの報道はフェイクニュースであったに違いない，ということになる。

　もっとも，トランプ大統領を誕生させた人々にトランプの政治がどう応えるかは，別の問題である。じっさい彼は，2017年12月，歴史的な大型減税を成立させた。アメリカのシンクタンク・税政策センターが2017年9月にトランプ政権が発表した税制改革案を試算したが，それによると，減税分の内訳は年間所得73万ドルを超える上位1％の高所得者層が50％をとり，税引き後の所得が平均8.5％増える。他方，所得分布の95％を占める下位所得層の税引き後の所得は0.5〜1.2％増えるだけである（日経新聞2017.10.5朝刊）。減税は景気を浮揚させ株価を引き上げる。2018年秋の失業率は4％以下，完全雇用状態にある。だが，賃金上昇率は経済成長率を下回る。格差はさらに膨らみ続けている。

　いずれにせよ，民主主義の理想であったアメリカにおけるこの現実は，中国をはじめ新興国の指導者に民主主義への疑念を膨らませる。巨大な人口を有する新興国が自信を抱く一方，他方で憧れを抱いた民主主義社会の理想に遠い実態が見せつけられる。新興国がかつて偉大な文明を生んだ国であれば，自由主義的資本主義への失望をいっそう強くするだろう。ヨーロッパにおける移民排斥の動きも，新興国の人々に不安と失望感を増幅させている。

V．新興国と揺れる政治体制

1．大国中国の対外政策と政治経済運営

　PoBMEs の筆頭を走るのは中国である。今ではその中国がアメリカの安全を脅かす挑戦国とみなされて，同国の覇権に関心が向けられている。習近平国家主席は，2013年秋に「一帯一路」構想を打ち出し，翌2014年10月に上海で開催された APEC 首脳会議でそれを公表する。中央アジアを横断する陸のシルクロードと，東南アジアからインド洋を渡る海上シルクロードからなる国際インフラ投資構想である。構想を打ち出した背景には，習主席の今や大国となった中国に対する自信があり，また当時進められていたアジア太平洋経済連

携（TPP）への対応策の面など，様々な目的が含まれている（平川 2017）。巨額を要するインフラ融資を目的にアジアインフラ投資銀行（AIIB）が2013年に提唱され，2015年末に57カ国のメンバーで発足した[4]。開発は中国が主導する国際開発協力プロジェクトとして，相手国とのウインウイン関係が謳われている。一帯一路は国際公共財とされる。ただし，動き始めて数年が過ぎて，最近ではプロジェクトの中に中国からの過剰な融資で債務国が返済不履行に陥る「債務の罠」問題が浮上している。返済困難に陥ったインフラ施設が中国側の管理下に入る事例である。そうした事例は，中国の覇権主義として国際的に批判が高まっている。

　こうして中国の政治体制や統治の在り方に関心が向かう。政権を握って以降，習近平国家主席は腐敗撲滅運動を推進し，多くの国民の支持を得ている。だがその実，それは習独裁に向けた党内の政敵の排除であり，自らの地位を固める権力闘争だとの指摘が後を絶たない。実際，国家主席の任期2期目となる2018年3月の全国人民代表大会（全人代）で習近平主席は，鄧小平が設けた任期2期10年の規制を撤廃し，世界に大きな衝撃を与えた。2018年3月3日のエコノミスト誌は，同年2月25日の共産党中央委員会が国家主席の任期条文削除の憲法改正案を決定したのを受けて，次のように書いている。

　先週末，中国は専制政治（autocracy）から独裁制（dictatorship）へ歩を進めた。それは，習近平がすでに世界でもっとも権力を持つ人物であるということであり，彼は，中国の憲法を変えることで国家主席として彼が望む限り—おそらく終身で—国家主席として支配を続けることができる。毛沢東以来，中国の指導者がこれほど公然とこれほど大きな権力を振ったことはない。これは単なる中国の大きな変化ではなく，同時に西側の25年間の賭けが失敗したことの強力な証左である（Economist, March 3-9, 2018, 9）。

　中国がWTO加盟を承認した今世紀初め，欧米先進国は中国がやがて自由主義的資本主義と民主主義を受け入れると信じた。しかし，中国は部分的にはそうした制度を導入するが，2010年代になると対内外共に異なる政策を進めるようになる。経済運営では国有企業が再び力を増す。「国進民退」である。外

交では南シナ海での人工島建設と軍事施設建設問題に見られるように，強硬姿勢が強まる。鄧小平の韜光養晦(とうこうようかい)（爪を隠して，じっくりと力を蓄える）政策からの脱却である。

　上記のエコノミスト誌が指摘するように，習近平体制は統治面で，国内の様々な紛争を支援する自由思想の弁護士を拘束し，政府に批判的なメディアやインターネットの書き込みへの統制を強める。経済面でも，国有企業はもちろん外国企業への統制も強める。ロイター通信などによると，2017年7月に欧州大手企業10数社の幹部が開いた会合のテーマは，共産党が干渉を強めていることに対する懸念であった。中国の国営企業の93％に共産党の組織があるが，外国企業では2016年末までに70％に達している（ロイター 2017.8.29；新唐人電視台 2017.10.24）。外資系企業への様々な規制が習近平体制で強まっている。

　エコノミスト誌は，こうした中国を「シャープパワー」と呼んでいる（Economist, March 3-9, 2018, 9)。また，アメリカの非営利団体の民主主義国民基金（NED）の研究報告は，中国とロシアを主要な対象としてこうして生まれた体制を「スマートパワー」と呼ぶ（NED 2018）。完全に強制的な意味で「ハード」ではないが，「ソフト」でもない権威主義的政治体制のことだという。NEDの報告書の2人の著者は，中国とロシアが国内外でメディアへの支配を強め，両国の政治体制の優位性を示すプロパガンダを国内外に発する抜け目のない政治体制と捉えている（Walker and Ludwig 2017）。

　中国の指導者は確かに中国様式の経済運営，統治方式を追求している。習近平体制は自国の国力に自信を深め，自由主義的資本主義と民主主義体制を明確に相対化しようとしているのである。

2．新興国と民主主義

　民主主義制度の拒絶の傾向は中国に限らない。他のPoBMEsにもみられる。今世紀に入って民主主義への収斂化は起こらず，逆に強権的な指導者を選ぶ国が現れる。支配層，指導者が自ら強権政治を求めるだけでなく，彼らを選ぶ国民感情も育っている。これまで，自国の開発に関わって民主主義を唯一の政治体制として様々に国際的圧力を加えられてきた新興国，多かれ少なかれ自

由主義資本主義に憧れを抱いた新興国も，自由主義的資本主義を無批判に受け入れられなくなった。そこには，自由主義的資本主義が自ら幻想を打ち砕いている面がある。こうして民主主義の停滞あるいは逆流が始まる。逆に中国への期待が高まる。

中国の提唱したアジアインフラ投資銀行（AIIB）の設立で，予想を超えて多くの国が参加したのには，そうした背景があるだろう。中国は，2015年からは一帯一路の対外構想を掲げて陸と海のインフラ開発に乗り出し，その資金供給を目的に国際金融機関として AIIB を設立した。世界銀行（WB）やアジア開発銀行（ADB）がこれまで開発に果たした役割は大きかった。だが，新興国は開発においても政治体制においても，これまでアメリカやヨーロッパ諸国が設けたルールに従うよう指導されてきた。それは新興国からすれば融資に伴う圧力である。内政不干渉の立場をとる中国，その国が主導する AIIB は新たな選択肢となる。新興国においては膨大なインフラ需要がもちろんある。だが，新興国が従来の欧米のルールと指導に抑圧を感じていた。それが，AIIB の設立の背景にある。

政治体制では，民主化の逆流を見せる国も現れた。ポルポト政権による忌まわしい殺戮の時代を経て，1990年代に民主化を進めたカンボジア，今世紀に入って軍事政権から曲がりなりにも民主化の道を歩み始めたミャンマーで，現在，再び強権的な国家への後退と思われる現象が生れている。2018年7月に国民会議（下院）選挙を迎えたカンボジアは，過去30年間実権を握るフン・セン首相が，国民の支持を増やす野党を弾圧して圧倒的議席を独占し，強権政治を復活させている。また，カンボジアは，南シナ海の領有権問題を無視した中国の軍事施設建設の強行に対する ASEAN の一丸となった対中国共通政策を困難にさせている。ミャンマーでは，1991年のノーベル平和賞の受賞者のアウンサン・スーチー国家顧問が国内の少数民族ロヒンギャに対する軍の迫害を抑えられず，国際社会からの非難の渦中にある。長い民主化闘争で弾圧を受けながらミャンマーに民主主義をもたらした英雄のスーチーが，国内の少数部族を虐待する軍を統制できない。両国ともに，中国への依存を一層強めている。こうした指導者や支配者に強権を許すのは，上述の国際社会の変化であり，成長を実現し，多額の資本や援助を通じて影響力を増す中国の存在であ

る。中国は，支援に当たって内政不干渉を謳い，民主主義や国民の自由，人権などの条件を付けない。アメリカが冷戦構造の中で反共独裁政権を守ったと同様に，中国は西側の批判から強権主義の国を守るのである。

　もちろん，すべての新興国で民主化が後退し，中国への財政的依存が進行している訳ではない。既述のようにマレーシアでは強権を用いて政権存続を図るナジブ前首相が2018年5月の選挙でマハティール元首相の率いる野党に敗れている。ナジブ前首相は政府系ファンド「1MDB」を通じた巨額の汚職疑惑などで逮捕され，汚職の実態が解明されつつある。また，中国からの巨額の融資を受けた建設途中の高速鉄道計画も中止された。インド洋の島国モルディブでも2018年9月の大統領選挙で，中国より巨額の融資を受けてインフラ建設を推進した前大統領が破れている。スリランカでは，前政権が融資を受けたハンバントタ港が返済不能に陥った2017年，99年間の運営権を中国企業に譲渡する出来事が発生している。モルディブも同様のリスクが懸念されていたからである。だが，1990年代の国際社会に存在した民主主義，民主化への大きな潮流は既に無い。むしろ民主化の停滞と逆流の国際環境が生まれているのである。

おわりに

　本章では，今世紀に入って主に新興国に生まれている民主主義，民主化の後退または逆流の背景を，新興国の国内的構造変化と国際的環境変化から解明しようと試みた。経済成長によって中間層が生まれても，社会の分断が深刻であれば民主主義は理想的には機能せず，権威主義的体制や軍事政権が生まれる現実が白日の下にさらけ出されている。また，新興国の発展が人口大国で実現することによって，民主主義，民主化の潮流に大きな障害が生まれつつある。

　この課題で最も注目されるのが中国であるが，1990年代の中国は，自由主義的民主主義のシステムを経済成長との関係で真剣に検討せざるを得ない段階にあったといえるだろう。ところが，今世紀に入って中国は，自国の驚異的発展だけでなく，アメリカを筆頭に先進資本主義国が推し進めてきたグローバリ

ゼーションが金融危機を生み，また国内格差を拡大させた現実を目にすることで，民主主義体制の相対化が始まった。民主主義は大きく信頼がそがれたのである。トランプ政権の誕生は民主主義の限界を一層強く認識することになったといえるだろう。中国では指導者がアメリカ社会の分裂を前にして，民主主義は中国の未来像ではないとの結論を下した可能性が強い。しかも，この認識は大国の新興国だけではない。中小の新興国の指導者や人々にあっても同様である。中小の新興国，発展途上国は発展に当って民主主義制度の採用を不可避とは考えなくなった。実質的な強権政治や独裁制に道を開いたのである。

　世界は多極化が進み，民主主義，民主化の推進は大きな壁にぶつかっているといわざるを得ない。21世紀に入って，新興国の政治体制問題は，民主制度の形式的採用だけでは理想の民主政治を実現できないことを一層明らかにしている。中国の台頭はアメリカとの新たな覇権競争を生み出し，またアメリカ社会の分断によって政治体制としての民主主義への幻滅を一層強めている。トランプ大統領の誕生はその流れを一層強めた。

　民主主義，民主化の理想が大きく傷ついた事態は極めて深刻である。今，求められているのは，各国社会の発展水準に応じた政策的余地と国際的支援をもって新興国をグローバル経済に参画させる緩やかな国際秩序ではないか。アメリカにおけるトランプ大統領の誕生は米中貿易戦争に火をつけ，両国に負のスパイラルをもたらしている。しかし，アメリカも中国もそして日本も，覇権争いに代わる平和と繁栄への協力が必要であろう。そのためには，競争のストレスを地域社会に過度にもたらす国際秩序の改革が求められているように思われる。それが地域社会の人々に，民主化への新たな展望を開かせるのではないか。

　本稿の最後に論の飛躍を覚悟で再度記せば，こうした事態をもたらしたのはアメリカが強力に推し進めた強欲なグローバリゼーションの帰結である面が強いということである。アメリカの指導層のグローバリゼーションは対外的に強引な市場化を図り，自国社会でも分断を推し進めてきた。その結果として，中国をはじめアジアの新興国は製造業を中心に成長と発展を勝ち取った。しかし，政治体制としての民主主義は一部の国にしか定着させられなかった。民主化の道へ歩み始めたほとんどの国に，社会の貧困層や脱落者を無視した強引

な経済の自由化が強制され，民主主義の形骸化あるいは危機がもたらされている。グローバリゼーションは経済の発展に伴って避けて通れない道だろう。だが，国際秩序としてのグローバリゼーションの在り方が，今，間違いなく問われている。

(平川　均)

注
1　暗黒の5月事件によるスチンダーの退任劇は中間層を購買層とするタイのメディア産業などによる中間層の役割の過大評価であり，中間層による「民主化乗っ取り」であるという見解が，タイ研究者の玉田芳史より出されている（玉田 2003）。
2　岸川毅（2008）は，グローバルなスタンダードと捉えられる体制モデルとしての欧米型「自由民主主義」を前提にして，しかし中華世界では自由民主主義を受容する台湾，拒否する中国とシンガポール，危機に瀕する香港があるとして，西欧型民主主義と異なる統治を追求する国について考察を加えている。
3　ただし，近年の人工知能（AI）とロボット技術の発達により，反復的な肉体的また事務的な単純労働に限らず，一定の熟練を要する労働さえ機械に置き換えられるという雇用悲観論が生まれている。アジア諸国は，非就労人口に対する就労人口比が1を超える，つまり相対的に就労人口が大きい時期（人口ボーナス期）を過ぎて，やがて非就労人口に対する就労人口比が1を下回る時期（人口オーナス期），つまり少ない人口で多くの人口を扶養しなければならない時期を迎える。中国はもちろんアジアの人口大国は，やがてそうした困難な問題に対応しなければならなくなる。その解決策を見いださねばならない。
4　2019年1月現在，加盟国数は93カ国である。

参考文献
日本語文献：
岩崎育夫（2000）『現代アジア政治経済学入門』東洋経済新聞社。
岸川毅（2008）「グローバル・スタンダードとしての民主主義―中華世界における受容・活用・拒否・回避・棚上げ」岸川毅・中野晃一編『グローバルな規範／ローカルな政治―民主主義のゆくえ』上智大学出版。
日下渉（2018）「〈フィリピン〉国家を盗った『義賊』―ドゥテルテの道徳政治」外山・日下・伊賀・見市編『21世紀東南アジアの強権政治―「ストロングマン」時代の到来』明石書店。
古谷野正伍・北川隆吉・加納弘勝編（2000）『アジア社会の構造変動と新中間層の形成』こうち書房。
金泳鎬（1993）「脱植民地化と第4世代資本主義」『岩波講座 近代日本と植民地（8）アジアの冷戦と脱植民地』岩波書店。
重冨真一（2016）「政治参加と民主主義の崩壊」川中豪編『発展途上国における民主主義の危機』アジア経済研究所。
スティグリッツ，ジョセフ・E（2012）『世界の99％を貧困にする経済』徳間書店（Joseph E. Stiglitz, *The Price of Inequality*, W.W. Norton & Company Inc. 2012）。
スティグリッツ，ジョセフ・E（2015）『世界経済に分断と対立を撒き散らす経済の罠』峯村和哉訳，徳間書店（Joseph E. Stiglitz, *The Great Divide*, W.W. Norton & Company Inc. 2015）。
田巻松雄（1993）『フィリピンの権威主義体制と民主化』国際書院。

玉田芳史（2003）『民主化の虚像と実像 タイ現在政治変動のメカニズム』京都大学出版会。
デイビス・クリスティーナ（2018）「貿易戦争の行方（上）自由化偏重，市民の怒り助長」日本経済新聞，9月6日。
外山文子（2018a）「東南アジアにおける新しい強権政治の登場」外山・日下・伊賀・見市編『21世紀東南アジアの強権政治—「ストロングマン」時代の到来』明石書店。
外山文子（2018b）「タックシンはなぜ恐れられ続けるのか」外山・日下・伊賀・見市編『21世紀東南アジアの強権政治—「ストロングマン」時代の到来』明石書店。
中村政則（1993）『経済発展と民主主義』岩波書店。
平川均（1992）『NIES—世界システムと開発—』同文舘出版。
平川均（1994）「NIESの経済発展と国家」荻原宜之編『講座現代アジア3 民主化と経済発展』東京大学出版会。
平川均（2013）「グローバリゼーションと新興経済の台頭」林華生編『アジア共同体—その構想と課題—』蒼蒼社。
平川均（2017）「中国の『一帯一路』構想とアフロ・ユーラシア経済圏の可能性」『シルクロードとティーロード』（昭和女子大学国際文化研究所紀要，第23巻，2016年版）。
ピケティ，トマ（2015）『21世紀の資本』山形浩生ほか訳，みすず書房（Thomas Piketty, *LE CAPITAL AU XXIe SIECLE*, Editions du Seuil, 2013)。
フクヤマ・F.（2005）『歴史の終わり』（上・下），三笠書房（Fukushima, Francis, *The End of History and the Last Man, International Creative Management*, New York 1992)。
船津鶴代・籠谷和弘（2002）「タイの中間層—都市学歴エリートの生成と社会意識—」研究双書『アジア中間層の生成と特質』ジェトロアジア経済研究所。
ポーター・M.（1992）『国の競争優位』（上）（下），ダイヤモンド社。
丸川知雄（2014）「発展途上国のキャッチダウン型技術進歩」『アジア経済』第55巻第4号，12月号。
見市健（2018）「〈インドネシア〉庶民派大統領ジョコ・ウィドドの『強権』」外山・日下・伊賀・見市『21世紀東南アジアの強権政治—「ストロングマン」時代の到来』明石書店。
山本博史（2016）「タクシン政権とタイにおける民主主義」神奈川大学経済学会『商経論叢』第51巻第4号，7月。
渡辺利夫（1989）『西太平洋の時代—アジア新産業国家の政治経済学—』文藝春秋。
渡辺利夫（1994）『社会主義市場経済の中国』講談社現代新書。

外国語文献：

Amsden, Alice H. (1989) *Asia's Next Giant: South Korea and Late Industrialization*, Oxford University Press.

Fröbel, F., J. Heinrichs, O. Kreye (1977) *Die neue international Arbeitsteilung*, Rowohlt Verlag (English translation: *The New International Division of Labour*, Cambridge University Press, 1980).

Hirakawa, Hitoshi and Than Than Aung (2011) "Globalization and the Emerging Economies: East Asia's Structural Shift from the NIEs" と "Potentially Bigger Market Economies (PoBMEs)," *Evolutionary and International Economics Review*, Vol. 8, No. 1.

O'Neill, Jim (2001) "Building Better Global Economic BRICs," Goldman Sachs, *Global Economics Paper* No. 66, November.

Robison, Richard and David S. G. Goodman (1993) *The New Rich: Mobile Phones, McDonald's and Middle-Class Revolution*, Routledge.

Walker, Christopher, and Jessica Ludwig (2017) From 'Soft Power' to 'Sharp Power' in

International Forum for Democratic Studies (2017) *Sharp Power: Rising Authoritarian Influence*, National Endowment for Democracy, USA.

事項索引

【数字・アルファベット】

10月6日事件　162
10月14日政変　161
1986年エドサ革命　200
1997年憲法　22, 27, 198
2017年憲法　27
2月革命　112
AIIB　211
ASEAN（東南アジア諸国連合）　70
　──経済共同体（AEC）　203
　──自由貿易地域（ASEAN Free Trade Area：AFTA）　121, 203
BRICs　202, 203
CPグループ　135
DJノミクス　66-69, 75
EFTA（欧州自由貿易連合）　70
FTA（二国間貿易協定）　62, 70-72
GATT（WTO）　70
IMF（国際通貨基金）　59, 60, 63-66, 68, 72, 73, 75
NCPO　182, 183
NIES　202, 204
OECD　62
PAD　160, 169, 171
PDRC　180, 181
Pacific Mail Steamship Company　136
PoBMEs　203, 210
UDD　160, 173, 175, 176, 184
　──学校　176
UNCTAD　203
WTO加盟　209

【ア行】

赤シャツ　160, 174-176, 184
アジアインフラ投資銀行（AIIB）　209, 211
アジア開発銀行（ADB）　211
アジア金融通貨危機　73
アジア通貨危機　13, 27, 53, 63-66, 68, 70, 74, 75, 159
アジア的価値論　8, 9
圧縮された経済発展パターン　56
アマータヤティッパタイ　175, 177
アマート　175, 177, 179
アメリカ号　137-140, 142, 144, 145, 148-152, 156
アメリカ第1　207
アメリカン・プレジデント・ライン　156
アユタヤ商人国家論　18
アラスカ号　144, 145
暗黒（＝残虐）の5月事件　21, 164, 198
イギリス病　14
一帯一路　208
イングルハート　10
　──－ヴェルツェル図　10
ウェッブ造船所　144
埋め込まれた自由主義　16, 26
エミグラント・シップ　142, 155
王党派　199
欧米の民主主義経済発展モデル　15

【カ行】

外貨準備高　205
海上シルクロード　208
開発経済学　56
開発主義　79, 82, 90, 91
開発独裁　57, 80, 82, 88, 90, 91, 191, 193
　──体制　83
華僑資本　135
学生運動　162, 174, 175, 184
学生革命　1, 6, 21
カシケ民主主義　117
過剰流動性　74
貨幣供給　73, 74

貨幣需要 73
韓国モデル 56
官僚政体論 20, 21
企業家 88, 91-93, 99, 104
黄シャツ 160
北ドイツ・ロイド社 135
競争的権威主義 7, 13
京都市歴史資料館 139, 140, 153
近代化論 3, 5
金融緩和 204
クズネッツの逆U字曲線 206
クーデター 196, 198, 200
クライエンタリズム 115, 116
クリッパー型 155
グレート・リパブリック号 137-140, 142, 144-146, 148, 152-156
クローニー 119
グローバリゼーションの束縛（golden straitjacket）17, 25
軍事資本 99, 100, 106, 107
軍事政権 190, 212
経済開発 56
経済協力開発機構（OECD）61
ゲリマンダー 10
権威主義 190, 193, 195, 197, 212
憲法裁判所 170, 171
交易の時代 17
港市国家 17
光州事件 52, 54, 57-61, 68, 74, 75
合理的農家経営 46
国王在位60周年 170
国際公共財 209
国際自由労働連（ICFTU）61
国際労働機関（ILO）61
国進民退 209
コスモポリタン的都市 18
国家資本主義 11, 79, 80, 108, 205
米担保融資制度 178, 180
米輸出税 48
コロラド号 136, 137, 144-146, 155
コングロマリット 80, 100, 101, 104, 105, 107

【サ行】

財団 93, 95-100, 103, 106, 107
——資本 99, 100
財閥 56, 57, 63-67, 69, 72
——企業 94
債務の罠 209
三の丸尚蔵館 138-140, 153
自給的性格の強い農業 42
自己責任 67
自作中農 43
自作農比率 45, 49
市場 69, 73
市場経済 59, 61, 66, 67
——秩序 67
市場自由化策 56, 62, 70
市場主義 52, 53, 59, 60, 66-68, 75
市場主導政策 61, 62
市場政策 68
資本家 79, 82, 85, 87, 93-96, 99, 104, 105
——層 83
資本自由化 53, 74
資本主義 79, 80, 81, 85, 88, 93, 96-98, 100, 108, 109
社会主義市場経済 205
ジャパン号 144, 145, 148
シャープパワー 190, 210
宗教資本 99, 100
自由競争 67
自由主義政策 75
自由主義的民主主義 195
充足経済 165
従属論 5
自由貿易 72
——政策 62, 71
——体制 61
商業的農業 42
象徴闘争 176, 185
聖徳記念絵画館 138, 139
自立経済 57
新興工業経済（NIES）193
新古典派経済学 67, 75
新自由主義 13-15, 27-29, 60, 63, 75
——政策 63
親タクシン 24
人民行動党 8, 9
ステアリッジ 142

ストロングマン　190
スマートパワー　190, 210
スリランカ　212
正規労働者　74
世界価値観マップ　10
世界銀行（IBRD）　64
世界銀行（WB）　211
世界経済の政治的トリレンマ　13, 15, 28
全国人民代表大会（全人代）　209
潜在的大市場経済（PoBMEs）　202
専制政治　209
ソ連邦　190

【タ行】

タイ愛国党　159, 167, 170
対外志向型開発戦略　57
タイ共産党　163, 174
タイ貢献党　178
第三の波　3, 5, 8
体制派（エスタブリッシュメント）　207
太平洋郵船　135-138, 140, 142, 144, 145, 149, 151
タクシン派　159, 186
多国間貿易協定（GATT/WTO 体制）　69
チャイナ号　144-146, 148
チャクリー改革　18
中間層　193, 194, 198, 199, 212
中国方案　11
中国モデル　15
デュアル・トラック（両路線）政策　167
天安門事件　195
独裁政権　57
特権企業　80, 100, 102-104, 106-108

【ナ行】

二国間貿易協定（FTA）　69
ネポティズム　115, 117, 118, 168
農業労働日当りの産出高　45, 46
農民運動　162, 177, 184

【ハ行】

バザール商人　83, 87, 94, 97, 99, 109
畑作換金作物　42
パトロネージ　115, 117

パトロン＝クライエント　115
バランガイ　113, 114
漢江の奇跡　56
反タクシン運動　24
反タクシン派　159, 186
ハンティントン・デジタル・ライブラリー　140, 153-155
ハンバントタ港　212
反腐敗運動　197
半分の民主主義　163
半葉の民主主義　20, 21, 23
東アジア通貨危機　124
非灌漑地　46
低いライ当り労働投入量　46
非正規労働者　74
非政府　100-102, 106, 108
ピープル・パワー　112, 119, 130, 200
ピープル・パワー 2　112
ピープル・パワー 3　112
平等な分配機構　46
フィリピン革命　115, 116
フェイクニュース　208
複合企業体　100
プライ　177
ブルジョア　80
　——革命　82, 83
ブルジョワ　109
ブルジョワジー　83, 88, 93, 104, 105, 109
ブレトンウッズ体制　13
ブレトンウッズの妥協　16
米中貿易戦争　213
北京五輪　205
北京コンセンサス　11, 12, 15, 28-30
ベルリンの壁　190
ヘンリー・ステアーズ　148
　——造船所　144
貿易自由化　57, 74
　——策　71, 72
ポークバレル　117, 118
ポピュリスト　196
ポピュリズム　168, 190, 199

【マ行】

麻薬対策　197

マルサスの罠　26
マロロス共和国　115
南シナ海　210
民主化　52, 53, 57, 59-61, 74, 75
民主化運動　53, 56, 57
民主化政策　53, 63
民主主義　59, 60, 66-68, 75, 80, 82, 83, 109
目撃可能期間　152
モノカルチャー経済　48
森に入る　163
モルディブ　212

【ヤ行】

輸出志向型工業化政策　56, 57
輸出主導　193, 204

良き人　166, 172, 173, 175, 181, 185

【ラ行】

ライス・エコノミー（米経済）　18
ライス・プレミアム　19, 48
落地生根　26
ラストベルト　207
リーマン危機　13
立憲革命　20, 25
リベラル・コーポラティズム　21
ロヒンギャ　211

【ワ】

ワシントン・コンセンサス　12-14, 29

人名索引

【ア行】

アウンサンスーチー　211
アキノ，コラソン　112, 120, 129, 200
アキノ，ベニグノ　119, 129
アネーク　24
アピシット・ウェーチャーチーワ　171
岩崎育夫　194
インラック・チナワット　25, 178, 181
ウィドド，ジョコ　196, 197
ウェーン・トーチラカーン　174
エストラーダ，ジョゼフ　112, 129
エルドアン　197
オニール，ジム　202

【カ行】

カムドシュ　64
金大中　52, 53, 59, 66-69, 72, 74, 75
金泳三　52, 53, 59-63, 66, 68, 70, 74, 75
金泳鎬　193
日下渉　201

【サ行】

サマック・スンタラウェート　171
サリット・タナラット　21, 26, 161
重冨真一　199
ジャラン・ディターアピチャイ　174
習近平　196, 197, 208, 209
シュムペーター（シュンペーター）　7
スクムパン・ボリパット　179
スチンダー・クラープラユーン　20, 164
スティグリッツ，ジョセフ　206, 207
ステープ　180, 181
ソンティ・ブンヤラットグリン　170
ソンティ・リムトーンクン　169

【タ行】

タクシン・チナワット　22, 23, 159, 166, 196, 197, 199
チャートチャーイ・チュンハワン　164
チャムローン・シームアン　164, 169, 172
全斗煥　52, 54, 58-60, 68
ティラユット・ブンミー　165
鄧小平　195, 210
ドゥテルテ，ロドリゴ　129, 196, 197, 200, 201
外山文子　196
トランプ　207, 213

【ナ行】

中村政則　192
ナジブ　196, 197, 212
盧泰愚　59

【ハ行】

朴正熙　53, 54, 56, 57, 59, 60, 75
パーソンズ，チャールズ　154
ハンチントン　3
ピケティ，トマ　206
フクヤマ，フランシス　190, 194
プミポン国王　160, 184
プラユット・チャンオーチャー　159, 182, 183
フリードマン，M.　67
フリードマン，トーマス　17
プレーム・ティンスーラーノン　20, 163, 175
フン・セン　12, 211
ポルポト　211

【マ行】

マカパガル＝アロヨ，グロリア　112, 129
マハティール　197, 212
マルコス，フェルディナンド　112, 116, 118-120, 125, 129, 130

【ヤ行】

山口蓬春　138, 139

【ラ行】

ラモ　12
ラモス，フィデル　112, 120, 129
リー・クワンユー　8-10
李承晩　59
リード，アンソニー　17
リプセット，シモア・M.　3 , 192
レヴィツキー　13
ロドリック　15, 16, 27, 28, 30
ロビソン，R.　194

【ワ】

渡辺利夫　191

執筆者紹介
(執筆順)

山本 博史（まえがき，第1章） 編者
最終学歴：神奈川大学大学院経済学研究科　博士（経済学）
所属：神奈川大学経済学部
主要著書・論文：
1．『タイ糖業史―輸出大国への軌跡』（御茶の水書房，1998年）
2．「タイのおける王党派思想とナショナリズム」（永野善子編著『帝国とナショナリズムの言説空間―国際比較と相互連携』御茶の水書房，2018年）

菅原　昭（第2章）
最終学歴：神奈川大学大学院経済学研究科　博士（経済学）
所属：元神奈川大学経済学部非常勤講師
主要著書・論文：
1．『タイ近代の歴史像』（白桃書房，2000年）
2．「タイ近代性としての小農的世界―タイ東北部市場における米の価格形成の問題を中心にして」（永野善子編著『植民地近代性の国際比較―アジア・アフリカ・ラテンアメリカの歴史経験』御茶の水書房，2013年）

内橋 賢悟（第3章）
最終学歴：横浜国立大学大学院国際社会科学研究科　博士（学術）
所属：神奈川大学経営学部非常勤講師
主要著書・論文：
1．『50－60年代の韓国金融改革と財閥形成―「制度移植」の思わざる結果』（新評論，2008年）
2．「第7章．韓国」（上川孝夫編『国際通貨体制と世界金融危機―地域アプローチによる検証』日本経済評論社，2011年）

ケイワン・アブドリ（まえがき，第4章）
最終学歴：東京大学大学院経済学研究科博士課程単位取得退学（経済学）
所属：神奈川大学非常勤講師
主要著書・論文：
1．「革命後のイランにおける特権企業の生成と変貌―モスタズアファーン財団を事例に―」（『中東レビュー』Vol. 3（2015-2016），アジア経済研究所，2016年）
2．「イラン―政治の底流にある諸派閥攻防の歴史と展望」（後藤晃・長沢栄治編『現代中東を読み解く―アラブ革命後の政治秩序とイスラーム』明石書店，2016年）

森元 晶文（第 5 章）
　　最終学歴：明治大学大学院商学研究科博士課程修了　博士（商学）
　　所属：大阪国際大学経営経済学部
　　主要著書・論文：
　　1．「途上国開発政策に内在する開発リスク生成の構造と展開：フィリピンの海外労働力促進政策を巡って」（郭洋春編著『開発リスクの政治経済学』文眞堂，2013 年）
　　2．「オフショアリングとアジア経済—世界経済のサービス化—」（平川均・石川幸一・山本博史ほか編著『新・アジア経済論—中国とアジア・コンセンサスの模索』文眞堂，2016 年）

藤村 是清（第 6 章）
　　最終学歴：ケント大学大学院 MA（東南アジア研究）
　　所属：神奈川大学非常勤講師
　　主要著書・論文：
　　1．「還流的労働移動の社会的条件——1876－1939 年、中国南部 3 港の海関旅客統計を中心に」（冨岡倍雄・中村平八編『近代世界の歴史像——機械制工業世界の成立と周辺アジア』世界書院，1995 年）
　　2．「移民サイクル再考——国際学会報告 "The Migration Effects of Chinese Returnees on Emigration in the Late 19th Century as Compared to European Migration" について」（神奈川大学経済学会編『商経論叢』53-4（山本通先生退職記念号），2018 年）

高城　　玲（第 7 章）
　　最終学歴：総合研究大学院大学文化科学研究科博士課程単位取得退学　博士（文学）
　　所属：神奈川大学経営学部
　　主要著書・論文：
　　1．『秩序のミクロロジー—タイ農村における相互行為の民族誌』（神奈川大学出版会，2014 年）
　　2．「分断される国家と声でつながるコミュニティ—タイにおける政治的対立と地方コミュニティラジオ局」（永野善子編著『帝国とナショナリズムの言説空間—国際比較と相互連携』御茶の水書房，2018 年）

平川　　均（第 8 章）
　　最終学歴：明治大学大学院経営学研究科博士課程単位取得退学　京都大学博士（経済学）
　　所属：名古屋大学名誉教授，神奈川大学非常勤講師
　　主要著書・論文：
　　1．H. Hirakawa et al. eds., Innovative ICT Industrial Architecture in East Asia: Offshoring of Japanese Firms and Challenges Faced by East Asian Economies (Springer Tokyo, 2017)
　　2．「東アジア経済統合の新たな展望」（アジア政経学会『アジア研究』第 64 巻第 4 号，2018 年 10 月）

アジアにおける民主主義と経済発展

2019年3月25日　第1版第1刷発行		検印省略
編著者	山　本　博　史	
発行者	前　野　　　隆	
発行所	株式会社 文　眞　堂	

東京都新宿区早稲田鶴巻町533
電　話 03（3202）8480
FAX 03（3203）2638
http://www.bunshin-do.co.jp/
〒162-0041 振替00120-2-96437

製作・美研プリンティング
©2019
定価はカバー裏に表示してあります
ISBN978-4-8309-5028-5　C3031